한국의 농업세시

쌀 ·
삶 ·
문명
총서

# 한국의 농업세시

정승모 지음

일조각

# 머리말

　민속 또는 포괄적으로 전통문화 연구에서 세시풍속이라는 분야가 차지하는 비중은 매우 크다. 그런데 요즈음 민속학의 주제에서 전통이라는 단어를 떼어내려는 움직임도 있고, 그래서 도시의 세시풍속을 연구주제로 삼기도 한다. 하지만 그 내용을 들여다보면 전통문화와 대중문화 각각이 지니는 속성의 근본적인 차이가 간과되었다는 생각이 든다. 전통문화가 현재에도 그대로 이어질 것이라는 생각도 문제지만 과거와 현재를 무 자르듯 구분하는 태도 또한 문제다.

　일 년이라는 단위는 모든 인류가 공유하는 시간 단위다. 그러나 음력과 계절은 그렇지 않다. 달의 빛과 인력引力에 의존하지 않는 도시라는 삶의 공간은 특히 음력에 무심하다. 세시歲時란 1세歲 4시時, 즉 일 년 사계절을 뜻하므로 계절을 전제한 개념이다. 이때 시는 15일을 단위로 하는 기氣가 6번 이루어진 시時를 말하며 날짜로는 90일이 된다. 90일을 달로 계산하면 3개월이고 이것을 4번 거치면 일 년이 되는데, 지구가 태양을 한 바퀴 도는 데 걸리는 365.2425일보다 약 11일이 모자란다. 그렇게 해서 생긴 윤달에 대해 현대인과는 달리 전통사회의 사람들이 민감할 수밖에 없었던 것은 달의 위상변화를 태양의 운행과 맞춘 태음태양력을 사용하였기 때문이다.

　하루는 10간干 12지支로 일진日辰을 정하는데, 건양建陽 1년, 즉 1896년에 태양력을 채택한 이후에도 이 일진체계만은 실생활에 광범위하게 적용되었기 때문에 계속해서 달력에 기재되어왔다. 따라서 태음태양력체계에서의 세시주기와 태양력이 채택된 이후의 변화를 살피는 것 또한 매우 기초적이면서도 중요한 작업이다.

이 책은 세시풍속 중에서 특히 농업과 관련된 세시와 그 변화를 통해 우리 문화의 역사적 흐름과 사회상의 변화, 그리고 시간에 대한 인식체계를 드러내는 데 그 목적이 있다. 또 이 책이 다루는 주제와 대상은 우리의 문화를 재구성하기 위해 필요한 기본지식이기도 하다. 좀 더 나아가 시간생활과 관련한 지배층의 사상과 변화, 매개 시기마다의 농업생산력을 반영하는 농사력 주기와 그에 따른 피지배층의 생활 패턴을 파악하는 것도 그 목적에 들어 있다.

그러나 이와 같은 거창한 목적을 이루기 위해 필자가 한 작업은 미미하기 짝이 없다. 몇몇 그럴듯한 필자의 해석을 걷어내면 이 책은 사실상 사료와 자료를 소재로 블록 쌓기를 한 데 불과하다. 실은 시작이 그러했는데, 그 계기가 된 전북대학교의 '인문한국 쌀·삶·문명연구원'의 2009년 공모과제가 작업의 1차 목표를 연구원의 연구자들이 관련 연구에 효과적으로 활용할 수 있도록 사료를 집대성하고 정리하는 데 두었기 때문이다.

모인 사료는 대부분이 저작권이 소멸된 선조들의 업적이며, 이 중 번역물은 잘된 것만 간혹 무단으로 인용하였으므로 작업에 큰 어려움이 없었으니 이 또한 남의 공적이다. 자료 중에는 필자의 발품이 들어간 것도 꽤 많지만 혼자서 전국을 다 다니며 자료를 모으기는 힘들다는 핑계로 전국의 지역조사보고서 중에서 믿을 만한 것들만 추려 모았으며, 특히 2001년 이후 국립문화재연구소에서 간행한 도별 세시풍속조사보고서에서 큰 도움을 받았다.

그러므로 이 책은 여러 연구자가 참여한 공동작업의 결실인 셈이다. 여기에 필자의 노력이 얹어진 게 있다면 세시와 역법의 원리를 조금은 장황하게 언급한 것, 근대로의 이행기에 계약직인 머슴을 변화된 세시의 주체로 삼은 것 정도다. 이 책이 이렇듯 다소의 편법이 끼어들었더라도 결과적으로 세시풍속이 담고 있는 시간과 공간의 축, 그리고 그 맥락에서 살아간 사람들의 삶을 그려냈다면 그간 관행처럼 해온 헛된 작업들과는 차별화된 성과물임을 주장하고 자부하고 싶다.

일 년이라는 세월은 길기도 하고 짧기도 하다. 부모제사처럼 잊었다 싶을 때 찾아오는 것이 세시풍속이다. 그리고 아무리 옛것을 잊고 사는 세태지만 그때만큼은 과거의 풍속이 화제가 된다. 세시를 다룬 기록들이 아직도 중요한 것은 과거의 세시풍속들이 농경사회의 삶에 기초한 것임에도 불구하고 산업사회인 오늘날에도 일부는 여전히 이어지고 있기 때문이다. 또 사라진 풍속도 많지만 우리의 기억 속에서까지 사라진 것은 아니다. 게다가 이제는 전통을 되찾는 일을 미덕으로 여기게 되었는데, 그 핵심 콘텐츠의 하나이면서 그 본질을 제대로 파악하고 있지 못한 세시에 대한 관심을 더 이상 등한히 해서는 안 될 것 같다.

필자는 그동안 세시풍속 전공자라고 생각해본 적도 없지만 세시풍속을 모르고 우리 문화를 이해할 수 있을 거라는 생각 또한 해본 적 없다. 그러다가 우리나라 세시기를 대표하는 『동국세시기』가 교정을 거치지 않아 오탈자 투성이인 광문회본을 모본으로 번역되고 번역 또한 오역이 많음을 알고, 『경도잡지』와 『열양세시기』까지 함께 묶어 교정과 번역 작업을 한 바 있다.

국립민속박물관에서 출간한 『조선대세시기III: 경도잡지·열양세시기·동국세시기』(2007)와 필자의 이름으로 낸 『동국세시기』(2009)는 바로 그 결과물로, 집필의도가 그간의 잘못된 원문과 번역이 더 이상 확대 재생산되는 것을 막으려는 것이었는데 구독층이 얇은 탓인지 여전히 오류로 지적한 내용들이 시정되지 않고 있는 것 같아 아쉽다. 이번의 책 역시 대중성은 더 떨어질지 모르지만 그 전철을 밟지 않았으면 좋겠다. 만약 그 결과가 좋게 나온다면 그 공을 일조각 황인아 씨에게 돌리고 싶다. 그리고 연구자들뿐 아니라 이 책을 출판하는 데 참여한 모든 이를 위해서라도 이번의 결과물이 과거의 잘못을 되풀이하지 않고 진일보했다는 소박한 평가가 내려지길 기대해본다.

2012년 1월 여향재與鄕齋에서

정승모 씀

# 차 례

# I

# 역 법 과 월 령

## 1. 세시와 역법의 인지체계

세시歲時란 1세歲 4시時, 즉 한 해를 이루는 단위를 말한다. 이때 시는 하루 12시를 말하는 것이 아니라 15일을 단위로 하는 기氣가 6번 이루어진 시時를 말하며 날짜로는 90일이다. 시제時祭라고 할 때의 시時도 마찬가지다.

세시와 관련된 풍속은 어느 지역 어느 시대나 존재한다. 여기에 농업을 붙여 범위를 한정하면 근대 도시는 그 대상에서 비껴간다. 사계절이 있는 지역은 그렇지 않은 지역에 비해 풍속의 내용이 훨씬 다양하고 풍부하다. 인구가 많으면 또 그만큼 다양하고 풍부해지므로 고대보다는 중세, 중세보다는 근세, 특히 조선후기의 세시풍속은 어느 시기보다 많은 이야깃거리가 있게 된다. 그러나 근대 이후의 세시는 두꺼운 인구층을 이루고 있음에도 불구하고 도시화와 대중매체의 영향으로 오히려 획일화의 길을 걷는다.

## 1) 세시기와 역서

세시에 대해 기록한 책을 세시기歲時記라고 한다. 우리나라의 3대 세시기는 홍석모洪錫謨(1781~1857)의 『동국세시기東國歲時記』, 김매순金邁淳(1776~1840)의 『열양세시기洌陽歲時記』, 그리고 유득공柳得恭(1748~1807)의 『경도잡지京都雜志』다. 발간 순서는 역순으로 『경도잡지』가 가장 먼저 나왔다. 그런데 가장 늦게 발간된 『동국세시기』가 세시기를 대표하는 이유는 그 대상이 서울이 아니라 전국이기 때문이다. 이 세 가지 모두 비슷한 시기, 즉 18세기 말경에서 19세기 초중반에 나온 책이다. 세시는 일상을 지배하는 인식의 한 축인데, 이에 관한 책이 이때 나온 것은 어떤 의미를 가질까.

『동경잡기東京雜記』도 세시기로 알려져 있으나 실은 고도 경주지역의 역사와 문화를 담은 읍지류의 하나다. 단지 먼 신라시대의 기사가 나오기 때문에 간혹 세시와 관련하여 인용되기도 한다. 그중의 하나가 문무왕文武王 때의 기사인데, 문무왕 14년(674)에 대내마大奈麻 덕복德福이 당唐나라로 들어가 숙위宿衛하고 역술曆術을 배워 돌아와 새로운 역법曆法으로 고쳐 사용하기를 청했다는 것이다.

역법은 멀리 전설의 시기로 올라간다. 희화씨羲和氏는 중국의 전설적인 인물로, 요堯임금 때 역법을 관장하던 희씨羲氏와 화씨和氏를 말한다. 용성容成은 황제黃帝 때의 사관史官으로 처음으로 율력律曆을 만들었다고 한다.

대명력大明曆은 금金나라 태종 때 사천관司天官 양급楊級이 처음으로 만든 역서다. 후에 중수重修를 거쳐 명明나라에서 다시 썼다. 이것을 조선 세종 때 이순지李純之(1406~1465), 김담金淡(1416~1464) 등이 왕명王命을 받아 한성을 표준으로 교정하여 인간印刊하였다.

현 남양주시 와부읍 월문리에서 동북방향으로 가다가 수리넘이재를 넘으면 화도읍 차산리가 나오는데, 이곳에 이순지의 묘가 있다. 이순지의 본관은 양성陽城이다. 문과에 급제한 사대부 출신이지만 세종의 명을 받아 기술직 소관인 역법을 연구하여 정인지鄭麟趾, 김담 등과 함께 『칠정산내편七政

算內篇』을 저술하는 등 당대는 물론 그 이후로도 보기 드문 천문지리학의 대가가 되었다. 간의簡儀, 규표圭表, 앙부일구仰釜日晷, 그리고 보루각報漏閣, 흠경각欽敬閣도 모두 이순지가 세종의 명을 받아 만든 것이다.

『교식추보交食推步』는 이순지가 지은 천문天文에 관한 서적이다. 종래에 써오던 역법이 연대가 오래고 지역의 동서에 따른 차이가 심하므로 세종의 명에 의해 대명력, 수시력授時曆 등 여러 역법을 종합하고 천체의 운행을 새로 관측하여 지은 것이다. 원래 이름은 '교식추보가령交食推步假令'이다.

『칠정력七政曆』은 세종 때 반포한 책력이다. 위의『칠정산내편』은 이 칠정력의 산법算法에 관한 책이다.『칠정주내외편七政籌內外篇』은 세종 때 반포한 역서의 하나로,『칠정주내편』과『칠정주외편』의 합칭이다.

『백력百曆』은 '백중력百中曆'이라고도 하며 백세력百歲曆의 약칭이다. 즉 앞으로 올 1백 년 동안의 일월日月·성신星辰·절기節氣(절후節侯) 등을 미리 헤아려 만든 책력으로, 10년이 지날 때마다 한 번씩 수보修補한다. 조선 정조 6년(1782)부터 고종 18년(1881)까지에 이르는 역본이 최초다.

『삼서三書』는 조선 순조 4년(1804) 관상소觀象所에서 편찬한 역서다. 달의 대소大小와 일길日吉, 천덕天德, 월덕月德 등에 관해 적고 연신방위지도年神方位之圖를 싣고 일별日別로 행해야 할 일을 적었다. 원래 이름은 '대청가경구년세차갑자내용삼서大淸嘉慶九年歲次甲子內用三書'다.『삼서三書』는 '삼력三曆'이라고도 하는데, 본래 삼력三曆이란『수시력』, 대통력, 시헌력 등 세 가지 주요 책력이란 뜻도 있다.

『수시력授時曆』은 중국 원元나라의 천문학자인 곽수경郭守敬, 왕순王恂 등이 중국 전토를 평정한 세조의 명을 받들어 1276년에 시작하여 1281년에 완성한 새로운 역서로, 농민에게 사시四時, 팔절八節, 24절기節氣 등을 가르치기 위해 만든 것이다. 이들은 이슬람의 천문기구를 본받아 높이 40자에 이르는 규표圭表를 써서 동지冬至 일시를 정밀히 측정하여 일 년의 길이가 365.2425일임을 알았는데, 이는 역대 중국 역법 중 가장 정밀한 것이었다.

대통력大統曆은 중국 명나라의 원통元統이 만든 역법으로 홍무 17년 (1384)을 역력의 기원으로 하였으며, 우리나라에서는 고려 공민왕 때 받아들여 조선 효종 때까지 사용하였다.

시헌력時憲曆은 중국 명나라 숭정 초기에 독일의 선교사 아담 샬이 태음력의 구법舊法에 태양력의 원리를 부합시켜 24절기의 시각과 하루의 시각을 정밀히 계산하여 만든 역법이다.

삼력관三曆官이란 우리나라 관상감의 벼슬 명칭이다. 임시 직책인 영력관領曆官은 중국 흠천감欽天監에서 제작한 역서를 3년에 한 번씩 수령受領하기 위해 임명한다. 이들은 절사節使를 따라 중국에 가서 중국이 만들어 반급頒給하는 역서를 받아온다. 황력皇曆은 중국 황제皇帝가 보내온 역서를 말하고, 황력재자관皇曆齎咨官은 중국으로 황력을 가지러 가는 직책을 말한다.

임금이 책력册曆을 내려주는 것을 반력頒曆이라고 한다. 장력粧曆은 책의 册衣, 즉 표지를 대어 꾸민 책력이고 중력中曆은 겉장을 잘 꾸미지 않고 책장을 접어서 풀로만 붙인 책력이다.

달의 위상 변화를 태양의 운행과 맞추어 날을 정하는 우리나라의 태음태양력체계에서는 태양의 운행을 기준으로 24기氣를 정함으로써 계절의 변화를 고려한다. 24기는 12절기節氣와 12중기中氣로 구성된다.

날은 10간干 12지支로 일진日辰을 정하는데, 건양建陽 1년, 즉 1896년에 태양력을 채택한 이후에도 이 일진체계만은 실생활에 광범위하게 적용되어 왔다. 그렇기 때문에 지금도 계속해서 달력에 기재되고 있는 것이다. 태음태양력체계에서의 세시주기와 태양력이 채택된 이후의 변화를 살피는 것은 매우 기초적이면서도 중요한 작업이다.

역법체계에 관심을 갖고 보급에 힘쓴 임금은 조선 세종이다. 앞서 언급한 대로 세종 26년(1444)에 왕명을 받은 이순지 등이 3책으로 간행한 『칠정산내편』이 출간되었는데, 이는 명나라 『칠정추보七政推步』 등을 연구하여 원나라의 『수시력』을 이해하기 쉽게 해설한 책이다. 내용을 보면 절기와 기후의 관련성도 언급하여 농사에 도움을 줄 수 있도록 구성하였다.

## 2) 시헌력의 등장과 그에 따른 변화

고대 중국의 역법은 황제력黃帝曆, 전욱력顓頊曆, 하력夏曆, 은력殷曆, 주력周曆, 노력魯曆 등 시대와 지역에 따라 변화를 거치면서 내려오다가 한漢나라 무제 원년인 서기전 104년에 비로소 정립된다. 그중 하력이 중국과 주변 국가들의 기본 역법으로 통용되어오다가 조선에는 1654년(효종 4)에 서양역법체계를 수용한 청나라의 시헌력이 등장한다.

서양 역법으로서 중국을 거쳐 우리나라에 보급된 시헌력체계는 1654년부터 태양력을 채택하기 전인 1895년까지 지속되었는데, 주로『시헌서時憲書』라는 이름으로 민간에까지 보급되었다. 이 책에는 국가적 축제의 행사 내용은 물론 이삿날 등 일상생활에서의 길일까지 명시되어 있어 18세기 후반에 편찬된『백중력』,『천세력千歲曆』등과 고종 때 발간된『만세력萬歲曆』과 함께 세시풍속을 연구하는 데 필요한 기본도서가 되고 있다.

그러므로 대통력을 써온 17세기 중반 이전과 시헌력을 쓰기 시작한 17세기 중반 이후의 사정은 다를 수밖에 없다. 특히 비슷한 시기에 만나는 음력 체계의 삼월 삼짇날과 양력체계의 청명이 그러하다. 조선중기의 기록을 보면 삼월 삼짇날에는 답청踏靑 등 각종 모임이 열렸다. 이문건李文楗(1494~1567)의『묵재일기默齋日記』의 기사를 참고하면 다음과 같다.

"양 성주城主가 신원新院의 산 아래로 가서 답청踏靑의 자리를 마련하고 사우士遇와 경우景遇를 초대하고 나도 오라고 하여 아침밥을 먹고 모임에 갔다. 먼저 술 자리를 마련하여 점심때까지 술을 마셨다. 점심을 마치자 기생을 불러 노래를 부르고 술을 권하게 하였다. 날이 저물어서 모임을 파하고 헤어졌다."(1556년 3월 3일)

그러나 조선후기에는 남자들의 답청은 보기 힘들고 여자들의 화전놀이가 이를 대신한다. 한편 청명과 한식은 같은 날이기도 하지만, 대개 한식 다음 날 청명이 오던 것이 시헌력을 적용하기 시작한 1654년 이후로는 청명이 먼저 오게 되었다. 당시를 살았던 이경석李景奭(1595~1671)은 문집인『백헌집白軒集』에 시헌력 적용 이후의 한식과 청명의 선후관계의 변화를 다음과 같이 구체적으로 설명하였다.

"갑오년(1654년)부터 탕약망(아담 샬)의 역법을 사용하면서 대통력을 시헌력으로 바꾸었는데, 시헌력은 청나라 역법의 이름이다. 시각의 수가 주야로 줄어 100각이 96각으로 되었고 이에 따라 절기의 순서가 어그러져 옛날에는 한식 하루 지나 청명이 왔는데 지금은 청명이 한식보다 먼저 오므로 이를 특별히 기록한다(自甲午年 用湯若望曆法 大統曆變爲時憲曆 時憲乃淸曆之名也。刻數減晝夜 古則百刻而今則九十六刻 節序舛 古則寒食後一日乃淸明 而今則淸明先於寒食矣 此特記其槩也。)."

청명에 묘에 오르는 기사들도 종종 볼 수 있는데, 이 경우는 묘제墓祭를 지낸다기보다는 성묘省墓의 의미를 갖는다. 다음은 이러한 예다.

"청명일에 산소를 청소하니 날이 밝았다. 이날 재실암자에서 자고 조카들을 보았다(淸明日 展掃景出先壟 仍宿齋庵示諸姪。)."(『학봉집鶴峯集』, 김성일金誠一, 1538~1593)

"청명일에 선조와 형의 묘에 올랐다(淸明 上先祖幷兄墓。)."(『경정집敬亭集』, 이민성李民宬, 1570~1629)

"청명일에 왕부 산소에서 절을 올리니 만감이 든다(淸明 拜王父墓志感。)."(『희암집希菴集』, 채팽윤蔡彭胤, 1669~1731)

다시『묵재일기』의 한식 기사를 인용한다.

"파루罷漏 후에 노원으로 출발하여, 선영 아래 도착하여 막幕에서 기다렸다가 올

라가 묘제墓祭를 행하였다. 제祭를 필한 후 토지제土地祭를 행하였다."(1537년 2
월 17일「한식일寒食日」)

한식은 묘제에 치중하는 전통적인 관행과 관련하여 속절 풍속의 하나로
인식되어왔다. 소위『가례家禮』에서 '삼월상순지제三月上旬之祭'라고 한 것
은 '친미진지위親未盡之位', 즉 고조까지에 대한 묘제로서 한식 때 이를 행
한 것이다. 그러나 이것에도 변화가 없는 것은 아니어서 예컨대 한식과 이
와 근접한 삼월 삼짇날의 관계를 보면, 앞의『묵재일기』에서와 같이 조선중
기까지는 중양의 등고登高처럼 삼월 삼짇날에 답청이 있었지만 이후는 그렇
지 않다. 또 조선후기에 들어와 삼월 삼짇날과 중양 둘 중 하나만 중월仲月
에 복일卜日하여 행하는 시제時祭의 한 축으로 설정되는 경향이 나타났으
며, 이에 따라 삼월 삼짇날이 청명이나 한식과 자주 겹친다는 이유로 속절
에서 빠지는 경향도 함께 나타났다.

## 3) 24절기와 명절

『사고전서四庫全書』「사부史部」 중 시령류時令類의 서문들을 보면 시령時令
또는 월령月令에 관한 책들이 존재하는 이유에 대해 설명하고 있다. 즉 이것
은 선왕先王들의 정치가 갖는 근본이 천도天道에 따라 인사人事의 절節을 세
우는 것이기 때문이라고 하였다.

　『율곡선생전서습유栗谷先生全書拾遺』 권5「잡저雜著」 2 중 절서책節序策
에 임금과 율곡 선생이 절서에 관하여 나눈 다음과 같은 대화가 실려 있는
데, 이 역시 위와 유사한 내용들을 주고받았다.

"임금이 묻기를, '절서節序는 천도天道와 인사人事에 있어서 커다란 의미를 가지
고 있다. 삼황三皇, 오제五帝 이전에는 어떤 달로 한 해의 첫머리를 삼았으며, 그
때의 명절에 대해서도 또한 말할 만한 것이 있었는가.' 하였다. 이에 율곡 선생이
답하기를, '삼가 제 견해를 말씀드리자면, 한 원기元氣가 우주 간에 운행하여 끊

이지 않고 계속되면서 양으로써 만물을 화생시키고 음으로써 만물을 성숙시키는 것은 천리天理요, 천명을 받아서 음양에 순응하며 우러러 천문天文을 보고 굽어보아 지리地理를 살펴서 조화에 묵묵히 합하는 것은 인도입니다. 그러므로 성인聖人이 하늘의 도를 계승하여 인간의 표준을 세워 사시四時의 차서次序를 정하고 한서寒暑의 절기를 나누었으니, 율력의 서적과 명절의 호칭이 그래서 생겨나게 된 것입니다. 대저 봄은 만물을 화생시키는 공이 있으나 저절로 봄이 되는 것이 아니라 성인聖人이 있은 연후에 봄의 명칭이 있게 되고, 가을은 만물을 성숙시키는 공이 있으나 저절로 가을이 되는 것이 아니라 성인이 있은 연후에 가을의 명칭이 있게 되며, 절서는 스스로 그 절서가 됨을 알지 못하고 성인이 있은 연후에 절서의 명칭이 있게 되는 것이니 진실로 성인이 없다면 천기天機의 운행이 인사人事에 관여됨이 없을 것입니다. 이에 음양의 기후를 관찰하여 동작하고 휴식하며 일월의 운행을 율력으로 만들어 맞이하고 보내는 것이 모두가 자연의 도리로써 자연의 이치에 순응하는 것이니, 성인의 제도란 이와 같은 데 지나지 않을 뿐입니다. 그런데 후세에 이르러 성왕聖王이 나오지 아니하고 사설邪說이 횡행하여 이른바 명절이라고 하는 것이 혹은 잘못된 풍속에서 나오고 그 유관遊觀하는 까닭이 혹은 인심의 사치에서 나오기도 하니 그것들이 어떻게 다 선왕의 가르침에 부합될 수 있겠습니까. 진실로 그 숭상하는 바가 의리에 합당하기만 하다면 비록 삼대의 제도가 아니더라도 오히려 괜찮겠지만 만약에 혹시라도 의리에 부합되지 않는 바가 있다면 그것은 단지 혹세무민惑世誣民하는 자료에 지나지 않을 뿐입니다. 어찌 족히 취택할 것이 있겠습니까.' 하였다."


농경사회의 풍속은 대부분이 일 년을 주기로 하는 농사력에 따른다. 그러므로 풍속, 특히 세시풍속의 형성과 변화에는 이러한 농사력을 변화시키는 농업생산력의 발전이 선행되기 마련이다. 세시풍속에는 음력의 월별月別, 24절기節氣, 명절名節 등의 내용이 포함되어 있고 이에 따른 의식, 의례행사 및 놀이를 포괄한다. 따라서 세시풍속은 직접 생산자인 민중의 주기적이고 반복적인 삶의 반영일 뿐만 아니라 그 시대의 시간적 개념과 관념을 함축하고 있는 역법체계曆法體系의 표현이다.

우선 24절기를 음력 달로 정리하면 다음과 같다.

봄(음력 1, 2, 3월): 입춘立春, 우수雨水, 경칩驚蟄, 춘분春分, 청명淸明,
　　곡우穀雨
여름(음력 4, 5, 6월): 입하立夏, 소만小滿, 망종芒種, 하지夏至, 소서小暑,
　　대서大暑
가을(음력 7, 8, 9월): 입추立秋, 처서處暑, 백로白露, 추분秋分, 한로寒露,
　　상강霜降
겨울(음력 10, 11, 12월): 입동立冬, 소설小雪, 대설大雪, 동지冬至, 소한小寒,
　　대한大寒

위와 같이 24절기는 사계절에 6개씩, 각 달에는 2개씩 배당되어 있다. 절기 개념을 좀 더 정확히 쓰면 24절기의 절기란 원래는 절기節氣와 중기中氣의 합친 말로서 12절기와 12중기로 나뉜다. 그리고 12개의 절기는 월초月初에, 12개의 중기는 월중月中에 들어 있다. 예컨대 입춘은 정월의 절기이고 우수는 정월의 중기이다. 여기서 기氣란 5일을 1후候라고 하였을 때 3후, 즉 15일을 말한다. 현행대로 태양력에 따르면 절기는 매월 4일에서 8일 사이에 있게 되고, 중기는 매월 하순에 있게 된다. 그런데 위의 분류는 음력을 기준으로 배치한 것으로, 계절의 변화는 태양이 주도하기 때문에 정확히 맞지 않는다. 예컨대 입춘이 음력 12월 말에 오는 경우가 그렇다.

그래서 태양의 움직임에 따라 나누어놓은 절기를 음력에 반영하기 위해서는 윤달[閏月]을 넣어 계절에 맞게 조정할 필요가 있는데, 그 방법은 음력 달에서 중기가 빠진 달이 생기면 그 달을 윤달로 하면 된다.

지구의 공전주기는 약 365.2425일이고 1삭망월인 29.53일로 일 년을 만들면 약 354일이므로 3년만 지나면 33일가량이 모자라게 된다. 따라서 이러한 오차를 보정하기 위해 19년에 7번가량 윤달을 두게 된다.

과거에는 윤달을 특정한 위치에만 두었으나 현재의 치윤법置閏法에 의하면 윤달은 중기中氣, 즉 우수, 춘분, 곡우, 소만 등이 없고 절기節氣, 즉 입춘, 경칩, 청명, 입하 등만 있는 달에 배치된다. 이를 무중치윤법無中置閏法이라 한다. 단 중기가 없어도 윤달이 아닌 경우가 있다. 한 해에 두 번 이상 중기가 없는 달이 돌아오면 평달로 하는데, 이런 달은 그 전달이나 다음 달에 중기가 2개 들어 있기 때문에 두 달 모두 평달로 하는 것이다. 예를 들어 2004년 음력 2월에는 중기인 춘분, 음력 3월에는 중기인 곡우가 들어 있지만, 윤2월에는 중기가 없고 절기인 청명만 들어 있다. 이런 시기에 맞추어 윤달을 집어넣는 것이다. 현재 치윤법에 의하면 윤달은 겨울에 들어오지 않는다. 세속의 관념에는 윤달에는 장가가고 시집가기에 좋다고 하고, 또 죽은 자에게 입히는 수의壽衣를 만들기에도 좋다고 하는데, 이는 모든 일에 꺼리는 것이 없다고 믿기 때문이다.

　　주로 음력인 우리나라의 명절과 태양력을 따르는 절기의 관계는 어떠한가.

　　우리는 유두流頭나 한가위 추석秋夕과 같은 중국에 없는 고유 명절이 있다. 추석은 사명일四名日이라고 하여 대표적인 명절에 들어가는데, 그 나머지인 설, 한식, 단오도 모두 24절기가 아닌 음력 명절이다. 한식 대신 음력 9월 9일 중양重陽이나 24절기의 하나인 동지를 치는 경우도 더러 있다. 이 네 명절은 각각의 계절을 대표하며 이때 조상에 대한 제사를 지낸다.

　　명절 중에는 도교의 영향을 받은 것들도 있다. 상원上元, 중원中元, 하원下元은 각각 정월, 7월, 10월의 보름을 말한다. 상원, 즉 대보름날에는 전국 어디를 가나 농민들의 축제를 볼 수 있다. 중원의 경우는 불교의 우란분재나 김매기를 끝낸 농민들의 백중놀이가 벌어지는 때다. 상원에 등을 달고 한식 때 반선伴仙, 즉 그네를 뛰는 중국과 달리 우리는 초파일 때 등석燈夕을 하고 단오 때 그네를 뛴다. 이는 양국의 기후가 서로 다르기 때문이라고 해석하는데, 음력 4월 8일을 부처님 탄생일로 보는 우리식 해석도 작용한 것 같다.

3월 3일 삼짇날, 5월 5일 단오절, 그리고 구구절, 즉 중양처럼 양수인 홀수가 겹치는 날을 명절로 삼는 것도 그 근본을 도교에 두고 있다.

『산림경제山林經濟』에는 입택入宅할 때 축일丑日, 인일寅日 등을 꺼리고 제식祭式은 향촉과 정화수 한 그릇과 버드나무 한 가지와 푸른 채소 한 접시를 신전에 놓고 천지와 가신과 조왕신에게 절을 한 후 신 앞에 놓았던 정화수를 문기둥에 뿌린다고 하였다. 이것은 역서에 실린 살煞을 피하는 일로 도교와 불교가 섞여 있는 풍속이다.

때를 놓치지 않고 농사를 지으려면 태양의 움직임을 반영하는 24절기를 따라야 한다. 음력을 사용하던 전통사회에서 농가월령가農家月令歌는 정치가 갖는 근본이 천도에 따라 인사의 절을 세우는 것이라는 왕의 거창한 뜻에 따라 만들어지지만 실질적으로는 농민들에게 태양력을 반영하는 절기를 주지시키기 위한 것이었다. 예컨대 망종은 음력 5월의 절기로 양력으로는 6월 6일경인데 곡식의 씨앗을 뿌리기에 적당한 때라는 뜻이다. 보리는 익어서 수확을 기다리고 볏모는 자라서 모내기를 해야 하므로 "발등에 오줌 싼다."라는 속담이 있을 정도로 일 년 중 가장 바쁜 때다. 남부지방을 제외하고는 하지를 모내기의 마지노선으로 삼아 이때를 전후한 모내기를 만앙晚秧이라고 하고 하지를 지나도 비가 오지 않아 모를 심지 못하면 일 년 농사를 망치게 된다. 기우제를 지내는 것도 이때쯤이다.

명절과 절기가 혼합된 하선동력夏扇冬曆이란 말이 있는데 여기서 여름은 단오를, 겨울은 동지를 말한다. 선扇, 즉 부채는 "겨울에도 쥐고 다닌다."라고 할 정도로 조선 풍속의 일각을 이루었으며 계층을 막론하고 그에 대한 기호嗜好 또한 대단하였던 것 같다. 당색으로 사분오열된 양반사대부들이 모여 살던 조선후기 서울에서는 적대적 관계의 사람들을 길에서 만날 것을 대비하여 얼굴가리개 용도로 부채를 들고 다녔다는 이야기도 전한다. 단오에 전라도와 경상도 두 도의 감사와 통제사가 공조工曹를 통해 진상한 절선은 관례에 따라 임금이 조정의 대신들과 궁중의 시종들에게 선사하고, 이것은 다시 그들의 친척과 친우들에게 선사된다. 부채를 만드는 고을의 수령들도 역시 임금에게 진상하고 나서 친우들에게 선사한다.

조선시대에는 관상감에서 동지에 맞추어 임금에게 달력을 만들어 올렸다. 새 달력이 나오면 관원들은 이를 본으로 만든 달력을 서로 나누는 풍속이 있었다. 달력을 돌리는 일은 아전들이 주로 하였는데, 이들이 무슨 돈이 있어서 그런 것이 아니고 벼슬살이하는 집에서 그동안 받은 당참전堂參錢, 즉 필요한 서류를 꾸며주고 받은 수고비로 달력을 구입해 그 집에 선사하는 것이다. 그래서 '하선동력', 즉 단오에는 관원이 아전에게 부채를, 동지에는 아전이 관원에게 달력을 준다는 말이 생겼다.

동지팥죽 한 그릇에 나이 한 살 더 먹는다는 말이 있다. 이것은 오랜 과거부터 동지를 설로 여겼던 관습이 남아 전하기 때문이다. 동지를 아세亞歲(설날 버금간다는 뜻)라고 한 것도 이와 같은 맥락이다. 낮의 길이가 가장 짧은 이날 이후부터는 그동안 기승을 부리던 음의 세력이 약화되고 반대로 양의 세력은 점점 커져 만물이 생동하기 시작하기 때문에 고대부터 이날을 한 해의 시작으로 여겼던 것이다.

동지가 음력으로 초순에 들면 애동지, 중순에 들면 중동지, 하순에 들면 노동지라고 한다. 동짓달이 되면 어느 가정에서나 팥죽을 쑤어 먹는다. 팥을 삶아 으깨거나 체에 걸러서 그 물에다 찹쌀로 단자를 새알만큼씩 만들어 죽을 쑨다. 이 단자를 새알심, 옹시미, 옹실내미 등으로 부른다. 새알심은 나이 수만큼 아이들에게 먹인다. 그러나 애동지에는 아이에게 좋지 않다고 하여 팥죽을 쑤지 않고 대신 팥떡을 해먹는다. 아이에게 좋지 않은 것이 구체적으로 무엇인지는 사람마다, 또는 시대마다 조금씩 다를 것이나 대체로 아이의 건강과 운세를 염두에 둔 말이다.

동지는 팥죽을 쑤어 먹는다는 점에서 계층을 막론한 전국적인 세시풍속이라고 할 수 있다. 그러나 지금은 거의 모르는 풍속으로 사일蠟日이라는 것이 있는데, 납일과 같은 뜻으로 주로 백성이 즐긴 풍속이었지만 그 구체적인 내용은 많이 알려져 있지 않다. 다만 김종직金宗直(1431~1492)은 "사일엔 백성의 마음이 모두 즐거운데 누가 온 나라가 미친다고 말하였던고(蠟日民心樂 誰言一國狂)."(『점필재집佔畢齋集』「이십사일랍二十四日臘」)라고 하여 그 분위기를 간접적으로 전하고 있다.

납일臘日은 원래 동지 후 세 번째 오는 술일戌日이었는데, 조선시대에 들어와 동지 후 세 번째 미일未日로 정해 종묘와 사직에 큰 제사를 지냈다. 우리나라에서 납일을 미일로 한 것은 대개 동방이 목木에 속하기 때문이라고 한다.

주周나라는 자월子月, 즉 하夏나라의 11월을 세수歲首인 정월로 개정한바, 달력이 하나라보다 2개월 앞서 가므로 사시절도 따라서 2개월씩 앞당겨진다. 그러니 사실상 사시절도 개정하고 달도 개정한(改時改月) 것이다. 그러므로 주자朱子가, "『주례周禮』에 정세正歲와 정월正月이 있는 것을 보면 주나라는 사실 원래부터 춘정월春正月을 개정한 것이다. 공자의 '하나라의 역법을 사용하겠다.'라는 말은 다만 주나라의 역법이 절서에 적합하지 않기 때문에 인월寅月로 세수歲首를 삼은 하나라의 역법을 따르려 한 것뿐이다."라고 하였고, 또 "『춘추』는 노魯나라의 역사이므로 당연히 시왕時王, 즉 주왕周王의 역법을 사용해야 한다."라고 하였다. 그런데 이와 반대로 『춘추호씨전春秋胡氏傳』에 하나라의 사시절을 주나라의 달 앞에 올려놓았다(夏時冠周月)고 하였으므로 달만 개정하고 사시절은 개정하지 않은 것(改月不改時)으로 보는 이도 있다.

정약용丁若鏞(1762~1836)은 『경세유표經世遺表』에서 책력의 중요성을 강조한 반면 택일과 같은 역서에 실린 도교적 관행이나 기타 일반 관습에 대해 비판적인 견해를 밝힌 바 있다.

"생각건대, 책력을 만들어 시각을 밝히는 것은 신성神聖한 사람의 직무다. 옛적에 전욱顓頊, 제곡帝嚳, 요堯, 순舜이 모두 이 방법에 밝았다. 우리나라의 귀족들은 이런 일을 비루한 일이라 여기고 오직 관사官師의 여러 족속이 이 기예技藝를 익히니 또한 나쁜 습속이다."

"생각건대, 『주례』에 족장族葬하는 법이 있다. 그런즉 주공周公은 백성에게 풍수를 살펴서 어버이를 장사하도록 하지 않았던 것이다. 왕제王制에 '시일時日이 어떠어떠하다 하여 군중이 의심을 품도록 한 자는 죽인다.'라고 하였고, 고허왕상孤虛旺相이라는 설說을 퍼뜨린 선유先儒는 모두 좌도左道라 하여 배척하였다. 지금 관청을 설치하여 직무를 분담하면서 지리학地理學과 명과학命課學을 두는 것은 옳은 제도가 아니다. 그러므로 나는 생각하기를, 지리학과 명과학은 지금부터 철폐하고 다시는 선발하지 않으며, 역서曆書 안에 기록된 '제사祭祀하기에 적당하다.', '혼인 치르기에 알맞고, 출행出行하기에 적당치 못하다.', '침자針刺하기에 알맞지 않다.'라는 등의 여러 가지 글은 아울러 삭제할 것이다."

"무릇 '음양에 비추어 꺼림이 있다.'라는 말이 일에 방해됨이 크다. 지금 장례를 치르기 위해서 날짜를 택하는 자가 월덕月德이 좋지 못하다고 온전히 한 달을 넘기거나 또는 연운年運이 합당치 못하다고 온전히 한 해를 넘기기도 하니 그 해害됨을 이루 다 말할 수 없다. 지금 역서 둘째 장에 이른바 '연신방위도年神方位圖'라는 것이 있고, 책 끝에는 천은天恩·천사天赦라는 것이 한 장 있는데 모두 요사스런 말이다. 나는 이 두 장을 없애고 그 대신 두 장을 보충하여, 8도道의 포정사布政司와 절기의 시각時刻, 일식·월식하는 시각, 해가 돋고 지는 시각을 기록해서 먼 지방 백성도 다 바른 시각을 알도록 하는 것이 또한 왕정의 대사라고 생각한다."


## 2. 월령의 기원과 기후월령

### 1) 월령의 기원

월령月令은 『예기禮記』의 한 편으로 정월에서 12월까지 행할 정령政令의 하나란 뜻이다. 월月은 하나라의 정삭正朔을 사용하였고 영令은 삼대三代와 진

秦나라의 일을 섞어서 들었다. 진秦나라 여불위呂不韋가 학자들을 시켜서 「십이월기十二月紀」를 짓게 하고 이를 넣은 책을 『여씨춘추呂氏春秋』라고 명명하였는데, 편수篇首에 월령月令이란 것이 있다.

옛날에 월령月令 편을 주공周公이 지었다고 한 것은 한나라 채옹蔡邕, 마융馬融, 그리고 위魏나라 가규賈逵 등의 설이고, 여불위가 지었다고 한 것은 후한 말의 정현鄭玄, 고유高誘, 그리고 당나라 육덕명陸德明, 공영달孔穎達 등의 주장이다. 그러나 이덕무李德懋(1741~1793) 등 조선후기 실학자들은 그보다 더 늦게 한나라 때 만들어진 것으로 한나라 선비가 보집補輯한 글로 보았다. 다음은 이덕무의 『청장관전서靑莊館全書』에 나오는 내용으로 그의 변증설을 따른 것이다.


"맹하령孟夏令, 즉 4월에 포고하는 정령政令에 태위太尉란 말이 있는데 이것은 진秦나라 때 벼슬 이름이고, 계하령季夏令에 백현百縣이란 말이 있는데 이 군현郡縣제도도 진나라의 것이며, 계추령季秋令에 다음 해의 삭일朔日, 즉 매달 초하루에 책력을 받아간다고 하였는데 여기에 나오는 건해建亥는 진나라의 정월로 주나라 사람이 쓰던 용어가 아니기 때문에 채옹의 주나라 설은 잘못된 것이다. 그러나 진나라 역시 선비를 묻어 죽이고 서적을 불사르던 세상인데다가 진시황 2년에 여불위가 이미 사망하였기 때문에 육덕명의 주장 역시 믿을 것이 못 된다."

"옛날에는 공자가 죽은 뒤에 72명의 제자들이 함께 들은 바를 찬撰하여 『예기禮記』를 만들었다고 하였다. 그러나 한나라 초기에 고당생高堂生이 전한 예禮가 17편인데 후창后蒼이 곡대曲臺에서 교정한 것이 곧 『의례儀禮』고, 유흠劉歆이 『주관周官』을 두자춘杜子春에게 전한 것이 곧 『주례周禮』며, 유향劉向이 고정考定한 오례五禮는 양梁나라 사람 대덕戴德과 대성戴聖이 그 글을 산정刪定하여 46권으로 만들었고 마융馬融이 또 3편을 증가하여 이름을 『예기禮記』라 한 것이다."

"월령만을 해석한 것은 한나라 채옹이 지은 『월령장구月令章句』 12권과 『월령답문月令答問』이 있고, 또 작자 미상의 『월령통고月令通攷』와 청나라 성조聖祖가 오정정吳廷楨을 시켜 만든 『월령집요月令輯要』가 있다."

율령律令은 6려 6률의 십이율十二律을 12개월의 월령月令에 맞춘 것을 말한다. 예컨대 황종黃鐘은 십이율의 하나로『예기禮記』「월령」에는 "중동, 즉 11월의 음은 우이고 율은 황종에 맞는다(仲冬之月 其音羽 律中黃鐘)."라고 하였다.

월령에 관한 기록은 고려 때로 올라간다. 상시무서上時務書는 최승로崔承老(927~989)가 982년에 올린 상서로, 28개의 시무조 중 제23조에 월령에 관한 기사가 나온다.

### 제23조
우리나라에서는 겨울과 여름에 강회를 열고 선왕先王과 선후先后에게 기재忌齋 드리는 것은 그 유래가 이미 오래되었으니 취사선택을 할 수는 없겠으나 그 나머지의 가히 감해버릴 것은 감하기를 청하오니, 만일 감하지 못한다면 월령月令에서 이른 바와 같이 5월 중에 음양의 기운이 서로 다투어 사생이 나누어지므로 군자는 재계를 하고 처할 때에는 반드시 몸을 가리되 조급하지 말 것이고 음악과 여색을 멀리하고 기욕嗜慾을 절제하여 마음을 정돈시킬 것이며 백관들은 잠자코 일을 하되 형벌을 없애어 음기가 이룩되는 바를 안정시킬 것입니다. 동짓달 중에는 음양의 기운이 서로 다투어서 모든 생리가 방탕해지므로 군자는 재계를 하고 처할 때에 반드시 몸을 가리되 조급하지 말 것이고 음악과 여색을 멀리하고 욕심을 절제하며 몸을 편안히 하고 모든 일에는 고요히 하여 음양이 안정되는 바를 기다려야 할 것입니다. 지금은 그 일을 정지할 수밖에 없을 것이니 그 이유는 극한極寒이 되면 역군役軍이 괴로워서 음식물이 정결하지 못하고, 극열極熱이 되면 땀이 줄줄 흐를 것이며, 혹은 뭇 벌레를 그릇 해쳐 재공齋供이 조촐하지 못할 것이니 무슨 공덕이 있겠습니까. 또 오늘 선을 지었더라도 내일 선에 대한 보답을 받는다는 보장은 없으니 이로써 본다면 정치교화를 닦는 것만 같지 못할 것입니다. 청하건대 일 년 열두 달을 반으로 나누어 2월부터 4월까지, 그리고 8월부터 10월까지는 정사와 불공을 반반씩 하기로 하고 5월부터 7월까지, 그리고 11월부터 정월까지는 불공을 그만두고 오로지 정사만을 닦아 날마다 정치를 보살펴 밤낮을 헤아리지 않고 다스릴 것을 계획하되 매일 오후에는 군자가 행하는 사시四時의 예禮를 닦아 몸을 편안케 할 것이니, 이렇게 하면 시령時令의 순서를 따라 성체聖體를 편안히 하고 신하와 백성의 노고를 덜어줄 것입니다. 이것이 어찌 커다란 공덕이 아니겠습니까.

다음은 『고려사절요高麗史節要』(무자 7년, 988년)의 기사다.

"봄 2월에 좌보궐左補闕 이양李陽이 상소하기를, '『예기』 「월령」에 의하면, 입춘 전에 토우土牛를 내어 농사의 시기를 보았으니, 청컨대 고사에 의해 제때에 맞추어 이를 행하소서. 『주례』의 「내재직內宰職」에, 정월에 왕후에게 조詔하여 육궁六宮의 사람들을 거느리고 늦벼와 올벼 종자의 싹을 틔워서 왕에게 바치도록 한다고 하였으니 지금 주상께서 풍년을 빌고 적전籍田을 가는 데 있어 왕후도 반드시 종자를 바치는 예를 행하여야 될 것입니다. 「월령」에, 정월 중기中氣 후에는 희생犧牲에 암컷을 쓰지 말고 나무 베는 것을 금지하며 새끼와 알을 취하지 말고 여러 사람을 모으지 말며 드러난 해골을 덮어 묻어주라고 하였으니 원컨대 봄에 행하는 정령政令을 펴서 모두 절후에 따라 금지하는 조항을 알도록 하소서.' 하였다. 왕이 이 말을 따라 교教를 내려 서울과 지방에 반포하여 알리게 하였다."

허목許穆(1595~1682)의 『기언記言』 권49 속집續集 「예禮」 제1조에 친경親耕에 대한 의론이 나오는데, 『예기』 「월령」에 기초한 것이다.

"『예기』 「월령」에 이르기를, '돌아오시어 노침路寢에서 술잔을 잡으시매 삼공三公, 구경九卿, 제후諸侯, 대부大夫 모두 모시는데 명명命名하시기를 위로하는 술이라 하셨다.'라고 하였고, 주註에서 이르기를, '사士는 계급이 낮아서 밭갈이에 참여하지 못하였으므로 위로주慰勞酒를 하사下賜받는 데에 참여하지 못하는 것이다.'라고 하였습니다. 밭 갈 때에 왕이 한 번 갈면 삼공, 구경, 제후, 대부가 각각 그 윗사람의 세 배를 갈아 서민이 마침내 1천 묘畝의 밭을 다 갈게 되며, 주연을 베풀 때에는 왕이 태뢰太牢로 대접하면 공경대부公卿大夫가 맛보고 서민이 그 음식을 끝냅니다. (중략) 정월 초하루와 동지의 모임은 본시 나라의 큰 예인데 지금은 없어져서 거행되지 않은 지 오래되었습니다. 그러나 친경과 위로주의 예禮는 특히 오랜만에 드문 성대한 의식이오며 정월 초하루와 동지의 예에 비교할 것이 아니니 정월 초하루와 동지의 예가 없어진 것과는 달리 거행하지 않아서는 안 될 것입니다."

"『예기』의 「왕제王制」에 이르기를, '상춘上春에 내재內宰에서 고하여 왕후로 하여금 육궁六宮의 사람들을 거느리고 늦벼와 올벼의 볍씨를 내어서 왕에게 바친다.'라고 하였고, 주註에 이르기를, '잘 길러서 상하거나 썩지 않게 하여 왕의 밭갈이를 도와 교체郊禘의 제사에 이바지함을 보이는 것이다.'라고 하였습니다. 또 이르기를, '왕께서는 공경히 재계齊戒하여 농사를 감시하여 물토物土의 알맞은 것을 바꾸지 마소서.'라 하였고, 주에 이르기를, '지祗는 공경하는 것이요, 불祓은 재계하여 재액을 제거하는 것이며, 불역不易은 물토의 알맞은 것을 바꾸지 않는다는 말이다.'라고 하였습니다. 「월령」에 이르기를 '왕이 농대부農大夫에 명하여 전사田事를 감시케 하되, 구릉丘陵, 경사진 곳, 원습原隰한 곳 및 토지에 알맞은 것과 오곡이 잘 번식하는 곳을 살펴서 백성을 교도하게 하는데, 반드시 몸소 친히 하는 것이다.'라고 하였으니, 오곡이 번식하는 곳이란 기장[黍]에 이로운 곳은 높고 건조한 곳이고, 찰벼에 이로운 곳은 낮고 습기 찬 곳 같은 유類인 것입니다. 고례古禮에 '왕후가 육궁의 사람들을 거느리고 늦벼와 올벼의 볍씨를 내어서 왕에게 바친다.'라고 하였고, 주에 이르기를, '먼저 씨 뿌리고 늦게 익는 것이 늦벼요, 뒤에 뿌리고 먼저 익는 것이 올벼다.'라고 하였습니다. 송宋나라와 제齊나라의 고사에 보면 1천 묘의 땅 안에 붉은 조[赤粱]와 백곡白穀, 콩, 붉은 기장[赤黍], 팥, 검은 기장[黑稷], 삼씨[麻子], 보리[大麥], 밀[小麥]을 심었습니다. 이제 예조禮曹에서 일정한 의식으로 친경하는 밭에 아홉 종류의 곡식을 섞어서 1묘에 씨를 뿌리니, 어디에 근거하여 이와 같이 하는지 모르겠으나 이는 교체의 제사에 이바지하는 도는 아닌 것입니다. 온갖 곡식이 이르고 늦은 시기와 씨앗 심는 데 알맞음을 잃는다면 번식하지 않는 것이니 반드시 『예경禮經』에서처럼 물토의 알맞음과 때의 이르고 늦음을 살펴서 신명神明을 받들어 공경함을 극진히 해야 하며, 이것이 반드시 성실해야 하고 반드시 신실해야 하는 길인 것입니다."

## 2) 기후월령

이익李瀷(1681~1763)은 『성호사설星湖僿說』 권3 「천지문天地門」에서 72후에 대해 다음과 같이 설명하였다.

"오늘날 역서曆書 안의 72절후節候는 『급총주서汲冢周書』 「시훈해時訓解」에 바탕을 두었는데, 그 절후는 만듦이 각각 시정時政의 득실에 응하고 있다. 민속民俗은 순후하기도 하고 경박하기도 하지만 물성物性과 인사人事에 대한 징험을 얻을 수 없다. 오직 밝게 나타나는 것이 약간 있으니 다음과 같다.

바람이 해동解凍하지 못하면 호령號令이 행해지지 않는다.
새봄이 되어 만물이 생기를 얻지 못하면 갑주甲冑를 사장私藏한다.
초목이 싹트지 않으면 과일과 채소가 성숙하지 않는다.
현조玄鳥, 즉 제비가 이르지 않으면 부인婦人이 임신하지 않는다.
번개를 시작하지 않으면 군주君主의 위세威勢가 떨치지 않는다.
반설反舌이 소리가 있으면 간사한 사람이 곁에 있다.
큰 비가 불시에 내리면 나라를 순행巡行하여도 은택恩澤이 없다.
현조가 돌아가지 않으면 가족이 흩어진다.
우레가 소리를 거두지 않으면 제후諸侯가 음일淫佚한다.
홍안鴻鴈이 오지 않으면 백성이 복종하지 않는다.
국화에 황화黃華가 없으면 땅에 심어 가꾸지 못한다.
무지개가 사라지지 않으면 여자가 한 남편에게 전심하지 않는다.
나머지는 다 기록하지 못한다."

정약용은 『경세유표經世遺表』에서 "『하소정』 「월령」에서 왕정王政으로서 훌륭하였던 것을 뽑고, 절후節候를 상고해서 엮어 넣으며, 또 고금古今의 농서農書와 『본초本草』에서 무릇 9곡穀과 여러 가지 채소의 씨앗 심기, 채집하기에 알맞다는 말을 뽑아서 기후를 참고하고 남북南北도 분간해서 그 날짜 밑에다 '지금 역서에 알맞다', '꺼린다'라는 글을 자세하게 써넣는다면 하늘을 대신해서 물物을 다스리며 백성에게 공경하게 농시農時를 가르친다는 것이 이보다 지나침이 없으리라고 생각한다."라고 하였다.

## 3) 이규경의 기후월령에 대한 변증설

이덕무의 손자 이규경李圭景(1788~1856)은 『예기』 「월령」에서 기후와 관련한 기사와 매달의 시물과 기후를 기록한 『하소정夏小正』과 『하소정해夏小正解』를 비교 검토하여 월령이 기후를 반영함을 변증하였다. 그는 정미년, 즉 1847년 대보름날에 충주의 한 촌에서 이 글을 썼다.

"내가 변변치 못하지만, 만일 기후의 그 까닭을 논한다면, 『주역』 건괘乾卦의 원元·형亨·이利·정貞 네 글자와, 『서경』 「요전堯典」의 희씨義氏와 화씨和氏와 사중四仲, 즉 희중·희숙·화중·화숙에게 명한 글에 이미 전부 설명된 것으로 생각된다. 그러나 만일 자세히 구분한다면, 대개 사철의 기운은 여섯 가지가 있는데, 첫째는 생기生氣요—입춘부터 춘분까지는 궐음풍목厥陰風木이 주관한다—, 둘째는 서기叙氣며—청명부터 소만까지는 소음군화少陰君火가 주관한다—, 셋째는 장기長氣요—망종부터 대서까지는 소양상화少陽相火가 주관한다—, 넷째는 화기化氣며—입추부터 추분까지는 태음습토太陰濕土가 주관한다—, 다섯째는 수기收氣요—한로부터 소설까지는 양명조금陽明燥金이 주관한다—, 여섯째는 장기藏氣인데—대설부터 대한까지는 태양한수太陽寒水가 주관한다—, 이것들이 어우러져 한 해의 기운을 이루는 것이다."

『하소정』은 기후 관련 저서로 중국 전한前漢 때 대덕戴德이 지은 것으로 전해진다. 내용인즉 하나라의 달력 12개월의 순서에 따라 종식種植·잠상蠶桑·목축牧畜·어렵漁獵 활동에 대해 기록하고, 종식과 채집의 종류와 사용 공구에 대해서도 간략하게 서술하고 있다. 그 가치를 반영하듯 많은 학자가 이 책의 주註를 편찬하였는데, 남송 때의 주자朱子와 채원정蔡元定, 원나라의 금이상金履祥 등이 대표적이다.

다음은 이규경의 『오주연문장전산고五洲衍文長箋散稿』 「경사편經史編」 중 기후월령에 대한 변증설(고전간행회본 권3)을 요약한 것이다.

"달마다 6후候가 있고 열두 달을 곱하면 72후가 된다. 이 72기후의 기원을 거슬러 올라가면 복희씨伏羲氏가 처음으로 8괘를 그어 3획畫을 만들어서 24기氣를 상징하였으며, 주공周公이 시훈時訓을 만들어서 24기氣와 72후候를 정하였다고 한다.

　대체로 하루는 12시時이고, 5일이면 60시이니, 갑자甲子가 한 바퀴 돌면 오행五行이 끝이 나고 기후가 바뀐다. 그러므로 5일이 1후가 되고 1년 3백60일은 72후가 된다. 3후가 이루어지면 1기氣라고 하며 15일 2시 6각刻 남짓하다. 6기가 이루어지면 시時라고 말하며 91일 남짓하다. 4시를 세歲라고 말하며 이 기간에 하늘이 3백60도度를 운행한다."


## 1월의 6후

⦿ **동풍이 언 것을 푼다**(동풍해동東風解凍).

『하소정해』에는 "남풍에 얼음이 풀린다." 하였고, 또 "추운 날씨가 변하고 언 것이 풀린다(寒日滌凍塗)."라고 하였다. 동풍과 남풍은 지리적인 차이에서 비롯된 것이다.

⦿ **겨울잠을 자던 벌레들이 비로소 움직인다**(칩충시진蟄蟲始振).

『하소정해』에는 "정월에 벌레가 겨울잠으로부터 깨어난다(正月啓蟄)는 것은, 겨울잠에 들어갔던 벌레들이 비로소 나오는 것을 이르는 것이다."라고 하였다.

⦿ **고기는 떠서 얼음을 등에 진다**(어척부빙魚陟負氷).

『하소정해』에 "척陟은 오르는 것이고, 얼음을 진다고 이른 것은 겨울잠에서 풀려나는 것이다."라고 하였다. 내 생각에 고기는 양陽을 따라다니는 것이므로 봄·여름에는 떠서 놀고, 가을·겨울에는 잠겨서 가만히 있다. 정월에 삼양三陽이 생겨나면 그 양춘의 기운을 따라 올라오는 것이다. 그러나 얼음이 아직 다 녹지 않았으므로 등에 얼음 조각을 지고 다니는 것이다.

⦿ **달獺이 고기로 제사를 지낸다**(달제어獺祭魚).

『하소정해』에 "달이 고기로 수제를 지낸다(獺獸祭魚). '수獸' 자를 쓴 것은 어째서인가. 같은 유類가 아니기 때문이다."라고 하였는데, 달에는 산달山獺·수달水獺·해달海獺의 세 가지 종류가 있는데, 여기서 고기로 제사를 지낸다는 달은 마땅히 수달이 되어야 할 것이다. 물속과 땅 위를 마음대로 다닐 수 있기 때문에 물속으로 들어가 고기를 잡아다가 땅에다 전奠을 드리는 것이, 제사를 지내는 것 같다는 것이다.

◉ **기러기가 북쪽에서 온다**(후안북候鴈北).

『하소정해』에는 보이지 않는다. 내 생각에 기러기가 북쪽에서 온다는 것은 기후를 따라 오고 가는 기러기가 봄기운을 따라 북쪽에서 온다는 것이다.

◉ **초목의 싹이 움직인다**(초본맹동草本萌動).

『하소정해』에는 보이지 않는다. 내 생각에 초목의 뿌리에 양기가 비로소 돌아 갈고리 같은 새싹이 되려고 생기生氣가 움직이는 것이다.

## 2월의 6후

◉ **복숭아꽃이 처음 핀다**(도시화桃始華).

『하소정해』에 "매화·살구·이도梔桃는 꽃이 피는데, 이도는 산복숭아[山挑]다." 하였다. 2월에 복숭아꽃이 처음 핀다는 것은 혹시 북쪽지방의 복숭아꽃이 먼저 핀 것을 기록한 것이 아닐까. 지금은 살구꽃이 먼저 피고 복숭아꽃이 뒤에 핀다.

◉ **꾀꼬리가 운다**(창경명倉庚鳴).

『하소정해』에 "창경倉庚이란 상경商庚이고 상경이란 장고長股다."라고 하였다. 창경이란 속칭 아이새[阿伊鳥]라고 하는데 일명 규천자叫天子라고도 한다.

◉ **매가 변하여 뻐꾸기가 된다**(응화위구鷹化爲鳩).

『하소정해』에 "매가 뻐꾸기로 된다고 하였을 때 매라고 한 것은 그 죽일 때를 말한 것이며 뻐꾸기라 한 것은 그 죽이지 않을 때를 말한 것이다. 착하게 변하여 어진[仁] 데로 갔기 때문에 말한 것에 극진함이 있는 것이고, 반대로 뻐꾸기가 매가 된다(鳩爲鷹)고 할 때는 어질지 못한 데로 갔기 때문에 그 말을 극진히 하지 않은 것이다."라고 하였으니, 말을 극진히 하고 극진히 하지 않는 사이에 좋아하고 미워하는 것이 판명되는 것이다.

◎ 제비가 온다(현조지玄鳥至).

『하소정해』에 "와서 내린 제비는 눈을 돌려 바라본다(來降燕乃睇)."라고 하였는데, 제비[燕]란 새고 강降이란 내려온다는 것인데, 와서[來]라고 말한 것은 처음 나오는 것(始出)을 볼 수 없기 때문이다. 바라본다(乃睇)는 것은 눈을 돌려 바라보는 것(睇)으로 집 지을 만한 곳을 살펴보는 것이다.

◎ 천둥이 마침내 소리를 낸다(뢰내발성雷乃發聲).

『하소정해』에는 보이지 않는다. 내 생각에 우레[雷]는 2월에 땅속에서 나와 1백80일을 있다가, 8월이 되면 땅속으로 들어가 1백80일을 머문다. 땅속으로 들어가서는 뿌리를 감싸 기르고(孕育) 겨울잠 자는 벌레들을 보호하며 성음盛陰의 해害를 막아준다. 땅 위로 나와서는 꽃과 열매를 기르고, 숨어 있고 엎드려 있는 것들을 일으켜 세워(發揚)주며, 성양盛陽의 덕德을 드러내준다. 들어가서는 능히 해를 제거해주고 나와서는 이로움을 널리 확대시키니 임금의 상象이라 하는 것이다.

◎ 비로소 번개가 친다(시전始電).

『하소정해』에는 보이지 않는다. 내 생각에 비로소 번개가 친다는 것은 번개가 치면 반드시 천둥[雷]이 있는데, 여기에 이것으로 한 후候를 삼은 것은 이해하지 못하겠다. 그러나 옛사람의 정미精微로운 견해를 함부로 고칠 수 없다.


## 3월의 6후

◎ 오동꽃이 피기 시작한다(동시화桐始華).

『하소정해』에 "오동꽃이 핀다(拂桐芭)고 하여 붙인 불拂이란 것은 오동꽃이 피는 철을 이름이며, 어떤 이는 오동꽃이 처음 피어나서 흐드러진 모습을 말한 것이다."라고 하였다. 내 생각에 "오동꽃이 처음 피어날 때 붉은빛이 짙으면 가뭄이 들고 흰빛이 짙으면 장마가 진다."는 일종의 농사 점험설占驗說에 불과하다.

◉ 들쥐가 변하여 메추리가 된다(전서화위여田鼠化爲駕).

『하소정해』에 "여駕는 메추리[鴽]인데 변하여 좋게 되었으므로 그 말을 극진히 한 것이며, 8월에 메추리가 쥐로 되는 것(駕爲鼠)은 변하여 좋지 않게 되었으므로 그 말을 극진히 하지 않은 것이다."라고 하였다. 내 생각에 정석린程石麟의 『암순보鵪鶉譜』에, "월령月令의 이 말은 들쥐[田鼠]는 두꺼비[蟆]의 유類고, 여駕는 메추리[鶉]다. 한겨울에 두꺼비는 흙을 머금고 겨울잠을 자니 토土가 그 성품이 되는 것이다. 봄이 와서 목기木氣가 왕성한 철이 되면 목기가 그 토기土氣를 이겨 깎으므로 기를 펴지 못하다가 3월이 되어 토가 다시 생生하여 토와 목이 서로 도와서 화火로 변하면 능히 깃을 세우고 나는 까닭에 메추리의 성품은 화에 속한다. 그러므로 성질이 강하여 싸움질을 잘하며 여름이면 북쪽으로 가고 겨울에는 남쪽으로 향하여 추위를 피한다."라고 한 것이 참조된다.

◉ 무지개가 처음 나타난다(홍시견虹始見).

『하소정해』에는 보이지 않는다. 내 생각에 무지개란 것은 하늘과 땅의 사특한 기운이니, 사시四時를 막론하고 나타남이 마땅한데 3월에 처음으로 나타난다고 말한 것은 반드시 그 뜻이 있을 것이지만, 보이는 데가 없다. 삼가 우리 할아버지(이덕무)가 찬撰한 「예기억禮記臆」 월령해月令解를 상고해보니, "이 글귀 밑에 무지개는 역시 벌레가 뿜어낸 입김으로 홍虹 · 예蜺 · 체螮 · 동蝀 자가 모두 벌레 충虫 변에 썼으니 역시 겨울잠을 자는 것들이며 무지개는 분홍빛과 초록빛이 고루 안배되어 둥글면서도 이지러진 데가 없이 마치 공인工人이 만들어놓은 것 같으므로 홍虹 자는 공工으로써 짝지은 것이다."라고 한 것이 참조된다.

◉ 부평浮萍이 비로소 생긴다(평시생萍始生).

『하소정해』에는 보이지 않는다. 내 생각에 능수버들 꽃솜[柳絮]과 갯버들 꽃[楊花]이 못물 속으로 날아 들어가서 화하여 부평浮萍이 되는 것이라고 하니 부평이 처음 생겨나는 철이 마침 능수버들과 갯버들의 꽃이 피었다가 지는 무렵이기 때문일 것이다.

◉ 우는 뻐꾸기는 그 날개를 떨친다(명구불기우鳴鳩拂其羽).

『하소정해』에 "뻐꾸기가 운다는 것은 서로 부르기 시작하는 것을 말하는 것이다. 운다[鳴]는 것을 먼저 쓰고 뻐꾸기[鳩]라는 것을 뒤에 쓴 것은 뻐꾸기란 것은 운 다음에야 알 수 있기 때문이다."라고 하였다. 내 생각에 정강성鄭康成은 소疏에서 뻐꾸기[鳲鳩]가 날 때 그 날개를 서로 치듯 하는 것은 농사를 재촉하는 것이라고 하였고, 진조陳造는 사람들이 뻐꾸기가 밭 갈기를 재촉하는 것으로 여긴 것은 그 소리가 마치 해진 잠방이를 벗으라고 하는 것 같기 때문이라고 하였다.

◉ 후투티가 뽕나무에 버린다(승강우상勝降于桑).

『하소정해』에는 보이지 않는다. 내 생각에 『양자방언揚子方言』에는 후투티를 연나라 동북쪽 조선 열수 사이에서는 오디새라 하였고, 『예기』에는 베 짜는 소리를 내는 새[織紝鳥]라고 하였다.


## 4월의 6후

◉ 청개구리가 운다(누괵명螻蟈鳴).

『하소정해』에 명역鳴蟈이란 두꺼비[屈造] 같은 것이라고 하였는데, 내 생각에 누괵螻蟈이라 하지 않고 명역이라고 한 것은 아마도 누괵의 울음을 지칭한 것 같다. 누는 땅강아지[螻蛄]고, 괵은 두꺼비라는 주장도 있다.

◉ 지렁이가 나온다(구인출蚯蚓出).

『하소정해』에는 보이지 않는다. 『이아정의爾雅正義』에 "근인蝰蚓, 완선蜿蟮은 대개 음기陰氣 때문에 생겨난다."라고 하였다.

◉ 쥐참외가 난다(왕과생王瓜生).

『하소정해』에는 보이지 않는다. 내 생각에 『하소정해』에 왕과王瓜라 하지 않고 왕부王萯라고 한 것은 아마도 왕과를 가리킨 것 같다. 왕과의 일명을 서과鼠瓜라 하기도 하고 혹은 토과土瓜라 하기도 하며, 또 『본초』에 자세히 보이는데 들녘에 많이 나며 그 뿌리는 먹을 수 있다고 한다.

● **씀바귀가 이삭이 나온다**(고채수苦菜秀).

『하소정해』에는 보이지 않는다. 내 생각에 『본초』에 "원지에는 극원棘菀·요요繞蓼·세초細草 세 가지 이름이 있는데, 4월에는 양기陽氣가 극상極上하지만 미음微陰이 그 밑에서 태동하므로 요蓼가 그 음기를 받아 일찍 패는 것이다."라고 하였다. 허준許浚의 『동의보감東醫寶鑑』「탕액편湯液編」에 "고채苦菜의 훈訓은 씀바귀[徐音朴塊]다. 이 식물은 한 가지를 세 가지 이름으로 부르는데, 요즘 들녘[田野] 곳곳에 많다. 사람들은 그 이파리와 뿌리를 캐어 먹는다."라고 하였다.

● **냉이 잎이 마른다**(미초사靡草死).

『하소정해』에는 보이지 않는다. 내 생각에 양신楊愼의 『단연총록丹鉛總錄』에 "냉이 잎이 말라 죽으면 보리가을이 되고 초목의 잎이 떨어지면 벼가 다 익으므로 죽는 것을 보고는 죽은 것을 거둔다고 하는 것이다."라고 하였다.

● **보리가을이 된다**(맥추지麥秋至).

『하소정해』에는 보이지 않는다. 내 생각에 보리는 가을에 심으므로 금金의 기운을 얻어서 이루어지는 것인데, 여름이 되어 화기가 금기를 이기게 되면[火克金] 보리는 익는 것이다. 보리가 4월에 누렇게 익는 것이 마치 벼가 7월에 익는 것과 같기 때문에 가을이라고 하는 것이다. 『농서』에는 "보리는 흙에 들어간 지 1백40일이면 이삭이 패고, 이삭이 팬 지 60일이면 다 익는다. 북쪽지방의 보리는 한낮에 꽃이 피고 남쪽지방의 보리는 밤중에 꽃이 핀다."라고 하였는데, 명나라 의종毅宗 숭정崇禎 말엽에 와서는 남쪽지방의 보리도 한낮에 꽃이 피었다 하니, 이것은 땅의 기운이 서로 바뀌기 때문이다.


## 5월의 6후

● **버마재비가 나온다**(당랑생螳螂生).

『하소정해』에는 보이지 않는다. 내 생각에 당랑螳螂은 또한 당랑蟷螂이라고도 하고 혹은 말똥구리[蛣螂]라고도 한다. 우리나라 말에서는 마분곤馬糞滾을 말똥구리[馬通九乙伊]라고 새겨 읽는다. 『물리소지物理小識』와 『양화제서養花諸書』에 "5월 망종芒種날에 말똥구리가 일제히 나온다."라고 한 것이 바로 이것이다.

◉ **때까치가 비로소 운다** (격시명鵙始鳴).

『하소정해』에 "결駃이 운다. 결이란 때까치[伯鵙]이고, 운다는 것은 서로 부르는 것이다."하였다. 내 생각에 『시경』「빈풍豳風」칠월장七月章에 "7월에 때까치가 운다(七月鳴鵙)."라고 한 소주에 "공씨孔氏는 하지夏至가 오고 동지冬至가 가므로 음기陰氣가 움직임에 감응하여 그 소리가 깍깍[鵙鵙] 하기 때문에 소리로 얻은 이름이라 하였고, 신안新安 호씨胡氏는 5월[仲夏]에 울기 시작하여 7월이 되면 울음이 극에 달한다고 하였으며, 주자朱子는 7월에 때까치[鵙]가 울면 음기가 이르러 모든 향기로운 것[芳]이 시들며 결駃과 격鵙은 음音이 비슷하다."라고 하였다. 내 생각에 제결題駃은 접동새다. 5월에는 음기가 생기므로 울기 시작하고 7월에는 음기가 극히 성하므로 또다시 우는 것이다. 7월에 격鵙이 운 뒤에는 삼[麻]이 익어서 길쌈철이 된다.

◉ **개똥지빠귀가 소리를 버지 않는다** (반설무성反舌無聲).

『하소정해』에는 보이지 않는다. 내 생각에 개똥지빠귀[反舌鳥]는 입이 노랗고 몸은 검으며 다리는 적흑赤黑색인데, 봄에는 온갖 새의 소리를 흉내 내다가 음기가 이르면 소리를 내지 않는다.

◉ **사슴의 뿔이 빠진다** (녹각해鹿角解).

『하소정해』에는 보이지 않는다. 내 생각에 5월에는 한 음[一陰]이 생生하기 때문에 사슴의 뿔이 빠지는 것이다. 1년에 한 번씩 빠지는데 새로 난 뿔의 속에 피가 있고 그 피가 굳지 않은 것을 녹용鹿茸이라 하며 보약補藥 중의 상품으로 친다.

◉ **매미가 비로소 운다** (조시명蜩始鳴).

『하소정해』에 "양조良蜩가 운다고 하였는데, 양조라는 것은 다섯 가지 빛깔

(오채五采)을 갖추고 있는 것이다." 하였고, 또 "당조唐蜩가 운다고 하였는데, 당조가 운다는 것은 언匽을 가리키는 것이다." 하였다. 내 생각에 『하소정해』에 양조라고도 하고 당조라고도 한 것은 바로 월령에서 말한 조蜩며 『시경』「빈풍」 칠월장에 5월에 조가 운다(五月鳴蜩)고 한 조가 바로 이것이다. 조는 "음기陰氣를 감응하여 먼저 운다."라고 한다.

◉ **끼무릇이 난다**(반하생半夏生).

『하소정해』에는 보이지 않는다. 내 생각에 반하半夏란 우리나라 속훈俗訓으로 '끼무릇[氣無老]'이라는 것인데, 보리밭에 잘 난다. 5월에 채취하여 약으로 다듬는데, 5월에 나기 때문에 반하半夏라고 이름 붙였다 한다. 자세한 것은 『본초』를 보면 상고할 수 있다.


## 6월의 6후

◉ **따스한 바람이 불어온다**(온풍지溫風至).

『하소정해』에는 보이지 않는다. 내 생각에 온풍溫風이란 바로 훈훈한 바람[薰風]인데, 경풍景風이라고도 하고, 개풍凱風이라고도 한다. 만물을 키워주기 때문에 특별히 말한 것이다.

◉ **귀뚜라미가 벽에서 산다**(실솔거벽蟋蟀居壁).

『하소정해』에는 보이지 않는다. 내 생각에 실솔蟋蟀은 귀뚜라미[蛬蛩]다. 왕기王圻의 『삼재도회三才圖會』에는 "귀뚜라미[蟋蟀]는 누리[蝗]와 비슷하나 작으며, 옻칠을 한 듯 검고 빛이 나는데, 날개[翅]와 뿔이 있다. 하지夏至와 입추立秋 뒤에 흙더미나 돌 밑, 벽돌 틈에서 잘 운다. 걸핏하면 싸우고 이기고 나면 뽐내는 듯 운다."라고 하였다. 우리나라 말로 귀뚜라미[貴突菴伊]인데, 더울 때는 들에 있다가 추워지면 사람에게 기대는 것이다.

◉ **매가 비로소 새를 챈다**(응시지鷹始摯).

『하소정해』에 "매가 비로소 새를 챈다고 하여 비로소 챈다고 말한 것은 죽인다는 말을 꺼려 챈다고 말한 것이다."라고 하였다. 내 생각에 지摯는 새매

[熱]로 지조鷙鳥의 지칠鷙인 것 같다. 또는 집에서 기르는 매[鷹]가 6월이 되어 털과 깃이 완전히 어우러져 먹이를 채는 것이 아닐까.

◉ **썩은 풀이 반딧불이가 된다**(부초위형腐草爲螢).

『하소정해』에는 보이지 않는다. 내 생각에 『본초』에는 "반딧불이[螢]에는 몇 종류가 있다는데, 풀이 썩어 된다는 형은 속훈俗訓에 개똥벌레[狗屎虫]라는 것이고 날개가 없는 것은 일명 견蠲이라 하는데 속훈에 반딧벌레[螢蛆]라는 것이다."라고 하였다. 우리나라 말에는 반딧불이[盤大弗]라고 한다.

◉ **흙이 축축해지고 무덥다**(토윤욕서土潤溽暑).

『하소정해』에는 보이지 않는다. 내 생각에 욕溽은 습열濕熱인데 더운 기운[暑氣]이 땅을 태우므로 습기가 생기는 것이다.

◉ **큰비가 때때로 내린다**(대우시행大雨時行).

『하소정해』에는 보이지 않는다. 내 생각에 더운 기운이 차가운 곳을 태우므로 큰비가 때때로 내리는 것이다.


# 7월의 6후

◉ **서늘한 바람이 분다**(양풍지凉風至).

『하소정해』에는 보이지 않는다. 내 생각에 무더운 열기[暑熱]가 물러가려 함에 가을 기운이 바로 생겨나므로 서늘한 바람이 부는 것이다. 양풍凉風은 바로 금풍金風이다.

◉ **흰 이슬이 내린다**(백로강白露降).

『하소정해』에는 보이지 않는다. 내 생각에 천문서天文書에 "이슬이란 것은 음陰의 액液이며, 서리[霜]의 시작이다."라고 하였고, 원나라 학자 오내吳萊의 『연영집淵穎集』에 나오는 이십사기론二十四氣論에는 "빈풍豳風의 허두가 칠월七月인 것은 더위의 끝이요, 추위[寒]의 시작이기 때문이다. 가을은 금金에 속하며, 금의 빛깔은 흰색인데, 흰 것은 이슬의 빛깔이다." 하였으며, 관물觀物에서 장씨張氏는 "이슬은 토土의 기운이며, 응결되면 서리가 된다."

라고 하였다.

● 쓰르라미가 운다 (한선명寒蟬鳴).

『하소정해』에는 "쓰르라미[寒蟬]가 운다. 매미[蟬]라는 것은 쓰르라미[蜋]
다."라고 하였는데 내 생각에 이는 바로 한장寒螿이며 우리나라 말의 쓰르
라미[瑟乙菴伊]다. 농가에서는 가을을 재촉하는 곤충이라고 한다.

● 매가 새로 제사 지낸다 (응내제조鷹乃祭鳥).

『하소정해』에는 보이지 않는다. 내 생각에 달獺이 고기[魚]로 제사 지내고
승냥이[豺]가 짐승[獸]으로 제사 지내는 것과 같이 모두 근본[本]에 보답하는
것이다.

● 천지가 비로소 숙연해진다 (천지시숙天地始肅).

『하소정해』에는 보이지 않는다. 내 생각에 7월에는 대화심성大火心星이 서
쪽으로 흘러가서 맑은 바람이 불고 싸늘해지기[戎寒] 때문에 더운 기운[暑氣]
은 이미 물러가고 천지는 광원廣遠해지며, 맑고 밝을 뿐 아니라 엄숙한 기운
이 도는 것이다.

● 벼가 익는다 (화내등禾乃登).

『하소정해』에는 보이지 않는다. 내 생각에 『농서農書』에 "벼는 심은 지 90
일이면 패고, 팬 지 60일이면 익는다. 한낮에 꽃이 피는데 밤이슬이 줄기를
타고 포기 속으로 들어가면 이를 머금고서 여무니 이때에야 익는[登] 것이
다. 벼꽃이 희고 화판花瓣이 작으면 쌀이 나쁘고[賤], 화판이 많고 벼꽃이 누
르면 쌀이 좋다[貴]."라고 하였다. 항간에서는 "은꽃[銀花]은 나쁘고 금꽃[金
花]은 좋다."라고 한다.

## 8월의 6후

● 기러기들이 온다 (홍안래鴻雁來).

『하소정해』에는 보이지 않는다. 내 생각에 「월령」에 "8월에 기러기들[鴻雁]
이 온다."라고 하고 9월에 또 "기러기들이 손님으로 온다(鴻雁來賓)."라고

하였는데, 8월에 먼저 온 것은 주인이 되고 9월이 지나 오는 것은 손님[賓]이 되기 때문이다.

◉ **제비가 돌아간다**(현조귀玄鳥歸).

『하소정해』에 "제비가 떠오르는 것은 겨울잠을 자기 위해서다(陟玄鳥蟄)라고 할 때 척陟이란 떠오르는 것[升]이며 현조玄鳥는 제비[燕]다." 하였다. 내 생각에 제비[玄鳥]는 바다 섬으로 돌아가 나무 구멍이나 토굴 속에서 겨울잠을 자다가 봄이 되면 바로 겨울잠에서 깨어나 오는 것이다.

◉ **새들이 먹이를 갈무리한다**(군조양수群鳥養羞).

『하소정해』에는 "단조丹鳥는 백조白鳥를 먹이로 한다. 단조란 반딧불이[丹良]요, 백조란 모기[蚊蚋]를 이름이다. 둘을 모두 조鳥, 즉 새라고 한 것은 먹이[養]를 중히 여기기 때문이며, 날개가 달렸으므로 또한 새라고 한 것이다. 수羞라는 것은 갈무리[進]하는 것으로 다 먹지 않은 것이다." 하였는데, 내 생각에 이 말 뜻은 수라는 것은 먹이고 양수養羞라는 것은 갈무리하였다가 겨울에 먹는 것이다.

◉ **천둥이 비로소 소리를 거둔다**(뢰시수성雷始收聲).

『하소정해』에는 보이지 않는다. 내 생각에 천둥은 이때에 와서 땅속으로 들어가 1백80일 동안 겨울잠을 잔 후에 다시 나오는 것이다. 2월에 천둥이 처음 소리를 내는 것으로 한 후候를 삼고, 비로소 번개를 치는 것으로 한 후를 삼았으며, 8월에 천둥이 비로소 소리를 거두는 것으로 한 후를 삼았다면, 천둥이 잠복[藏]하는 것으로도 한 후를 삼는 것이 마땅한데 번개에 대해서 말하지 않은 것은 어째서일까. 옛사람들의 정미로운 견해를 이해할 수 없다.

◉ **겨울잠을 자려는 벌레들이 굴 문을 좁힌다**(칩충배호蟄蟲坏戶).

『하소정해』에는 보이지 않는다. 내 생각에 배호坏戶라는 것은 모든 벌레가 각각 굴의 입구를 손질하여 장차 들어가 겨울잠을 자려는 것이다.

◉ **물이 비로소 마른다**(수시학水始涸).

『하소정해』에는 보이지 않는다. 내 생각에 물이 비로소 마른다는 것은 바로 물이 줄어 바닥의 돌이 드러난다는 뜻이고, 또 물은 땅의 기운을 따라 오르고 내리는 것이므로 8월이 되면 땅의 기운이 점점 내려가기 때문에 나무들 역시 마르는 것이어서 모든 물[萬水]이 근원[源]으로 돌아간다는 뜻이다.

## 9월의 6후

◉ 기러기가 손으로 온다(홍안래빈鴻雁來賓).

『하소정해』에는 "기러기들이 간다(遭鴻雁). 체遭라는 것은 가는 것이다." 하였다. 내 생각에 8월에 온 것이 주인이 되고 9월에 온 것이 손이 되는 것이다.

◉ 참새가 큰 물로 들어가 조개가 된다(작위대수위합雀入大水爲蛤).

『하소정해』에는 "방성房星이 해[日]에 걸리고, 참새는 바다로 들어가서 조개가 된다. 혹 있는 일이지만 늘 들어가는 것은 아니다." 하였다. 내 생각에 육전陸佃은, "방합蚌蛤은 음양陰陽과 암수가 없다. 참새가 변하여 된 것이다. 진주[珠]를 낼 수 있는 것은 음정陰精에 전일專一하기 때문이다. 조개가 변하여 참새가 되기도 하는데, 서로 변하는 이치가 있어서 그런 것인 성싶다." 라고 하였다. 월령에서 말한 것은 바로 무늬가 있는 조개[文蛤]로 그 빛깔은 자색인데 참새[雀]의 빛깔과 흡사하다고 하여 그 무늬를 보니 역시 참새의 무늬와 같다.

◉ 국화는 노란 꽃이 된다(국유황화鞠有黃華).

『하소정해』에 "영국榮鞠이니, 국鞠은 풀이다. 국화가 꽃이 피면 보리를 갈아야 하는데 시절이 바쁘다." 라고 하였다. 내가 생각하기에 굴원屈原의 『이소경離騷經』에 "저녁에는 가을 국화의 꽃잎을 먹는다(夕餐秋菊之落英)." 라고 하였는데, 국菊이란 것은 감국甘菊이니 9월이 되어서야 핀다. 속명으로 조개황루開黃이다.

◉ 승냥이는 짐승을 잡아서 제사 지낸다(시내제수豺乃祭獸).

『하소정해』에는 "10월에 승냥이는 짐승을 잡아 제사 지낸다. 제사 지낸 뒤에 그것을 먹는 것을 좋게 여긴 것이다." 라고 하였다. 내가 생각하기에 『요사遼史』에 "숲의 승냥이와 어량魚梁의 달獺이 짐승과 물고기로 제사 지내는 것으로부터 교체郊禘가 시작되었다."라고 하였다. 우리나라 말로는 시犲의 훈訓은 '승냥이昇良伊'다.

◉ **초목의 잎사귀가 누렇게 되어 떨어진다**(초목황락草木黃落).

『하소정해』에는 보이지 않는다. 내 생각에 『시경』 「소아小雅」의 '하초불황何草不黃' 주에 "풀이 쇠하면 노랗게 되고 초목이 쇠하면 잎이 노랗게 되는 것은 마치 사람이 늙으면 머리카락이 세는 것과 같다."라고 하였다.

◉ **칩충蟄蟲이 고개를 수그린다**(칩충함부蟄蟲咸俯).

『하소정해』에는 보이지 않는다. 내 생각에 함부咸俯라는 것은 모든 벌레가 고개를 수그리고 먹지도 마시지도 않는 모양이니 마치 잠잘 때에 머리를 움츠리고 죽은 듯이 숨을 죽이는 형상인 것이다. 『형초세시기荊楚歲時記』에 "형초荊楚의 10월은 날씨가 따뜻하여 소춘小春이라고 하고, 그때의 비는 액우液雨라고 하니, 온갖 벌레가 이것을 먹고 칩복蟄伏하기에 약수藥水라고 한다."라고 하였다.

## 10월의 6후

◉ **물이 처음으로 언다**(수시빙水始氷).

『하소정해』에는 보이지 않는다. 내 생각에 『역易』에 서리를 밟으면 단단한 얼음이 된다(履霜堅氷至)고 하였으니 이슬이 맺혀서 서리가 되고 서리가 얼어서 얼음이 되는 것이다. 얼음이란 태양의 정기精氣니 지극히 유柔하면서 강剛하다. 음陰이 극極하여 양陽이 생기는 것이니, 역시 지기地氣가 따뜻함으로 인하여 생기는 것이다.

◉ **땅이 얼기 시작한다**(지시동地始凍).

『하소정해』에는 보이지 않는다. 내 생각에 날씨가 한열寒洌해서 땅이 어는 것이다.

● 꿩이 큰 물에 들어가서 신蜃이 된다(치입대수위신雉入大水爲蜃).

『하소정해』에는 "검은 꿩이 회수淮水에 들어가서 신蜃이 되는데, 신은 포로蒲蘆다."라고 하였다. 내 생각에 월령의 이 말에 대한 주에 "대합大蛤이 신蜃이다."라고 하였고, 『하소정해』 주에는 교속蛟屬이라고 하여 설이 서로 어긋난다. 조부(이덕무)께서는 "이 설은 비록 잘못되었으나 꿩이 화해서 신이 되고 꿩과 뱀이 교미해서 생겨나 오래되어서 날아오른즉 이것은 분명히 교속蛟屬이다. 다른 짐승끼리 교미하였으므로 꿩이 교미해서 교蛟를 낳았다고 한다면 꿩이 바로 교가 됨을 어찌 알겠는가."라고 하셨다.

● 무지개는 숨어서 보이지 않는다(홍장불견虹藏不見).

『하소정해』에는 보이지 않는다. 내 생각에 무지개[虹]에는 벌레가 있으니 땅 밑에 칩복蟄伏하여 보이지 않는 것이다.

● 하늘의 기氣는 위로 올라가고 땅의 기는 아래로 내려온다(천기상승지기하강天氣上升地氣下降).

『하소정해』에는 보이지 않는다. 내 생각에 권극중權克中의 『참동계주參同契注』에 "하늘과 땅은 거리가 8만 4천 리인데, 동지冬至에는 양기가 땅에서 올라가고 음기가 하늘에서 내려온다. 하지夏至에는 음기가 땅에서 올라가고 양기가 하늘에서 내려온다. 오르고 내리는 데에 하루에 각각 4백65리 2백40보步씩 이어서 90일이 지나면 음기와 양기가 하늘과 땅의 중간지점에서 만난다. 그러면 염량炎涼이 고르게 되어 춘분과 추분이 되고, 또 90일이 되면 올라가던 것은 하늘에 가서 닿고 내려가던 것은 땅에 이른다. 추위나 더위가 극도에 달해서 동지와 하지가 된다. 이와 같이 오르내림을 무한히 되풀이한다. 10월의 입동立冬과 소설小雪에는 음기가 하늘에 이르고 양기는 땅에 들어간다. 그러므로 하늘의 기氣는 위로 올라가고 땅의 기는 아래로 내려와서 폐색閉塞하여 겨울철을 이룬다."라고 하였다.

● 폐색閉塞하여 겨울철을 이룬다(폐색이성동閉塞而成冬).

『하소정해』에는 보이지 않는다. 내 생각에 천지의 기氣가 서로 통하지 않기 때문에 만물이 수장收藏되어 생겨나지 않는다는 것이다.

## 11월의 6후

◎ **할단鶡鴠이 울지 않는다**(할단불명鶡鴠不鳴).

『하소정해』에는 보이지 않는다. 내 생각에 할단鶡鴠은「월령」의 주에 "밤에 울어 아침을 구한다(夜鳴求朝)."라고 하였고, 할단새[鶡鴠之鳥]는『자서字書』에 "아침을 구하는 새인데, 할단은 닭과 비슷하나 주야로 항상 운다. 본래 합단盇旦이라고 썼다."라고 하였다.

◎ **범이 비로소 교미한다**(호시교虎始交).

『하소정해』에는 보이지 않는다. 내 생각에 속전俗傳 상고하니 "호신虎腎은 허약하나 동지가 되어 양기가 회복되는 때에는 힘이 매우 세다. 그래서 비로소 교미한다."라고 하였다.

◎ **여정荔挺이 싹이 튼다**(여정출荔挺出).

『하소정해』에는 보이지 않는다. 내 생각에 여荔에는 목려木荔가 있는데 곧 여지荔支다. 초려草荔는 사시 푸른데, 그것이 혹 동짓달에 곁순이나 움이 돋는 것이 아닌가 한다. 여는 '역力' 자가 셋이니, 풀 가운데서 힘이 센 풀이다.

◎ **지렁이가 땅속에 칩거한다**(구인결蚯蚓結).

『하소정해』에는 보이지 않는다. 내 생각에 지렁이[蚯蚓]는 인螾이라고도 쓰는데, 속어로는 토룡土龍이며, 우리말로는 지룡地龍이다. 땅속 구멍에서 살고 지표로 나와 마른 땅에서 먹이를 먹고, 지하의 샘[黃泉]에서 마신다. 머리는 양陽에 두고 사는데, 일양一陽이 처음으로 움직이면 머리는 쳐들고 몸은 움츠린다. 『농서』에 "(지렁이가) 길을 지나면 비가 오고, 아침에 나오면 개고, 저녁에 나오면 비가 온다. 날씨가 가물어 비가 오지 않을 때에 땅 위나 모래 위에 나오면 곧 소나기가 온다."라고 하였다.

◎ **미麋의 뿔이 빠진다**(미각해麋角解).

『하소정해』에 "미의 뿔은 떨어진다(隕麋角)에서 운隕은 추墜다. 동짓날에 양기가 움직이기 시작하여 생기가 도는데 모든 것이 왕성하게 빛난다. 그러므로 사슴뿔이 빠지는데 시기를 적는다.”라고 하였다. 지금 상고하건대 목란木蘭 땅에는 녹鹿이 많고 남쪽과 북쪽에 간혹 미麋가 있다. 성경盛京, 길림吉林, 열하熱河에 이르러서는 미만 있고 녹은 없다. 비록 녹은 크고 미는 작고 털빛도 다르나 하지에 뿔이 빠지지 않는 것이 없다. 그렇다면 동지에 뿔이 빠지는 것은 없을까. 그것도 있으니 그것은 곧 남원南苑의 주塵다. 내가 이미 변정辨正하여 설을 만들었으니, 주각시塵角詩 뒤에 붙인 글에 상세히 나타나 있다. 우리나라 동북도東北道의 육진六鎭에 외뿔사슴[一角鹿]이 나는데, 속명으로는 독동관獨童串이며, 우리나라 말로는 외동곶外童串이며, 관串의 속훈俗訓은 ‘곶’이니, 이것이 혹은 주가 아닌가 한다.

◉ 샘물이 솟아 움직인다.(수천동水泉動).

『하소정해』에는 보이지 않는다. 내 생각에 물은 감괘坎卦에 속하는데 웅덩이[坎] 속에서 다른 것과 구분되면 물은 음기 속에서 양陽이 된다.


## 12월의 6후

◉ 기러기가 북쪽으로 향한다.(안북향雁北向).

『하소정해』에서 안북향雁北向이라 하여 먼저 기러기를 말하고 다음에 향鄕에 대해 말한 것은 기러기를 본 뒤에 그 향을 알기 때문이다. 향은 무엇인가. 그 거처를 정하는 것이다. 기러기는 북방을 거처로 삼는 것이니 태어나고 자라난 곳이기 때문이다. (중략) 내 생각에 기러기는 바람을 이용하여서 날아가는 것인데, 봄과 여름에는 남풍이 불기 때문에 북쪽으로 날아가고, 겨울과 가을에는 삭풍朔風이 불기 때문에 남쪽으로 날아오는 것 같다. 가을과 겨울은 남쪽에서 지내는데 먹이가 기름져 몸이 살찌기 때문에 갈대의 힘을 빌려 풍력의 도움을 받을 뿐이다. 새북塞北지방은 바람이 높아서 무사하기 때문에 안문관雁門關에서 갈대를 버리는 것이다. 마치 사람이 배로 가는데 돛을 펴고 바람을 따라서 가는 것과 같은 이치로 갈대를 물고 가는 것이다.

◉ **까치가 비로소 집을 짓는다**(작시소鵲始巢).

『하소정해』에는 보이지 않는다. 내 생각에 『본초』, 『금경禽經』, 『물리物理』 등 여러 책에 "까치는 바람을 아는 영조靈鳥다. 태세太歲(목성)를 등질 줄 알기 때문에 태세를 등지고 태을太乙(태을성)을 향해서 집을 짓는다. 집이 높으면 건조하고 바람이 없으며, 낮으면 습기가 많고 땅에 가까워서 바람이 세다."라고 하였다.

◉ **꿩이 운다**(치구雉雊).

『하소정해』에 "꿩이 운다(雉震雊). 진震이란 명鳴이다. 구雊란 날개를 치는 것이다. 정월에는 반드시 천둥이 치는데 천둥소리는 반드시 들리지 않으나, 꿩만은 반드시 듣는다. 천둥이 치면 꿩이 우니 천둥으로 서로 알기 때문이다."라고 하였다. 내 생각에 『물리』에 "꿩은 청각이 발달하여 천둥 치는 곳을 안다. 꿩은 음陰에 속하고 있어서 먼저 운 다음에 날개를 치는 것이다."라고 하였다.

◉ **닭이 알을 깐다**(계부雞桴).

『하소정해』에 "닭이 알을 깐다(鷄桴). 죽죽이라는 것은 서로 부를 때다(粥粥也者 相粥之時也). 혹은 부桴는 구복嫗伏이며 죽粥은 양양養養이다."라고 하였다. 내 생각에 『시경』「빈풍」 치효장鴟鴞章 "자식을 기르자니 고달팠구나(鬻子之閔斯)."의 주에 "휵鬻은 양양養養이니, 죽粥과 휵은 통한다."라고 하였다.

◉ **정조征鳥는 사납고 빠르다**(정조려질征鳥厲疾).

『하소정해』에는 보이지 않는다. 내 생각에 정征은 매매邁邁이며 행행行行이며 왕往이다. 여厲는 심甚이며, 질疾은 신迅이다. 한기寒氣가 몹시 맵고, 가는 새는 빨리 날아가니, 매우 급하여 천천히 날 수가 없다. 「월령」에서는 정조征鳥를 "새매의 일종(鷹隼之屬)으로 공격을 잘하기 때문에 정征이며, 여질厲疾은 사납고 재빠른 것이다(鷹疾者猛厲而迅疾也)."라고 하였다.

◉ **수택水澤은 복복이 단단하게 언다**(수택복견水澤腹堅).

『하소정해』에는 보이지 않는다. 내 생각에 '수택복견水澤腹堅'의 '복腹' 자는 아마도, '복復' 자의 오기인 듯하다. 무엇으로 증거를 삼는가 하면 11월의 여섯째 기후의 '샘물이 솟아 움직인다(水泉動)'는 것에서 알 수가 있다. 전달에 샘물이 양기를 거슬러 움직이다가 이달에 어찌하여 수택의 중복이 얼어붙겠는가. 11월에는 해가 남쪽으로 하늘에 이르고 양기가 처음으로 땅에 돌아오니 얼음은 당연히 녹아야 하는데, 찬바람이 부는 때라 녹일 수 없은즉 다만 샘물이 약간 움직여 양기가 생기는 기후에 응해서 땅속에 숨어 움직인다고 말하였을 뿐이다.

이상의 내용을 보면 월령은 기후와 관련한 자연현상을 세밀하게 관찰한 것인데, 지역 간의 차이를 감안하더라도 계절의 미묘한 변화를 감지함으로써 농사시기를 놓치지 말라는 지침서의 역할을 충분히 하고 있다. 그리고 그 변화 속에는 어김없이 음양의 원리가 들어 있어 자연을 해석하는 인식의 구조 또한 드러나 있다. 이에 대해 이규경은 다음과 같이 평하였다.

"옛날 성인이 비록 72후候를 정하였으나 매달 밑에 물상의 증거가 없다면 그 후가 왔는지 안 왔는지를 어떻게 알겠는가. 그래서 월령에 열거된 물상을 따라 매후每候 아래에 배열하여 그 후를 당하면 어떤 물상이 생기고 나타나는 것이 있다는 것을 알아서 생겨나고 나타나는 것을 알면 곧 어떤 후임을 알게 한 것이다. 후기候氣의 법도 이와 마찬가지로 72후는 오로지 농상農桑의 시기를 알리기 위해서 만든 것이다. 역궤曆軌에 끼워 넣은 것은 일반 백성으로 하여금 그 물상을 보면 그 후를 알아서 시기를 놓치는 일이 없도록 하기 위해서였다. 어찌 성인이 백성을 위하여 크게 주의를 기울일 것이 아니겠는가."

# II 농 사 와 세 시

## 1. 농가월령과 절기

정조正朝, 즉 설에 차례를 지내고 성묘하는 것은 전국적인 현상이다. 그리고 세배는 그 중간에 들어간다. 즉 차례를 마친 후 세배를 하고 이어 성묘를 한다. 산소가 먼 경우는 성묘가 생략되기도 하고, 차례를 성묘로 대신하는 경우도 있다. 입춘立春 행사도 다양하게, 그리고 고루 분포되어 있다. 입춘일에는 주로 입춘대길立春大吉과 건양다경建陽多慶이라고 쓴 입춘첩立春帖을 '팔八' 자로 붙이는데, 대개는 방문이나 대문에 붙이지만 문기둥이나 마루천장에 붙이는 경우도 있는 등, 그 장소는 다양하다. 입춘불공이라고 하여 입춘일에 입춘첩을 받으러 절을 찾기도 한다. 이때 식구들의 운수를 보고 삼재三災가 들었으면 부적을 받아오기도 한다. 입춘첩은 태우지 않고 계속 붙여두기도 하지만, 태우기도 하고 버리기도 한다. 원래는 입춘이 드는 시時에 맞추어 붙이는 것인데, 요즘에는 과거와 달리 실행에 옮기는 집은 거의 없다. 대보름날은 도교에서는 상원上元에 해당하는 명절이지만 도교적인 요소는 사라진 지 오래다. 특히 조선후기 이앙법의 보급에 의한 농사력의 변화로 벼 추수를 하지 못하는 추석이 되면서 대보름날의 비중은 더 커졌다.

농가월령가는 그것이 어느 시대 어느 지역의 이야기인지 모르면 자료로서의 가치는 떨어진다. 농사일정은 시기에 따라, 그리고 지역에 따라 다르기 때문이다. 이덕무李德懋는 『청장관전서靑莊館全書』 권9 「아정유고雅亭遺稿」에 전사田舍의 생활을 묘사하면서 농가월령 편에 새로 보완해 넣을 것 중의 하나가 하늘의 색을 보고 서리가 올 징조를 아는 것이라고 하였는데(農家月令補新篇 霜昳先占卯色天), 이는 세시기에 자주 나오는 점풍占豊이 농가월령을 구성하는 핵심내용임을 인식하였던 것이다.


## 전사田舍에서

『청장관전서』(권9, 「아정유고」 1, 시)

콩깍지 더미 옆으로 오솔길이 나뉘고 붉은 아침햇살 퍼지자 소떼가 흩어진다.

豆殼堆邊細逕分。紅暾稍遍散牛群。

연청색은 가을 산허리에 물들려 하고 정결하니 먹음직한 비 갠 뒤의 구름 모습.

娟靑欲染秋來岫。秀潔堪餐霽後雲。

갈대 그림자 펄럭이니 기러기 놀라고 벼줄기 소리 와삭대니 잔물고기 분주하다.

葦影幡幡奴鴈駭。禾聲瑟瑟婢魚紛。

산 남쪽에 초가 지어 살 계획으로 농부에게 반만 나누어 달라 청했다.

山南欲遂誅茅計。願向田翁許半分。

서리 내린 아침 굵직하게 묶은 풀비로 작인은 마당도 쓸고 술도 담갔다.

霜朝茗帚縛䩄䩄。佃客除場守酒壺。

겨울을 지내려 시래기는 헌 벽에 매달고 액막이 단풍가지는 찬 부엌에 꽂았다.

菁葉禦冬懸敗壁。楓枝賽鬼挿寒廚。

농가의 골동은 회청색 주발이고 촌색시 몸치장은 붉은색 구슬이다.

田家古董灰靑椀。村女莊嚴火色珠。

면모 쓴 두 늙은이 귓속말하기를 새로 온 성주님은 정치를 잘하려나.

綿帽二翁低耳話。使君新到政平無。

쌀 막걸리 익어 김 오르니 털갓 쓴 글방선생 날마다 찾아온다.

紅米爲醪暖欲霞。氈冠學究日相過。

꼴 베던 장정은 허리춤에 낫을 찬 채 쉬고 수건 쓴 냇가 여인 빨래하며 노래한다.

園丁斫荻腰鎌憩。溪女挑綿首帕歌。

서리 온 들녘에 벼 쪼는 기러기 쫓고 볕 쬐는 언덕에는 고양이가 국화를 지킨다.

嗳稻霜陂驅白鴈。蔭猫陽塢護黃花。

여수를 잊게 하는 타향의 이야기를 흙담 친 집에 누워 열심히 듣는다.

旅愁消遣它鄉話。臥聽深深土築窩。

농가월령 편에 새로 써 넣을 것은 하늘이 파래지면 서리 올 징조라고.

農家月令補新篇。霜眹先占卵色天。

늦게 깐 고기 손가락보다 가늘고 체구 갖춘 병아리 주먹보다 크구나.

魚種晩生纖勝指。鷄孫具體大於拳。

덧옷 걸친 건장한 아낙 후한 풍속 되살리고 밥만 먹는 미련한 아이 슬기구멍 막히었네.

寬衣健婦醇風返。頓飯癡男慧竇塡。

요속이 달라졌다고 걱정한들 어찌하리 농주 마시고 책 안고 잠이나 자리.

謠俗那愁遷目境。細斟村酒抱書眠。

초가집 허술한데 상수리 울타리 단단하고 따스한 옷에 시원한 수건 걸치니

호기롭다.

　　　　茅菴搖落榍籬牢。暖服涼巾快快豪。

좋은 술은 인정을 더 깊게 하고 늦은 국화 나를 만나 운치 한번 드높다.

　　　　好酒令人情轉勝。寒花値我韻初高。

농가의 연중행사 빈풍시에 자세하고 가을 선비 읊는 시부는 굴원의 이소離
騷다.

　　　　農家凡例豳風畫。秋士鋪舒楚國騷。

이번 걸음에 산골에 살려 하여 날마다 정자터 올라도 피로한 줄 모른다.

　　　　聊試今行將隱峽。亭皐日涉不辭勞。

어린아이들의 모습 꿈속에는 분명하더니 깨고 보니 머나먼 이백 리 타향이라.

　　　　兒題弟額夢分明。覺臥它鄕二百程。

고을 선비 새로 친해 이야기책 빌려 오고 서울 친구 다녀가니 이별시 이루
었다.

　　　　郡士新交譚部借。幾朋歷別贈聯成。

단풍이 아닌 잡목들도 모두 붉으려 하고 비 내린 후 장천소리 갑자기 우렁
차다.

　　　　非楓雜樹都紅意。旣雨長川忽冷鳴。

마을 아이들 귀에 대고 소근대며 말하기를 그분이 온 후 집에서 글소리 나
기 시작했네.

　　　　辟呷莊童親近語。郞來此屋始書聲。


　정학유丁學游(1786~1855)는 농가월령가를 남긴 대표적인 학자다. 농가월
령가란 월령체로 농사일을 읊은 가사歌辭다.

# 농가월령가農家月令歌

정학유丁學遊 운포처사耘逋處士 찬찬撰

병자丙子 2월二月 단양丹陽 어중衙中 서서書 (생질甥姪 권경호權卿鎬 근서謹書) 1876년

천지 조판肇判하매 일월성신 비치거다.

일월은 도수度數 있고 성신은 전차躔次 있어

일 년 삼백육십 일에 제 도수 돌아오매

동지 하지 춘추분은 일행日行으로 추측하고

상현 하현 망회삭은 월륜月輪의 영휴盈虧로다.

대지상大地上 동서남북 곳을 따라 틀리기로

북극을 보람하여 원근을 마련하니

이십사절후를 십이 삭에 분별하여

매삭에 두 절후가 일망一望이 사이로다.

춘하추동 내왕하여 자연히 성세成歲하니

요순 같은 착한 임금 역법을 창개創開하사

천시天時를 밝혀내어 만민을 맡기시니

하우씨夏禹氏 오백 년은 인월寅月로 세수歲首하고

주나라 팔백 년은 자월子月이 신정新定이라.

당금當今에 쓰는 역법 하우씨와 한법이라

한서온량寒暑溫涼 기후 차례 사시에 맞게 가지니

공부자의 취하심이 하령夏令을 행하도다.


# 졍월령正月令

정월은 맹춘孟春이라 입춘 우수 절기로다.

산중 간학澗壑에 빙설은 남았으나

평교 광야에 운물雲物이 변하도다.

어와 우리 성상 애민중농하오시니

간측懇惻하신 권농윤음 방곡坊曲에 반포하니

슬프다, 농부들아 아무리 무지한들

네 몸 이해利害 고사姑捨하고 성의를 어길쏘냐.

산전 수답 상반相半하여 힘대로 하오리라.

일 년 흉풍은 측량하지 못하여도

인력이 극진하면 천재를 면하리니

제각각 권면勸勉하여 게을리 굴지 마라.

일년지계 재춘在春하니 범사凡事를 미리 하라.

봄에 만일 실시失時하면 종년終年 일이 낭패狼狽되네.

농기農器를 다스리고 농우를 살펴 먹여

재거름 재워놓고 일변一邊으로 실어내며

맥전麥田에 오줌 치기 세전歲前보다 힘써 하라.

늙은이 근력 없어 힘든 일은 못 하여도

낮이면 이엉 엮고 밤이면 새끼 꼬아

때 미쳐 집 이으면 큰 근심 덜리로다.

실과나무 버곳 깎고 가지 사이 돌 끼우기

정조正朝날 미명시未明時에 시험조로 하여 보소.

며느리 잊지 말고 소국주小麴酒 밑하여라.

삼춘三春 백화시百花時에 화전일취花前一醉하여 보자.

상원上元날 달을 보아 수한水旱을 안다 하니

노농老農의 징험이라 대강은 짐작하나니

정조正朝에 세배함은 돈후한 풍속이라.

새 의복 떨쳐입고 친척인리親戚隣里 서로 찾아

남녀노소 아동까지 삼삼오오 다닐 적에

와삭버석 울긋불긋 물색이 번화繁華하다.

사내아이 연 띄우고 계집아이 널뛰기요
윷 놀아 내기하기 소년들 놀이로다.
사당에 세알歲謁하니 병탕에 주과로다.
움파와 미나리를 무엄에 곁들이면
보기에 신선하여 오신채五辛菜를 부러워하랴.
보름날 약밥 제도 신라 적 풍속이라
묵은 산채 삶아 내니 육미肉味를 바꿀쏘냐.
귀 밝히는 약술이며 부럼 삭는 생률生栗이라.
먼저 불러 더위팔기 달맞이 횃불 켜기
흘러오는 풍속이요 아이들 놀이로다.


**이월령**二月令
이월은 중춘仲春이라 경칩 춘분 절기로다.
초육일 좀생이는 풍흉을 안다 하며
스무날 음청陰淸으로 대강은 짐작하나니
반갑다 봄바람에 의구依舊히 문을 여니
말랐던 풀뿌리는 속잎이 맹동萌動한다.
개구리 우는 곳에 논물이 흐르도다.
멧비둘기 소리 나니 버들빛 새로워라.
보쟁기 차려놓고 춘경을 하오리라.
살진 밭 가리어서 춘모春麰를 많이 갈고
면화 밭 되어두어 제때를 기다리소.
담배 모 잇 심기 이를수록 좋으니라.
원림園林을 장점粧點하니 생리生利를 겸하도다.
일분一分은 과목果木이요 이분二分은 뽕나무라.
뿌리를 상하지 말고 비 오는 날 심으리라.

솔가지 꺾어다가 울타리 새로 하고

장원牆垣도 수축하고 개천도 쳐올리소.

안팎에 쌓인 검불 정쇄精灑히 쓸어내어

불 놓아 재 받으면 거름을 보태려니

육축六畜은 못다 하나 우마계견牛馬鷄犬 기르리라.

씨암탉 두세 마리 알 안겨 깨여보자.

산채는 일렀으니 들나물 캐어 먹세.

고들빼기 씀바귀며 소로장이 물쑥이라.

달래김치 냉잇국은 비위脾胃를 깨치나니

본초本草를 상고하여 약재를 캐오리라.

蒼白朮 當歸川芎 柴胡防風 山藥澤瀉

낱낱이 기록하여 때 미쳐 캐어두소.

촌가에 기구 없어 값진 약 쓰올쏘냐.


**삼월령**三月令

삼월은 모춘暮春이라 청명 곡우 절기로다.

춘일이 재양載陽하여 만물이 화창和暢하니

백화百花는 난만爛漫하고 새소리 각색이라.

당전堂前의 쌍제비는 옛집을 찾아오고

화간花間의 범나비는 분분히 날고 기니

미물微物도 득시得時하여 자락自樂함이 사랑홉다.

한식날 성묘하니 백양나무 새잎 난다.

우로雨露에 감창感愴함을 주과로나 펴오리라.

농부의 힘든 일 가래질 첫째로다.

점심밥 풍비豊備하여 때맞추어 배불리소.

일꾼의 처자권속 따라와 같이 먹세.

농촌의 후한 풍속 두곡斗穀을 아낄쏘냐.

물꼬를 깊이 치고 도랑 밟아 물을 막고

한편에 모판 하고 그 나마 삶이하니

날마다 두세 번씩 부지런히 살펴보소.

약한 싹 세워낼 제 어린아이 보호하듯

백곡 중 논농사가 범연泛然하지 못하리라.

포전浦田에 서속黍粟이요 산전山田에 두태豆太로다.

들깨 모 일찍 붓고 삼농사도 하오리라.

좋은 씨 가리어서 그루를 상환相換하소.

보리밭 매어두고 못논을 되어두소.

들농사하는 틈에 치포治圃를 아니할까.

울 밑에 호박이요 처맛가에 박 심고

담 근처에 동아[冬瓜] 심어 가자架子하여 올려보세.

무, 배추, 아욱, 상치, 고추, 가지, 파, 마늘을

색색이 분별하여 빈 땅 없이 심어놓고

갯버들 베어다가 개바자 둘러막아

계견鷄犬을 방비하면 자연히 무성하리.

외밭은 따로 하여 거름을 많이 하소.

농가의 여름반찬 이 밖에 또 있는가.

뽕눈을 살펴보니 누에 날 때 되겠구나.

어와 부녀들아 잠농蠶農을 전심하소.

잠실蠶室을 쇄소灑掃하고 제구諸具를 준비하니

다래끼 칼, 도마며 채광주리 달발이라.

각별히 조심하여 냄새를 없이 하소.

한식 전후 삼사일에 과목果木을 접하나니

단행丹杏, 이행李杏, 울릉도桃며 문배, 참배, 능금, 사과

엿접, 피접, 도마접에 행차접이 잘 사나니
청다래 정릉매梅는 고사古査에 접을 붙여
농사를 필한 후에 분盆에 올려 들여놓고
천한백옥天寒白屋 풍설 중에 춘색春色을 홀로 보니
실용은 아니로되 산중山中의 취미로다.
인간의 요긴한 일 장 담그는 정사政事로다.
소금을 미리 받아 법대로 담그리라.
고추장 두부장도 맛맛으로 갖추 하소.
전산前山에 비가 개니 살진 향채香菜 캐오리라.
삽주, 두릅, 고사리며 고비, 도랏, 어아리를
일분一分은 엮어 달고 이분二分은 무쳐 먹세.
낙화落花를 쓸고 앉아 병술을 즐길 적에
산채山菜의 준비함이 가효佳肴가 이뿐이라.

## 사월령四月令
사월이라 맹하孟夏 되니 입하 소만 절기로다.
비 온 끝에 볕이 나니 일기도 청화淸和하다.
떡갈잎 퍼질 때에 뻐꾹새 자로[1] 울고
보리 이삭 패어나니 꾀꼬리 소리 난다.
농사도 한창이요 잠농蠶農도 방장이라.
남녀노소 골몰汨沒하여 집에 있을 틈이 없어
적막한 대사립을 녹음에 닫았도다.
면화를 많이 가소 방적의 근본이라.
수수, 동부, 녹두, 참깨 부룩을 적게 하고

---

1 자로는 자주라는 뜻이다.

갈 꺾어 거름할 제 풀 베어 섞어 하소.

무논을 써올리고 이른 모 내어보세.

농량農糧이 부족하니 환자還上 타 보태리라.

한잠 자고 이는 누에 하루도 열두 밥을

밤낮을 쉬지 말고 부지런히 먹이리라.

뽕 따는 아이들아 훗그루 보아 하여

고목은 가지 찍고 햇잎은 젖혀 따라.

찔레꽃 만발하니 적은 가물 없을쏘냐.

이때를 승시乘時하여 나 할 일 생각하소.

도랑 쳐 수도水道 내고 우루처 개와蓋瓦하여

음우를 방비하면 훗근심 더 없나니

봄낳이 필무명을 이때에 마전하고

베 모시 형세대로 여름옷 지어두소.

벌통에 새끼 나니 새 통에 받으리라.

천만이 일심一心하여 봉왕蜂王을 옹위하니

꿀 먹기도 하려니와 군신분의君臣分義 깨닫도다.

파일에 현등懸燈함은 산촌에 불긴不緊하나

느티떡 콩찐이는 제때의 별미로다.

앞내에 물이 주니 천렵을 하여보세.

해 길고 잔풍殘風하니 오늘 놀이 잘되겠다.

벽계수 백사장을 굽이굽이 찾아가니

수단화 늦은 꽃은 봄빛이 남았구나.

촉고數罟를 둘러치고 은린銀鱗 옥척玉尺 후려내어

반석盤石에 노구 걸고 숫구쳐 끓여내니

팔진미八珍味 오후청五侯鯖을 이 맛과 바꿀쏘냐.

**오월령五月令**

오월이라 중하仲夏 되니 망종 하지 절기로다.

남풍은 때맞추어 맥추麥秋를 재촉하니

보리밭 누른빛이 밤사이 나겠구나.

문 앞에 터를 닦고 타맥장打麥場 하오리라.

드는 낫 베어다가 단단히 헤쳐놓고

도리깨 마주 서서 짓 내어 두드리니

불고 쓴 듯하던 집안 졸연히 흥성하다.

담석擔石에 남은 곡식 하마 거의 진하리니

중간에 이 곡식이 신구상계新舊相繼하겠구나.

이 곡식이 아니러면 여름농사 어찌할꼬.

천심을 생각하니 은혜도 망극하다.

목동은 놀지 말고 농우를 보살펴라.

뜨물에 꼴 먹이고 이슬풀 자로 뜯겨

그루갈이 모심기 제 힘을 빌리로다.

보리짚 말리우고 솔가지 많이 쌓아

장마 나무 준비하여 임시 걱정 없이 하소.

잠농을 마칠 때에 사나이 힘을 빌려

누에섶도 하려니와 고치나무 장만하소.

고치를 따오리라 청명한 날 가리어서

발 위에 엷게 널고 폭양曝陽에 말리우니

쌀고치, 무리고치, 누른 고치, 흰 고치를

색색이 분별하여 일이분一二分 씨를 두고

그나마 켜오리라, 자애를 차려놓고.

왕채에 올려내니 빙설氷雪 같은 실오리라.

사랑홉다 자애소리 금슬을 고르는 듯

부녀들 적공積功 들어 이 재미 보는구나.

오월 오일 단옷날에 물색物色이 생신生新하다.

외밭에 첫물 따니 이슬에 젖었으며

앵두 익어 붉은빛이 아침볕에 바희도다.

목 맺힌 연계軟鷄 소리 익힘벌로 자로 운다.

향촌의 아녀들아 추천鞦韆은 말려니와

청홍상靑紅裳 창포비녀 가절佳節을 허송 마라.

노는 틈에 하올 일이 약쑥이나 베어두소.

상천上天이 지인至仁하사 유연히 작운作雲하니

때 미쳐 오는 비를 뉘 능히 막을쏘냐.

처음에 부슬부슬 먼지를 적신 후에

밤 들어 오는 소리 패연沛然히 드리운다.

관솔불 둘러앉아 내일 일 마련할 제

뒷논은 뉘 심고 앞밭은 뉘가 갈꼬.

도롱이 접사리며 삿갓은 몇 벌인고.

모찌기는 자네 하소 논 삼기는 내가 함세.

들깨 모 담배 모는 머슴아이 맡아내고

가지 모 고추 모는 아기딸이 하려니와.

맨드라미 봉선화는 네 사천[私錢] 너무 마라.

아기어멈 방아 찧어 들바라지 점심 하소.

보리밥과 찬국에 고추장 상치쌈을

식구를 헤아리되 넉넉히 능을 두소.

샐 때에 문에 나니 개울에 물 넘는다.

메나리 화답하니 격양가擊壤歌가 아니던가.

## 유월령六月令

유월이라 계하季夏 되니 소서 대서 절기로다.

대우大雨도 시행時行하고 더위도 극심하다.

초목이 무성하니 파리 모기 모여들고

평지에 물이 괴니 악머구리 소리로다.

봄보리, 밀, 귀리를 차례로 베어내고

늦은 콩, 팥, 조, 기장을 베기 전 대우代耰 들여

지력地力을 쉬지 말고 극진히 다스리소.

젊은이 하는 일이 김매기뿐이로다.

논밭을 갈마들어 삼사차三四次 돌려 맬 제

그중에 면화 밭은 인공人功이 더 드나니

틈틈이 나물 밭도 북돋아 매 가꾸소.

집터 울밑 돌아가며 잡풀을 없게 하소.

날 새면 호미 들고 긴긴 해 쉴 때 없이

땀 흘려 흙이 젖고 숨 막혀 기진할 듯.

때마침 점심밥이 반갑고 신기하다.

정자나무 그늘 밑에 좌차坐次를 정한 후에

점심그릇 열어놓고 보리단술 먼저 먹세.

반찬이야 있고 없고 주린 창자 메인 후에

청풍에 취포醉飽하니 잠시간 낙이로다.

농부야 근심 마라 수고하는 값이 있네.

오조 이삭 청대콩이 어느 사이 익었구나.

일로 보아 짐작하면 양식 걱정 오랠쏘냐.

해진 후 돌아올 제 노래 끝에 웃음이라.

애애靄靄한 저녁 내는 산촌에 잠겨 있고

월색은 몽롱하여 발길에 비치는구나.

늙은이 하는 일이 바이야 없다 하랴.

이슬 아침 오이 따기와 뙤약볕에 보리 널기

그늘 곁에 누역 치기 창문 앞에 노 꼬기라

하다가 고달프면 목침 베고 허리 쉼.

북창풍北窓風에 잠이 드니 희황씨羲皇氏 적 백성이라.

잠 깨어 바라보니 급한 비 지나가고

먼 나무에 쓰르라미 석양을 재촉한다.

노파의 하는 일은 여러 가지 못 하여도

묵은 솜 들고 앉아 알뜰히 피워내니

장마의 소일이요 낮잠 자기 잊었도다.

삼복은 속절俗節이요 유두는 가일佳日이라.

원두밭에 참외 따고 밀 갈아 국수 하여

가묘家廟에 천신薦新하고 한때 음식 즐겨보세.

부녀는 헤피 마라 밀기울 한데 모아

누룩을 디디어라 유두국流頭麴을 켜느니라.

호박나물 가지김치 풋고추 양념하고

옥수수 새 맛으로 일 없는 이 먹어보소.

장독을 살펴보아 제 맛을 잃지 마소.

맑은 장 따로 모아 익는 족족 떠내어라.

비 오면 덮겠은즉 독전을 정淨히 하소.

남북촌 합력하여 삼구덩이 하여보세.

삼대를 베어 묶어 익게 쪄 벗기리라.

고운 삼 길쌈하고 굵은 삼 바 드리소.

농가에 요긴하기로 곡식과 같이 치네.

산전 메밀 먼저 갈고 포전圃田은 나중 가소.

## 칠월령 七月令

칠월이라 맹추孟秋 되니 입추 처서 절기로다.

화성火星은 서류西流하고 미성尾星이 중천이라.

늦더위 있다 한들 절서節序야 속일쏘냐.

비 밑도 가볍고 바람 끝도 다르도다.

가지 위의 저 매미 무엇으로 배를 불려

공중에 맑은 소리 다투어 자랑하는고.

칠석에 견우직녀 이별루離別淚가 비가 되어

성긴 비 지나가고 오동잎 떨어질 제

아미蛾眉 같은 초생달은 서천西天에 걸리었다.

슬프다 농부들아 우리 일 거의로다.

얼마나 남았으며 어떻게 되다 하노.

마음을 놓지 마소 아직도 멀고 멀다.

골 거두어 김매기, 벼 포기에 피 고르기

낫 벼려 두렁 깎기, 선산에 벌초하기

거름풀 많이 베어 더미 지어 모아놓고

자채논에 새 보기와 오조 밭에 정의아비

밭가에 길도 닦고 복사覆砂도 쳐올리소.

살지고 연軟한 밭에 거름하고 익게 갈아

김장할 무, 배추 남 먼저 심어놓고

가시울 진작 막아 허실함이 없게 하소.

부녀들도 셈이 있어 앞일을 생각하소.

베짱이 우는 소리 자네를 위함이라.

저 소리 깨쳐 듣고 놀라쳐 다스리소.

장마를 겪었으니 집안을 돌아보아

곡식도 거풍擧風하고 의복도 포쇄曝曬하소.

명주 오리 어서 몽져 생량生凉 전에 짜아내소.
늙으신네 기쇠氣衰하매 환절換節 때를 조심하여
추량秋凉이 가까우니 의복을 유의하소.
빨래하여 바래이고 풀 먹여 다듬을 제
월하의 방추소리 소리마다 바쁜 마음
실가室家의 골몰함이 일변一邊은 재미로다.
소채, 과실 흔할 적에 저축을 생각하여
박, 호박 고지 켜고 외, 가지 짜게 절여
겨울에 먹어보소 귀물이 아니 될까.
면화밭 자주 살펴 올다래 피었는가.
가꾸기도 하려니와 거두기에 달렸느니.

**팔월령**八月令
팔월이라 중추仲秋 되니 백로 추분 절기로다.
북두성 자루 돌아 서천西天을 가리키니
선선한 조석기운 추의秋意가 완연하다.
귀뚜라미 맑은 소리 벽간壁間에 듣겠구나.
아침에 안개 끼고 밤이면 이슬 내려
백곡을 성실하고 만물을 재촉하니
들구경 돌아보니 힘들인 일 공생功生하다.
백곡이 이삭 패고 여물 들어 고개 숙여
서풍에 익은 빛은 황운黃雲이 일어난다.
백설 같은 면화송이 산호 같은 고추 다래
처마에 널었으니 가을볕 명랑하다.
안팎 마당 닦아놓고 발채, 망구 장만하소.
면화 따는 다래끼에 수수 이삭 콩 가지요

나무꾼 돌아오니 머루, 다래 산과山果로다.

뒷동산 밤, 대추는 아이들 세상이라

아람 모아 말리어라 철 대어 쓰게 하소.

명주틀 끊어내어 추양秋陽에 마전하고

쪽 들이고 잇 들이니 청홍이 색색이라.

부모님 연만年晚하니 수의도 유의하고

그나마 마르재어 자녀의 혼수하세.

집 위에 굳은 박은 요긴한 기명器皿이라.

댑싸리 비를 매어 마당질에 쓰오리라.

참깨, 들깨 거둔 후에 중中올여 타작하고

담배 줄, 녹두 말을 아쉬워 작전作錢하라.

장구경도 하려니와 흥정할 것 잊지 마소.

북어쾌, 젓, 조기로 추석 명일 쉬어보세.

신도주新稻酒, 올여 송편, 박나물, 토란국을

선산에 제물하고 이웃집 나눠 먹세.

며느리 말미 받아 본집에 근친覲親 갈 제

개 잡아 삶아 건져 떡고리와 술병이라.

초록 장옷 반물치마 장속裝束하고 다시 보니

여름 지어 지친 얼굴 소복蘇復이 되었느냐.

중추야仲秋夜 밝은 달에 지기志氣 펴고 놀고 오소.

금년 할 일 못다 하나 명년 계교計較하오리라.

밀대 베어 더운갈이 모맥麰麥을 추경秋耕하세

끝끝이 못 익어도 급한 대로 걷고 가소.

인공人功만 그러할까 천시天時도 이러하니

반각半刻도 쉴 때 없이 마치며 시작하느니.

## 구월령九月令

구월이라 계추季秋 되니 한로 상강 절기로다.

제비는 돌아가고 떼 기러기 언제 왔노.

벽공碧空에 우는 소리 찬이슬 재촉한다.

만산滿山 풍엽楓葉은 연지臙脂를 물들이고

울 밑에 황국화黃菊花는 추광秋光을 자랑한다.

구월 구일 가절佳節이라 화전花煎하여 천신하세.

절서를 따라가며 추원보본追遠報本 잊지 마소.

물색은 좋거니와 추수가 시급하다.

들 마당 집 마당에 개상에 탯돌이라.

무논은 베어 깔고 건답은 베 두드려

오늘은 점근벼요 내일은 사발벼라.

밀따리, 대추벼와 동트기, 경상벼라.

들에는 조, 피 더미, 집 근처 콩, 팥 가리

벼 타작 마친 후에 틈나거든 두드리세.

비단 차조, 이부꾸리, 매눈이콩, 황부대를

이삭으로 먼저 잘라 후後씨로 따로 두소.

젊은이는 태질이요 계집사람 낫질이라.

아이는 소 몰리고 늙은이는 섬 욱이기,

이웃집 울력하여 제 일 하듯 하는 것이

뒷목추기 짚 널기와 마당 끝에 키질하기,

일변一邊으로 면화 트니 씨아소리 요란하다.

틀 차려 기름 짜기 이웃끼리 합력하세.

등유燈油도 하려니와 음식도 맛이 나네.

밤에는 방아 찧어 밥쌀을 장만할 제

찬 서리 긴긴 밤에 우는 아기 돌아볼까.

타작 점심 하오리라 황계黃鷄 백주白酒 부족할까.
새우젓, 계란찌개 상찬으로 차려놓고
배춧국, 무나물에 고춧잎, 장아찌라.
큰 가마에 안친 밥이 태반이나 부족하다.
한가을 흔할 적에 과객도 청하나니,
한마을 이웃하여 한들에 농사하니,
수고도 나눠 하고 없는 것도 서로 도와
이때를 만났으니 즐기기도 같이 하세.
아무리 다사多事하나 농우農牛를 보살펴라.
핏대에 살을 찌워 제 공功을 갚을지라.

**시월령**十月令
시월은 맹동孟冬이라 입동 소설 절기로다.
나뭇잎 떨어지고 고니 소리 높이 난다.
듣거라 아이들아 농공農功을 필畢하도다.
남은 일 생각하여 집안일 마저 하세.
무, 배추 캐어 들여 김장을 하오리라.
앞 냇물에 정히 씻어 염담鹽淡을 맞게 하소.
고추, 마늘, 생강, 파에 젓국지, 장아찌라.
독 곁에 중두리요 바탱이 항아리라.
양지에 가가假家 짓고 짚에 싸 깊이 묻고
박이무, 알암말도 얼잖게 간수看守하소.
방고래 구두질과 바람벽 맥질하기,
창호도 발라놓고 쥐구멍도 막으리라.
수숫대로 덧울 하고 외양간에 떼적 치고
깍지 동 묶어 세고 과동시過冬柴 쌓아놓소.

우리 집 부녀들아 겨울옷 지었느냐

술 빚고 떡 하여라 강신降神날 가까웠다.

꿀 꺾어 단자團子 하고 메밀 앗아 국수 하소.

소 잡고 돝 잡으니 음식이 풍비하다.

들 마당에 차일 치고 마을 모아 자리 포진鋪陳,

노소차례 틀릴세라 남녀분별 각각 하소.

삼현三絃 한 패 얻어오니 화랑花郎이 줌모지라.[2]

북 치고 피리 부니 여민락與民樂이 제법이라.

이 풍헌 김 첨지는 잔말 끝에 취도醉倒하고

최 권농 강 약정은 체괄體适이[3] 춤을 춘다.

잔진지盞進支 하올 적에 동장님 상좌上座하여

잔 받고 하는 말씀 자세히 들어보소.

어와 오늘 놀음, 이 놀음이 뉘 덕인고.

천은도 그지없고 국은도 망극하다.

다행히 풍년 만나 기한飢寒을 면하도다.

향약은 못 하여도 동헌洞憲이야 없을쏘냐.

효제충신孝悌忠信 대강大綱 알아 도리를 잃지 마소.

사람의 자식 되어 부모 은혜 모를쏘냐.

자식을 길러보면 그제야 깨달으리.

천신만고 길러내어 남혼여가男婚女嫁 필畢하오면

제각각 몸만 알아 부모 봉양 잊을쏘냐.

기운이 쇠패衰敗하면 바라느니 젊은이라.

의복, 음식, 잠자리를 각별히 살펴드려

행여나 병나실까 밤낮으로 잊지 마소.

---

2 줌모지란 기생이나 장난꾼의 행상行喪을 말한다.

3 체괄이란 망석중을 말한다.

고까우신 마음으로 걱정을 하실 적에
중중거려 대답 말고 화기和氣로 풀어내소.
들어온 지어미는 남편의 거동 보아
그대로 본을 뜨니 보는 데 조심하소.
형제는 한 기운이 두 몸에 나뉘었으니
귀중하고 사랑함이 부모의 다음이라.
간격 없이 한통치고 네 것 내 것 계교計較 마소.
남남끼리 모인 동서同婿 틈나서 하는 말을
귀에 담아 듣지 마소 자연히 귀순歸順하리.
행신行身에 먼저 할 일 공순恭順이 제일이라.
내 늙은이 공경할 제 남의 어른 다를쏘냐.
말씀을 조심하여 인사를 잃지 마소.
하물며 상하분의上下分義 존비尊卑가 현격하다.
내 도리 극진하면 죄책罪責을 아니 보리.
임금의 백성 되어 은덕으로 살아가니
거미 같은 우리 백성 무엇으로 갚아볼까.
일 년의 환자還上 신역身役 그 무엇 많다 할꼬.
한전限前에 필납함이 분의分義에 마땅하다.
하물며 전답 구실 토지로 분등分等하니
소출을 생각하면 십일세什一稅도 못 되나니
그러나 못 먹으면 재災 주어 탕감하니
이런 일 자세仔細 알면 왕세王稅를 거납拒納할까.
한 마을 몇 호수戶數에 각성各姓이 거생居生하여
신의를 아니하면 화목을 어찌할꼬.
혼인 대사大事 부조하고 상장喪葬 우환 보살피며
수화도적水火盜賊 구원하고 유무칭대有無稱貸 서로 하여

남보다 요부饒富한 이 욕심내어 시비 말고

그중에 환과고독鰥寡孤獨 자별自別히 구휼하소.

제각각 정한 분복分福 억지로 못하나니

자네를 헤아려보아 내 말을 잊지 마소.

이대로 하여 가면 잡생각 아니 나리.

주색잡기 하는 사람 초두初頭부터 그리할까.

우연히 그릇 들어 한 번 하고 두 번 하면

마음이 방탕하여 그칠 줄 모르나니

자녀들 조심하여 작은 허물 짓지 마소.


## 십일월령十一月令

십일월은 중동仲冬이라 대설 동지 절기로다.

바람 불고 서리 치며 눈 오고 얼음 언다.

가을에 거둔 곡식 얼마나 하였던고.

몇 섬은 환자[還上] 하고 몇 섬은 왕세王稅 하고

얼마는 제반미祭飯米요 얼마는 씨앗이며

도지賭地도 되어 내고 품값도 갚으리라.

시계市契돈 장리長利벼를 낱낱이 수쇄收刷하니

엄부렁하던 것이 남저지4 바이없다.

그러한들 어찌할꼬 농량農糧이나 여투리라.5

콩기름 우거지로 조반석죽朝飯夕粥 다행하다.

부녀야 네 할 일이 메주 쑬 일 남았구나.

익게 삶고 매우 찧어 띄워서 재워두소.

동지는 명일名日이라 일양一陽이 생生하도다.

---

4 남저지란 나머지란 뜻이다.

5 여투리란 아껴 모은다는 뜻이다.

시식時食으로 팥죽 쑤어 인리鄰里와 즐기리라.

새 책력 반포하니 내년 절후 어떠한고.

해 짧아 덧이 없고 밤 길어 지루하다.

공채, 사채 요당了當하니 관리官吏 면임面任 아니 온다.

시비柴扉를 닫았으니 초옥이 한가하다.

단구短晷에 조석朝夕하니 자연히 틈 없나니

등잔불 긴긴 밤에 길쌈을 힘써 하소.

베틀 곁에 물레 놓고, 틀고 타고, 잣고 짜네.

자란 아이 글 배우고 어린아이 노는 소리,

여러 소리 지껄이니 실가室家의 재미로다.

늙은이 일 없으니 기직[茵席]이나 매어보세.

외양간 살펴보아 여물을 가끔 주소.

갓 주어 받은 거름 자로 쳐야 모이나니.


## 십이월령 十二月令

십이월은 계동季冬이라 소한 대한 절기로다.

설중雪中의 봉만峰巒들은 해 저문 빛이로다.

세전歲前에 남은 날이 얼마나 걸렸는고.

집안의 여인들은 세시의복 장만하소.

무명 명주 끊어내어 온갖 무색 들여내니

자주, 보라, 송화색松花色에 청화, 갈매, 옥색이라.

일변으로 다듬으며 일변으로 지어내며

상자에도 가득하고 횃대에도 걸렸도다.

입을 것 그만하고 먹을 것 장만하오리라.

떡쌀은 몇 말이며 술쌀은 몇 말인고.

콩 갈아 두부 하고 메밀쌀 만두 빚소.

세육歲肉은 계契를 믿고 북어는 장場에 사세.

납평臘平날 창애 묻어 잡은 꿩 몇 마린고.

아이들 그물 쳐서 참새도 지져 먹세.

깨강정 콩강정에 곶감, 대추, 생률이라.

주준酒樽에 술 들이니 돌 틈에 새암소리.

앞뒷집 타병성打餠聲은 예도 나고 제도 나네.

새 등잔 세발심지 장등長燈하여 새울 적에

윗방, 봉당封堂, 부엌까지 곳곳이 명랑하다.

초롱불 오락가락 묵은세배하는구나.

어와 내말 듣소 농업이 어떠한고.

종년근고終年勤苦 한다 하나 그중에 낙이 있네.

위로는 국가봉용國家奉用 사계私系로 제선봉친祭先奉親

형제 처자 혼상 대사 먹고 입고 쓰는 것이

토지 소출 아니더면 돈 지당[支撐]을 뉘가 할꼬.

예로부터 이른 말이 농업이 근본이라.

배 부려 선업船業하고 말 부려 장사하기

전당典當 잡고 빚 주기와 장場판에 체계遞計 놓기

술장사 떡장사며 술막질 가게 보기

아직은 흔전하나 한 번을 실수하면

파락호 빚꾸러기 사는 곳 터가 없다.

농사는 믿는 것이 내 몸에 달렸나니,

절기도 진퇴 있고 연사年事도 풍흉 있어

수한풍박水旱風雹 잠시재앙暫時災殃 없다야 하랴마는,

극진히 힘을 들여 가솔家率이 일심하면,

아무리 살년殺年에도 아사餓死를 면하느니,

제 시골 제 지키어 소동騷動할 뜻 두지 마소.

황천皇天이 인자仁慈하사 노怒하심도 일시로다.

자네도 헤어보아 십 년을 가령假令하면

칠분은 풍년이요 삼분은 흉년이라

천만 가지 생각 말고 농업을 전심하소.

하소정 빈풍시를 성인이 지었느니,

이 뜻을 본받아서 대강을 기록하니,

이 글을 자세히 보아 힘쓰기를 바라노라.


위의 내용을 자세히 살펴보면 대개는 작자가 거주한 지역의 농사일과 관련되어 있음을 알 수 있다. 제주대학교박물관의 고광민 선생은 유월령 중에 "봄보리, 밀, 귀리를 차례로 베어내고 늦은 콩, 팥, 조, 기장을 베기 전 대우代耰 들여 지력地力을 쉬지 말고 극진히 다스리소." 에서 대우가 바로 사이짓기를 두고 이른 말임을 밝혔다. 즉 이 작물법은 생장기간을 맞추려고 겨울작물인 보리와 밀 등을 베어내기 전에 여름작물인 메주콩, 팥, 조, 기장 따위를 사이짓기하는 것인데, 중부지역에 그 경계가 있어 남쪽으로는 볼 수 없는 농사법이다.

우하영禹夏永(1741~1812)은 『천일록千一錄』에서, "소위 대우라는 것은, 보리 사이에 호미로 골을 내고 콩팥을 심는 것(所謂代耰者 就牟麥之畝 而以鋤括土 種以豆太)" 이라고 하였다. 이서대우以鋤代耰, 즉 고무래 대신 호미를 사용한다는 뜻이다. 여기에서 재배한 메주콩을 두고 '대우콩', 팥을 두고 '대우팥' 이라고 이름도 바로 이와 같은 농법이 전승하고 있는 지대에서만 통용되는 말이다.

## 2. 농업세시의 시대별 차이

조선전기는 이전 시기의 모습을 탈피하는 가운데 새로운 중국 풍속을 받아들이는 시점이다. 그렇지만 조선후기나 그 이후의 사람들이 보았을 때는 당시의 새로운 풍속도 이미 있던 풍속과 함께 오래된 것으로 여겨질 정도로 전기에서 후기에 이르는 동안 많은 변화가 있었다. 그 변화의 주동主動은 농업생산력의 발전에 따른 사회구성의 근본적인 변화에서도 찾을 수 있지만, 그보다는 불교에서 유교로의 종교적 전환과 그 사이에 병존하였던 도교적인 신앙들의 부침이 커다란 비중을 차지하고 있다.

『동문선』에는 고려 명종 때의 문신 김극기金克己가 지은 오언고시五言古詩「전가사시田家四時」가 있다. 고려 때의 농사력을 반영한 것이겠지만 절기나 정서가 조선시기와 큰 차이가 없다.

**전가사시**田家四時

　　『동문선』(권4)

### 봄

세월은 바람 앞에 흔들리는 촛불처럼 농가의 괴로움을 알고 재촉하나

　　　　歲月風轉燭。田家苦知促。

새끼 꼬아 지붕 덮은 지 어제 같은데 어느새 봄이 되어 밭 갈기 시작하네.

　　　　索綯如隔晨。春事起耕耨。

따비 메고 동쪽 들로 나아가니 숲 사이 길은 꼬불꼬불 돌았고

　　　　負耒歸東皐。林間路詰曲。

들새는 농사철을 기억하여 알려주려는 듯 날고 울며 씨 뿌리기 재촉하네.

　　　　野鳥記農候。飛鳴催播穀。

밥 나르는 아낙 밭머리에 나오는데 짚신은 헐어서 겨우 발에 걸렸고

饁婦繞田頭。芒鞋才受足。

어린애는 나물과 고사리 찾아 바구니 들고 양지쪽 산골로 향하네.

稚子尋筍蕨。提筐向暄谷。

해는 길어 살구꽃은 붉고 바람은 따뜻하여 창포 잎은 푸르렀고

遲日杏花紅。暖風舊葉綠。

단비 또한 시기 맞추어 간밤에는 두루두루 고루 적셨네.

甘雨亦如期。夜來勻霢霂。

봄농사 괴롭다고 꺼리지 마라 노력은 오로지 내 힘에 달려 있네.

莫辭東作勤。勞力在吾力。


## 여름

붉은 구름은 수정빛을 쏘고 붉은 해는 길 대로 길어졌으니

彤雲射晶光。赤日淹晷度。

밭이나 집이나 한여름에 가까우니 일하기에 새벽과 밤이 따로 없네.

田居近南訛。榾榾無曉暮。

농부들은 다투어 호미를 메고 온 들에 나가 구름처럼 깔렸고

農夫爭荷鋤。徧野已雲布。

오직 집에 남아 집 지키는 늙은이 머리털은 백로보다 더 희네.

唯有看屋翁。頂絲白於鷺。

손님이 오자 상을 내어오는데 살림이 구차하니 맛난 것으로 대접할 수 없지만

客來方進饌。窮不待珍貝。

들 과실과 밭 푸성귀들 그것은 모두 친히 가꾼 것이네.

野果與園蔬。皆由親種樹。

손님 떠나자 남은 상 거둘 때 어린애는 할멈에게 매달리고

客去收殘尊。嬌兒帶老姥。

그릇 덜거덕 소리는 저녁 바람을 타고 옆집까지 퍼지네.

器聲逐晚風。吹落西家去。

이웃 늙은이 남은 술 생각하고 오솔길 저녁 안개 뚫으며 온다.

隣翁念餘瀝。一徑穿夕霧。

## 가을

어느새 기러기는 펄펄 날고 쓰르라미는 쓰르람 울어대고

鴻雁已蕭蕭。蟪蛄仍啾啾。

농부는 시절을 알아 쑥대를 베니 비로소 가을임을 알겠다.

田夫知時節。銍艾始報秋。

사방 이웃에 차가운 절구소리 저녁내 쉴 줄 모르고

四隣動寒杵。通夕聲未休。

새벽에 일어나 옥 같은 쌀로 밥 지으니 구수한 김이 넘쳐나네.

晨興炊玉粒。溢甑氣浮浮。

자줏빛 밤 누런 잎 사이로 떨어질 때 붉은 비늘 물고기 푸른 물에서 낚고

紫栗落紅樹。朱鱗鉤碧流。

흰 병에 술을 따라 손을 맞아 서로 주고받는다.

白瓶酌杜酒。邀客更相酬。

겉모양은 비록 추하지만 마음속 정은 오히려 은근하다.

外貌雖陋促。中情尙綢繆。

술이 다해 일어나 전송하러 나서는데 얼굴빛은 도리어 시름이 가득하다.

酒闌起相送。顔色還百憂。

관청의 납세 독촉이 성화와 같으니 집안 식구들 모아 미리 준비하자.

官租急星火。聚室須預謀。

진실로 세금은 다 내야 하겠거늘 사삿집에 남은 것은 있을까.

苟可趁公費。私廬安肯留。

언제 탁월한 수령을 만나 어긋난 세금을 고쳐 잡을까.

何時得卓魯。却作差科頭。


## 겨울

대숲 길은 시내를 좇아 열렸고 초가집은 언덕을 의지해 섰네.

竹徑趁溪開。茅廬依崦結。

한겨울에 북쪽 봉창 흙으로 막는 것은 바람과 눈을 막고자 함이니.

窮冬墐北戶。意欲防風雪。

오히려 추위를 겁내지 않고 매와 개를 데리고 사냥을 나가

尙能知傲寒。鷹犬出遊獵。

여우와 토끼를 좇아 달리니 짧은 옷에 유혈이 묻었다.

馳騁狐兎場。短衣浣流血。

집에 돌아오자 온 이웃이 기뻐하며 모여 앉아 실컷 먹고 마신다.

還家四隣喜。促坐爭哺啜。

날고기 먹는 것이 무엇이 이상하랴 거처하는 곳이 큰 둥우리와 굴이니

茹毛何足怪。居處壯巢穴。

마른 석장이에 불 붙이니 온 방이 어두웠다 밝았다 한다.

晶熒枯柹火。滿室互明滅。

두 다리 사이에 붉은 팥이 어지럽고 옷깃과 옷자락 그 때문에 찢어진다.

兩股亂楨豆。襟裾從破裂。

베 이불에 뭇 아이들 끼고 누우니 궁하기가 새끼 거느린 오리와도 같다.

布衾擁衆兒。窮若將雛鴨。

한밤이 다하도록 잠들지 못해 농사 이야기로 새벽을 밝힌다.

竟夜眼不得。農談逮明發。


## 1) 15세기 세시풍속의 특징

『태종실록太宗實錄』 태종 10년(1410) 10월 1일 기사에 의하면 왕이 풍해도

에서 강무講武하고 기탄岐灘 서쪽에 머물렀다. 이날이 입동立冬이었는데, 왕이 도경道經의 삼원사립三元四立의 설說에 의해 재계하고 감사와 수령에게는 출영出迎하여 알현謁見하지 못하게 하였다. 삼원사립이란 정월 15일의 상원上元, 7월 15일의 중원中元, 10월 15일의 하원下元의 삼원과 입춘立春, 입하立夏, 입추立秋, 입동立冬의 사립을 말한다. 이 기사는 도교적인 세시기준을 왕실에서부터 세우고 있음을 보여준다.

각 문집에 나타난 개인별 세시에 대한 인식, 이에 따른 의식, 의례행사 및 놀이 등을 시기별로 구분하여 살펴보면 조선전기에는 세시에 있어서 이러한 도교풍이 상당한 비중을 차지하고 있었음을 알 수 있다.

유방선柳方善(1388~1443)은 주기적으로 반복되는 절기에 대해서 자신의 감흥을 읊은 시를 문집 『태재집泰齋集』에 남겼다. 내용은 시간의 흐름 속에서 자신이 유배에 처해 있는 신세를 한탄하는 것이 주류를 이룬다. 세시관련 자료로는 24절기 중에서 입춘, 삼월 삼짇날, 삼복일三伏日, 중추, 중양, 동지, 수세守歲 등이 나타나고 있다. 이 중에서도 몇 가지는 세시에 대한 인식과 의례행사를 알 수 있는 자료다. 가령 "납일臘日에 눈이 오면 풍년豐年을 의미하네.", "수세에 사람들의 말소리 들리지 않는다." 등의 속담과 삼월 삼짇날의 계음禊飮, 중양의 중양회重陽會 등이다.

정극인丁克仁(1401~1481)은 세종의 흥천사 건립을 반대하다가 북도로 귀향을 갔다 풀려나 전라도 태인으로 낙향하였다. 세시관련 자료는 가사문학의 효시라 할 수 있는 「상춘곡賞春曲」에 나타난다. 「상춘곡」은 서사, 춘경, 상춘, 결사 등의 4개 단으로 구성되어 있는데, 그중에 삼월 삼짇날 교외를 산책하며 자연을 즐기는 답청踏靑놀이가 들어 있다.

김수온金守溫(1410~1481)은 불경과 유교경전에 두루 해박하여 세조의 총애를 받았다. 그의 문집 『식우집拭疣集』에는 원일, 입춘, 중양 등의 세시관련 기사가 들어 있는데, 예를 들면 원일의 문첩門帖을 귀신 쫓는 풍속으로 소개한 것 등이다.

이석형李石亨(1415~1477)의 문집 『저헌집樗軒集』에서는 단오, 중양 등의 세시관련 기사가 확인된다. 단오 풍속으로 귀신을 쫓기 위해 쑥으로 만든 '애인艾人', '애호艾虎', '애옹艾翁'을 걸어놓았다. 또 중양 풍속으로는 등고 登高나 중양회가 확인된다.

서거정徐居正(1420~1488)의 문집 『사가집四佳集』에는 납일, 제석, 원일, 입춘, 단오, 칠석 등의 세시관련 자료가 들어 있다. 세시의 내용을 살펴보면, 납일과 제석에는 수세守歲를 하면서 일 년의 사기邪氣를 물리치고 장수를 기원하는 세주歲酒로서 초백주椒柏酒를 마시며, 원일 새벽에는 도소주屠蘇酒를 마시며 재액을 위해 벽사력辟邪力이 있는 도부桃符, 즉 복숭아 가지 부적을 걸어놓는다. 입춘에는 다섯 가지 향이 들어 있는 오신채五辛菜를 먹거나 초백주를 마신다. 단오의 풍속에는 창주菖酒, 즉 창포주를 마시거나 대문에 '애인'을 걸어놓는다. 칠석에는 걸교乞巧 풍속이 있었음이 확인된다.

성간成侃(1427~1456)의 문집 『진일재집眞逸齋集』에서는 제석, 원일, 입춘, 삼월 삼짇날, 중양 등의 세시관련 자료를 볼 수 있다. 대개는 해당 절기를 맞는 자신의 심정을 술회하였다. 세시와 관련된 내용을 살펴보면, 제석에는 등불을 켜놓고 수세를 하고, 새롭게 벽 위의 도부를 바꾼다. 원일에는 도소주를 마신다. 삼월 삼짇날의 답청, 중양의 등고 풍속 등도 있다. 또 신하가 입춘에 첩자帖子를 써서 임금과 중전에게 올리는데, 특히 중궁전에 올린 첩자에는 중전의 회임을 축하하는 내용이 있다.

김종직金宗直(1431~1492)의 『점필재집佔畢齋集』에서는 제석(세제歲除), 원일, 납일, 인일, 입춘, 상원의 전감절傳柑節,6 삼월 삼짇날, 한식, 초파일, 단오, 복일, 칠석, 중추(가배), 중양(중구), 입추, 동지 등의 다양한 세시관련 자료가 확인된다.

내용을 살펴보면 제석의 풍속에는 구나驅儺, 납제臘祭 등이 있다. 원일에

---

6 전감절傳柑節은 송나라 태조가 원소절, 즉 대보름날에 행하였다는 행사다.

는 초백주를 마시거나 도부를 새롭게 만든다. 입춘에는 관료들이 왕실에 첩자를 올리고 농촌에서는 오신채를 먹는다. 그는 또한 정초의 달도일怛忉日 유래를 밝히고 있다. 상원에는 농가에서 이날 보름달을 가지고 한 해를 점치거나(望月占年) 치롱주治聾酒를 마신다. 삼월 삼짇날은 욕기浴沂를 하는 때로서 푸른 쑥에 쌀가루를 섞은 떡을 만들어 먹거나 답청놀이를 한다. 이날 사대부들은 향음, 향사례를 하였다. 한식에는 묘사墓祀 이외에도 춘유春遊, 즉 봄놀이도 하였다. 또한 한식에는 '한식寒食', '금화禁火'를 해야 한다고 인식하고 있다. 초파일에는 욕불 행사뿐만 아니라 관등觀燈을 하였다. 관등 행사가 벌어지는 시간적 배경, 관등 행사의 형상 등을 기술하고 있다. 특히 김종직은 사대부인 자신이 관등 행사에 참여하지 못하는 것에 대해서 아쉬워하면서도 반대로 부녀자의 동참에 대해서는 "추문醜聞이 있었다."라고 하여 부정적으로 인식하고 있음을 보여준다.

단오의 풍속으로는 추천鞦韆(반선半仙)과 답교踏橋, 그리고 부채를 선물하거나 문의 독기를 없애기 위해서 쑥으로 인형(애인)을 만들어서 대문에 걸어놓는 일 등을 서술하였다. 복일의 풍속으로는 '팽양烹羊'에 대해 적고 있다. 중추에는 가배일의 유래에 대해서 전하고 있다. 중양에는 사대부들의 중양회 또는 등고의 풍속이 있으며, 동짓날의 풍속으로는 팥죽[豆糜]에 대해서 기술하고 있다.

강희맹姜希孟(1424~1483)의 『사숙재집私淑齋集』에서는 초파일 종로에서 행한 관등 행사가 확인된다. 관등 행사가 벌어진 공간과 시간, 그리고 풍경 등을 그림처럼 묘사하고 있다.

성현成俔(1439~1504)의 『허백당집虛白堂集』에서는 제석, 원일, 인일, 입춘, 한식, 단오, 유두, 중추, 동지 등의 다양한 세시관련 자료가 확인된다. 여기에는 해당 절기를 맞는 자신의 감회를 술회한 내용도 있으며, 또 민속이나 연희를 제재로 한 작품도 포함되어 있다.

제석의 풍속으로는 궁중 나례儺禮의식에서 공연된 가무잡희歌舞雜戲를 형

상화한 '창우희倡優戲', '관나觀儺', '괴뢰희傀儡戲', '관괴뢰잡희觀傀儡雜
戲', '처용處容' 등이 있다. 또 나례희가 절정일 때 행해진 불꽃놀이인 '관화
觀火' 풍속이 묘사되어 있다. 원일의 풍속으로는 첩문호帖門戶로서 처용을
그리게 된 유래를 밝히고 있다. 한식에는 성묘와 절사의 행사 외에 각종 연
희가 성대하게 베풀어졌음을 알 수 있다. 단오에는 신분의 제약이나 남녀
구별 없이 추천(그네타기)을 즐기고 있다. 추천이 벌어지는 시·공간적 배경
과 추천의 형상, 그리고 이를 보고 느낀 감회를 기술하고 있다. 특히 비구니
가 친구와 함께 추천을 즐기는 모습을 묘사한 것은 흥미롭다.

유두에는 유두일의 유래와 수단병水團餠의 제조과정을 형상화하였다. 그
리고 유두일이 민간의 속절이었지만, 궁중에서도 숭상하여 왕도 차가운 수
단병을 먹는다고 하였다. 이러한 사실은 민속이 단순히 지배층의 문화를 일
방적으로 수용하여 확대 재생산하는 저급한 단계의 문화가 아니라 반대로
지배층의 문화인 궁중 풍습에도 영향을 주는 뛰어난 문화임을 보여주는 대
표적인 사례라고 할 수 있다. 동지에는 팥죽에 대한 내용이 보인다. 그러나
동짓날의 풍속과 팥죽에 대한 구체적인 묘사 없이 동지팥죽을 먹으면서 무
사안녕을 기원하였다고만 적고 있다.

남효온南孝溫(1454~1492)의 『추강집秋江集』에서는 제석, 원일, 입춘, 한
식, 초파일 등의 세시관련 자료가 확인된다. 여기에는 남효온이 해당 절기
를 맞으면서 느낀 감회를 기술하고 있다. 특히 초파일 석탄일을 맞이하여
벌어진 관등 행사를 보면서 유학이 존중되지 못하는 현실을 우회적으로 표
현하고 있다.

## 2) 16세기 세시풍속의 특징

정수강丁壽崗(1454~1527)의 『월헌집月軒集』에서는 제야, 인일, 입춘, 청명,
초파일, 단오, 중추, 중구, 동지 등의 세시관련 자료가 확인된다. 대부분의
자료에는 해당 절기를 맞는 자신의 심정을 술회하였다. 특히 그의 문집에는

입춘과 단오 때 왕실에 하례하면서 올렸던 단오첩이 다수 기록되어 있다. 단오의 풍속과 관련하여 대문 앞에 애호를 만들어 붙이는 풍속을 기술하고 있다. 또 강희맹의 경우처럼 초파일 종로에서의 관등 행사를 묘사하고 있다. 동짓날의 풍속에 팥죽에 대한 내용이 보인다. 다만 '민풍民風'에는 팥죽을 끓이는 행위에 대해서만 기술하고 있다.

김안국金安國(1478~1543)의 『모재집慕齋集』에서는 수세, 원정, 인일, 입춘, 답청, 칠석, 중구 등의 기사가 확인된다. 특히 김안국의 문집에는 16년 동안 작성한 입춘첩이 순서대로 남아 있다. 입춘첩을 붙이는 장소는 시기에 따라 약간의 차이를 보이지만 마루, 문, 안방, 정자, 서원(청사廳事, 청당廳堂), 은일정恩逸亭, 범사정泛槎亭, 동고정東皐亭, 장호정藏壺亭, 대문大門, 중문中門, 장문場門, 외대문外大門(외문外門), 오실奧室, 연거燕居, 정침正寢, 제생서원諸生書院, 아배서원兒輩書院 등으로 다양하다. 입춘첩을 작성하고 있는데 임금의 명을 받아서 급하게 입궐하는 경우도 있었다. 이때 김안국이 자식들에게 이미 작성한 입춘첩을 붙이도록 하고 귀가하여 나머지를 써서 붙이는 모습이 그려져 있다. 입춘첩에는 대보름날에 달그림자의 길이를 통해서 풍년을 점치는 내용도 들어 있다.

문집에 나타난 세시풍속과 관련된 내용들을 검토한 결과, 도가道家, 불교, 민간 풍속 등에 흥미를 갖거나 호의적인 입장을 보인 인물로는 이행李荇, 김안로金安老, 소세양蘇世讓 등을 들 수 있다.

이행(1478~1534)은 초파일 관등 행사를 보는 것을 즐겼으며, 칠석을 노래한 시에서는 유술儒術로는 부족하여 복서卜書를 보게 된다는 언급까지 하였다. 속절로 간주되는 추석을 즐겨서 지우들과 중팔완월회重八翫月會를 만들기도 하였다. 농사를 권면하는 뜻을 높이 평가하여 입춘에 토우土牛를 만드는 데에도 반대하지 않았으나 다만 기우제에서 토룡土龍을 제작하는 것에는 반대하였다. 이행은 소위 철저한 성리학자는 아니었던 듯하다. 이는 그의 행적을 통해서도 짐작할 수 있다. 1517년 대사헌이 되었을 때, 조광조 등으로부터 배척을 받아 첨지중추부사로 좌천되자 사직하였다가 기묘사화 이후에 홍문관 부제학으로 복귀하였다. 그러나 1530년 좌의정이 되고 그 이듬해 김안로를 논박하다가 오히려 판중추부사로 좌천되고, 1532년에 평안도 함종에 유배되어 그곳에서 죽은 것을 보면, 김안로 등과도 입장을 달리하였던 것으로 볼 수 있다. 이행은 1537년 김안로 일파가 축출된 후에 복관되었다.

김안로(1481~1537)는 입춘과 원일의 화승花勝과 은번銀幡 등의 유래를 논하고, 제석일수세除夕日守歲의 연원을 경신수세庚申守歲에서 찾아 전거를 밝힐 정도로 도가의 사상에 밝았다. 수세를 하는 근거로 도가에서 말하는 미충微蟲, 구체적으로는 중국 당나라 유종원柳宗元(773~819)이 말한 매시충罵尸蟲을 거론하였다. 그리고 수세를 할 때 윷놀이를 하는 풍속에 대해 중국의 풍수가로 유명한 도간陶侃의 행적에서 그 전거를 찾았다. 신진사림을 탄압한 그의 행적은 잘 알려져 있으므로 생략한다.

소세양(1486~1562)은 대보름날에 풍흉을 점치는 풍습을 그대로 서술하고 있으며, 토우, 청육青陸, 돈제豚蹄를 바쳐서 풍년을 비는 농민들의 오랜 습속, 보름에 약밥을 만들게 된 유래, 애호를 붙이고 제석에 역귀를 쫓는 행태에 대해서도 언급하고 있다. 특히 제석에 붉은 옷을 입는 풍습을 기록하고 있는데, 이는 다른 기록에서는 확인할 수 없어 실제로 행해졌던 것인지에 대해서는 확언할 수 없다. 그는 1545년(인종 1) 윤임尹任 일파의 탄핵으로 사직하였으나, 같은 해 명종이 즉위한 후 을사사화乙巳士禍로 윤임 등이 몰락하자 재기용되었다.

최연崔演(1503~1546)은 『간재집艮齋集』에서 한식에 그네를 타는 것을 밝고 빛나는 풍속으로 보아 시를 짓고, 그 시가 양춘곡陽春曲으로 삼을 만하다고 자평하였다. 이 밖에 채두釵頭, 염호鹽虎, 토우土牛, 점성占星 등의 풍습에 대한 시가도 있다. 그는 1545년(명종 즉위년) 도승지에 올랐는데, 그해 을사사화가 일어나자 소윤에 가담하여 위사공신衛社功臣 3등에 책록되고 동원군

東原君에 봉해진 인물이다.

## 3) 임진왜란 전후에 나타난 세시풍속의 특징

임진왜란 전후에 활동하던 인물들 역시 세시기록을 남기고 있는데, 주로 동
지사 등의 사신으로 중국에 가 있거나 변방에 파견되어 고향으로 돌아올 수
없는 처지에서 세시에 대한 소회를 적고 있는 것들이다. 이들은 전란의 경
험을 공통점으로 가지고 있으며 주로 전란에 따른 나라와 백성의 어려움,
고난, 의병활동, 군사활동 등을 시문으로 남겼다. 따라서 풍속에 관한 기록
은 다른 시기에 비해 적은 것으로 보인다.

당시 유학자들의 글을 보면 삼월 삼짇날과 중구의 풍습을 중요하게 여기
거나 즐겼음을 알 수 있다. 또한 궁중의 납향, 춘첩의 풍속에도 관심을 가져
이를 기술하였다. 임진왜란 의병장이던 고경명高敬命(1533~1592)도 『제봉
집霽峰集』에 비교적 많은 세시기를 남겼는데, 중원의 우란풍습에 대해 언급
하였고, 상원일에 팔관제를 지냈던 옛일을 상기하였다. 임진왜란 때 삼도체
찰사를 지낸 유성룡柳成龍(1542~1607)도 비교적 많은 세시기록을 남겼다.

구봉龜峯 송익필宋翼弼(1534~1599)은 1586년 동인들의 정치적 공격으로
그의 형제와 집안이 노비로 환속되자 성명을 바꾸고 도피생활에 들어갔다.
도피생활 때 지은 시가 『구봉집龜峯集』「추석조」에 나오는데 그는 세주細註
에 "하원은 무덤에 제사하는 세속 명절일이다(下元 奠墓之俗節也)."라고 하
였다.

최경창崔慶昌(1539~1583)은 『고죽유고孤竹遺稿』에 세시에 관한 기록을
많이 남겼다. 그중 중구에 서울 용산에서 배를 띄워 놀던 풍속에 대한 기록
이 남아 있다. 동진東晉의 환온桓溫이 중양에 막료들과 산에 올라 술을 즐기
다가 맹가가 술에 취해서 바람에 모자를 날렸는데 이로부터 '용산낙모龍山
落帽'라는 말이 생겼다. 이 구절을 통해 용산에서 뱃놀이하는 당시 풍속이
중국 고사에서 유래되었음을 알 수 있다.

영의정까지 지내고 임진왜란 때 임금을 호종하였던 이산해李山海(1539~1609)도 전쟁 중에 시를 통해 세시자료를 남겼다. 이정암李廷馣(1541~1600)은 임진왜란 때 왜정 구로다 나가마사 군대와 싸워 승리한 공으로 황해도 관찰사를 지낸 인물인데, 정조, 입춘, 단오, 연등, 백로 등 상당수의 세시 소회를 『사류재집四留齋集』에 남겼다.

이 시기 저술 중 풍속에 관해 가장 자세하게 적은 글은 고상안高尙顏(1552~1623)의 「농가월령서農家月令序」와 「속절俗節」 및 「중국장등中國張燈」 등이다. 고상안은 「농가월령서」에서 농가의 월령을 손수 짓고 이를 언문으로 번역하여 어리석은 백성이라도 볼 수 있도록 하였다고 적고 있다. 그러나 그의 문집에는 농가월령가가 따로 수록되어 있지 않아 농가월령가의 저자로 확정할 수 없는 형편이다. 하지만 그의 시문집 『태촌집泰村集』에 실린 행장에 따르면, 고상안이 농사에 밝고 문장이 능하며 농군을 가르치고 농사에 관한 저술을 남겼다고 한다. 또 『태촌집』에는 다른 문집과 달리 풍속, 전설에 관한 기록이 많이 남아 있어 이색적이라는 평을 듣기도 한다. 이러한 점을 미루어보면 초기 농가월령가의 저자가 고상안일 가능성은 매우 높다.

고상안은 권3 말미에 유훈遺訓을 남겼는데, 이 중에 속절에 대한 기록이 남아 있다. 글에는 속절 중에서도 정조, 한식, 단오, 추석을 가장 중하게 지내고, 상원, 답청, 칠석, 중원, 중양, 납일, 동지 등은 그보다 가벼이 여긴다고 적고 있다. 또 각 절기에 지내는 천신薦新과 제사음식에 대해 자세히 언급하고 있으며, 고려조의 9대 속절과 비교하여 조선중엽 세시풍속의 내용과 변화를 규명하는 데 중요한 단서를 제시하고 있다.

또 고상안은 중국에서 상원에 갖는 장등 풍속이 우리나라로 와서 초파일의 등석燈夕이 되고, 중국 한식의 반선이 오월 단오 풍속으로 옮겨간 이유에 대해 설명하고 있다. 이유인즉 우리나라의 절후가 중국과 달라 상원일의 밤은 추위가 심하고 한식 때는 바람을 다스릴 수 없기 때문에 천기가 온화한 때를 취하여 날짜를 미루었다고 하였으며, 이는 비록 고례는 아니지만 마땅한 까닭이 있는 것이라 하고 있다.

이 시기 기록 중에는 입춘에 작성하는 입춘첩 혹은 춘축春祝이 많이 남아 있다. 그러나 이는 이 시기만이 아니라 전 시기에 걸친 특징이다. 기우제문이나 산제문 등도 마찬가지로 상당수가 남아 있으나 실제 진행절차나 풍속에 관한 내용이라기보다는 형식적인 제문이다. 또 태종우太宗雨 유래에 관한 기록도 고상안의 문집을 비롯하여 많이 남아 있다.

다음으로 많은 기록이 남아 있는 절기는 한식, 등석, 단오, 칠석, 중양, 납일 등이다.

한식에 선묘에 제사 지내는 풍습은 이때 일반화되었는데, 예를 들면 하수일河受一(1553~1612)의 『송정집松亭集』에서는 한식에 아이들을 데리고 묘소에 가 제사를 지내고 그 감응이 있어 시를 읊었다고 하였으며, 이달李達(1561~1618)은 『손곡시집蓀谷詩集』에 한식과 청명이 3월의 절기임을 적고 있다.

등석은 조선조에 들어 고려조의 정이월 연등 풍속이 민간화된 것인데, 초파일의 등놀이 구경, 곧 관등觀燈류의 시가 많이 전한다(등석, 심희수沈喜壽(1548~1622), 『일송집一松集』 181: 등석, 이수광李睟光(1563~1628), 『지봉집芝峯集』 54: 관등, 이춘영李春英(1563~1606), 『체소집體素集』 419). 그러나 16세기까지 4월의 등놀이만이 아니라 상원에도 등놀이 풍습이 있었음을 알 수 있는 기록도 있다(상원관등上元觀燈, 박이장朴而章(1547~1622), 『용담집龍潭集』 184).

단오는 단양端陽으로도 적는데 창포와 그네(추천, 반선)에 관련된 내용이 많다. 정엽鄭曄(1563~1625)은 대나무, 국화와 창포를 각각 도연명과 백락천 및 주렴계와 연결하여 설명하였다(창포설菖蒲說, 『수몽집守夢集』). 칠석에 관해서는 비교적 기록이 많지 않으나 길쌈과 바느질 솜씨가 늘기를 기원하는 풍속을 소개한 유희경劉希慶(1545~1636)의 『촌은집村隱集』 기사가 눈에 띈다.

추석은 신라의 고사에 근거하여 가배嘉俳로도 불렀는데, 관련 내용을 성여신成汝信(1546~1632)의 『부사집浮查集』에서 볼 수 있다. 그러나 의외로 관련 기록이 많지 않아 16~17세기까지 추석 제사가 그 이후와 달리 일반화되지 않았던 것으로 추정된다. 이 시기 기록에는 중국의 영향 때문인지 추석보다는 중양 풍속과 행사가 훨씬 많이 전한다. 중양의 제사음식과 황국술 및 가을음식의 풍속을 알 수 있는 시문이 여럿 있다. 중양 하루 전에 쓴 박이장의 『용담집』을 비롯하여 국화술이 백 가지 재앙을 물리칠 수 있다는 이호민李好閔(1553~1634)의 「음국주飲菊酒」라는 제목의 시(『오봉집五峯集』에 수록)도 있어 당시의 음주 풍속과 속신을 엿볼 수 있다.

동지의 궁중 풍속과 민간 풍속을 알 수 있는 기록도 있다. 이수광의 『지봉집』에는 궁중에서 관원들이 동지 새벽을 맞는 풍속을 전하고 있고, 신흠申欽(1566~1628)은 『상촌고象村稿』에서 동지팥죽에 관한 풍속을 시문으로 읊고 있다. 납일臘日(제야除夜, 세제歲除, 세모歲暮, 수세守歲) 풍속에 관해서는 제야에 잠자지 않는 풍속을 기록한 이수광의 시문 「제야除夜」 정도가 있고 대부분은 지는 해의 감회를 읊는 시문들이다.

이외에도 상원의 풍속, 삼월 삼짇날의 답청, 삼복지간의 피서법, 유두의 머리 감는 풍속 등을 소개한 기록들도 있다.

허균許筠(1569~1618)의 세시인식은 『성소부부고惺所覆瓿稿』에 실린 그의 행장을 통해 파악할 수 있다. 그가 세시관련 시와 기록을 남긴 것은 1597년 황해도 도사 때와 1603년 강릉 부사, 1607년 삼척 부사 때로 비록 지방관으로 부임한 사족의 입장으로 본 것이나 당시의 풍속 관행에 관한 상황도 비교적 자세하게 묘사하고 있다. 그 밖에도 입춘, 한식, 단오, 중구, 제석 등 절기 때마다 시를 남겼다.

『벽오유고碧梧遺稿』의 저자 이시발李時發(1569~1626)은 태종우에 대한 자세한 해설을 남겼다. 전해오는 말로 "태종 대왕이 안석에 기대어 가물어 마른 날씨를 보고 좌우에 이르기를 내가 백성에게 혜택을 준 것이 없으므로 내가 죽거든 비를 내려달라고 하늘에 청하겠다고 하였는데 5월 10일에 태종이 죽자 과연 큰비가 내렸다. 그 후 매년 이날이면 큰비가 오며 지금도 비를 바라는 시기로 모두가 이날을 가리키고 종종 들어맞기도 한다."라고 하여 이를 일러 태종우라고 하였다는 것이다.

권필權韠(1569~1612)이 『석주집石洲集』에 쓴 세시기록의 특징은 서울, 한강변, 그리고 강화지역과 관련한 당시 백성의 삶의 모습을 묘사하였다는 점이다. 「관등행觀燈行 시우인示友人」이란 시에서 그는 서울에 관해 적고 있는데, 초파일에 서울에서 관등 행렬을 보니 부호가 많아서인지 경쟁적으로 등을 늘어뜨리고 잡희무대를 설치하는 등 옛 풍습을 이어오고 있었다고 하였다. 또 이날 특별히 통금을 없애니 거리에 사람들과 음악소리가 가득 찼다고 기록하고 있다.

종로관등의 모습은 『경정집敬亭集』의 저자 이민성李民宬(1570~1629)의 「종가관등鍾街觀燈」에도 나온다. "희미한 불빛이 네모진 등 아래에서 비추고 연로의 먼지를 거두자 달이 뜨려 한다. 은은한 종소리 넓어진 길로부터 들려오고 황황히 빛나는 나무가 화려한 등을 거둔다. 풍성함과 형통함이 점점 더하니 천심을 알 것 같고 조야로 근심 없으니 거듭 즐거운 일이로다. 들으니 의금부에서 통금을 정지하여 방해받지 않고 취할 수 있다니 기쁨이 한층 더하리라."라고 적고 있다. 또 「남포어등南浦漁燈」은 한강변 세시에 관한 기록이다.

## 4) 인조반정과 병자호란을 전후한 시기의 세시풍속의 특징

청음淸陰 김상헌金尙憲(1570~1652)의 『청음집淸陰集』에 나오는 세시기록은 심양으로 잡혀갔을 때, 그리고 의주로 돌아왔을 때 쓴 고향을 그리는 시와 은퇴하여 남양주 석실에서 지은 시에 집중되어 있다. 한식을 맞이하여 읊은 시 「한식일寒食日 여이수의백윤與李繡衣伯胤·최서기흥숙崔書記興叔 유원수대遊元帥臺」라는 시를 보면 "한식날에 이백윤, 최흥숙과 원수대에 놀러갔다. 원수대 높은 곳은 넓은 바다가 보이는 곳, 한가한 한식날을 택해 그곳을 오

른다. 지세는 서북으로 기울어 모든 산이 그곳으로 달리는 듯, 하늘은 동남
으로 닿아 태극이 뜨는 듯하다. 한식과 청명은 영절이라 따뜻한 바람과 경치
가 어울려 신선이 노는 듯 쾌적하다. 지난 일 년 돌이켜보니 일만의 연속이
라 술잔을 앞에 두고 한 번 웃으며 만 가지 걱정을 잊으리."라고 하였다. 김
상헌은 1640년에 심양으로 끌려갔다가 1642년에 의주로 돌아왔는데, 이 시
에 나오는 원수대가 함경도 종성 부근인 것으로 보아 당시에 지은 작품인 듯
하다. 또 「차춘분일감회운次春分日感懷韻」에서는 춘분일을 맞아 제비가 돌
아오듯이 청명과 한식날이면 고향에 돌아갈 수 있기를 희망하는 마음을 담
았다. 그는 은퇴 후에 석실에서 세시를 담은 시를 많이 지었다. 예컨대 "지
난해 봄에 지국이 안산 시골집에 있을 때 병으로 누워 있음에도 내게 시를
지어주었는데 내가 미처 화답을 못 하였다. 올해 내가 석실로 물러나와 읊어
보니 더욱 그 맛을 알 것 같아 그 운을 따라 시 열 수를 짓는다."라고 하였다.
그 열 수 중 농촌 가을풍경을 나타내는 시 한 수만 소개하면 다음과 같다.

"9월 늦은 가을은 만 가지 보배를 만들었고 사방 들에는 누렇게 익은 벼로 황금들
판을 이루었다. 집집마다 막걸리를 담는 것은 농부의 수고를 위로하기 위함이다.
취해 노래 부르며 언덕을 오르니 새 무덤들이 눈에 들어온다. 슬프다 무덤 아래
묻혀 있는 사람들 이 노래를 어찌 들을 수 있을까."

동악東岳 이안눌李安訥(1571~1637)의 『동악집東岳集』에 수록된 작품에도
세시기록이 잘 드러난다. 「호서록湖西錄」(청풍淸風, 1602년, 경시관京試官),
「단주록端州錄」(단천端川, 1602~1603년, 단주 군수), 「홍양록洪陽錄」(홍주洪
州, 1607년, 홍주 목사), 「내산록萊山錄」(동래東萊, 1607~1609년, 동래 부사),
「담주록潭州錄」(담양潭陽, 1610~1611년, 담양 부사), 「금계록錦溪錄」(금산錦
山, 1611~1613년, 금산 군수), 「월성록月城錄」(경주慶州, 1613~1614년, 경주 부
윤), 「강도록江都錄」(강화江華, 1617년, 강화 부사), 「관서후록關西後錄」(관서關
西, 1623년, 명나라 갑군 접반사), 「북찬록北竄錄」(경성鏡城, 1624년), 「동천록東

遷錄」(홍천洪川, 1625~1627년), 「강도후록江都後錄」(강화, 1628~1630년, 강화 유수), 「함영록咸營錄」(1631년, 함경도 감사), 「조천후록朝天後錄」(1632년 6월, 주청부사), 「호영록湖營錄」(1634~1635년, 공청도 감사) 등으로 분류가 되어 있어서 시기와 지역 및 용어 등 세시상황이 명확하게 밝혀져 있다고 할 수 있다. 세시에 관한 내용이 담겨 있는 그의 글을 예시하면 다음과 같다.

◉「4월 초파일은 우리나라에서는 등석이라고도 한다. 두봉 이지완이 부산에 머물고 있어 새 술 한 통을 보내면서 겸하여 시 한 수를 보낸다(四月八日。乃我東燈夕也。斗峯學士留駐釜山。奉送新酒一榼。兼呈長律一首。)」: 석가의 생일에 따뜻한 맥풍이 분다. 나라 풍속이 된 관등은 대보름날 행사와 유사하다. (두봉斗峯 이지완李志完은 경주驪州 이씨李氏 이상의李尙毅의 아들로 1575년에 태어나 1617년에 죽었다.)

◉경주에서의 「端午」: 이른 새벽에 쑥을 엮어 대문에 걸어두고 창포실 띄운 술잔으로 모두 함께 즐긴다. 서울을 멀리 떠나 세 번 맞는 단오절에 집을 생각하며 북쪽을 향해 남산의 남쪽을 바라본다. 조상묘에 향화 거른 것은 참을 수 있지만 높은 당에 올라 맛있는 음식이나 나누어보았으면. 어린 아전이 뜰에서 절하며 단오 선물을 바치는데 흰 신과 둥근 부채가 바구니에 가득하다. (그는 세주細註에서 본부, 즉 경주부에서는 단오절이 되면 공방아전들이 흰 털신과 짚신, 둥근 부채 등을 바치는 풍속이 있다고 지방 풍속을 전하고 있다.)

◉경주에서 맞게 된 유두에는 그 유래를 소상히 밝히고 있다. 예컨대 고려사람 김극기 문집에 이르기를 "경주에 옛 풍속이 있으니 6월 보름에 동쪽으로 흐르는 물에 목욕을 함으로써 부정을 씻는 계음을 하는데 이것을 유두연이라고 한다."라고 하였다. 그러나 이것은 황하 북쪽지방에서 더위를 피하기 위해 갖는 행사와 같은 것인데 계음으로 잘못 안 것이다. 김극기는 '문천에서 불계하며(蚊川祓禊)'라는 제목의 시를 남겼다.

◉강화에서의 「입춘」: 북산 봉화는 평안을 알리고 동각 매화는 차례로 피어

난다. 농부들의 고사 술에 마을마다 북소리. 바다 객의 고기잡이 노래에 포구마다 들어선 배들. 뽕 마을 보리 언덕 노랫소리 울려오고 어부집과 염부집 부역 가볍기를.

◉ 1625년 3월 15일 강원도 홍천으로 옮겨서 지은 시들

「南宮績送四馬酒一盆」: 남궁적이 사마주 한 동이를 보내오다. 그는 전해 단양일 이후 당년 6월 초까지 매월 사마주 세 병씩을 타향 벽진 곳 오막에 보내왔다.

「亡魂日」: 7월 15일 밤에 앉아서 달을 대하다. 어느새 세월이 흘러 가을 달을 보니 중원이라. 쫓겨 다닌 지 3년에 고향 정원은 아득하다. 백로에 공기 씻겨나니 북쪽으로 구르는 별이 보이고 청산이 마을을 돌아가니 물이 서쪽으로 힘차게 내달린다. 귀뚜라미 닳아가듯 목소리 숨차고 눈은 두꺼비처럼 침침해진다. 시전에 채소와 과일이 많은 것을 보니 오늘 도성 사람들 도처에서 망혼에게 제사 지내겠구나. (우리나라 풍속에 중원을 망혼일亡魂日이라 부른다. 여염 백성은 이날 달밤에 채소, 과일, 술, 밥 등을 차려놓고 돌아가신 어버이 혼을 불러 제사를 모신다.)

『현주집玄洲集』의 저자 조찬한趙纘韓(1572~1631)은 권필, 이안눌, 임숙영 등과 교유하였는바, 이들은 모두 주옥같은 세시관련 시를 남긴 문인들이다. 조찬한은 1616년 영천 군수 때 「남농팔영南農八詠」이라는 시를 지었는데, 다음과 같이 남쪽지방 농가의 봄, 여름, 가을을 담았다.

## 남농팔영南農八詠

『현주집』(권3)

**정월 이른 봄** 눈과 얼음이 녹아 땅이 풀리면 농부는 농기구를 손질한다.

氷雪乍解嚴。條風黏土脈。老農負初暄。揮鏺綴未鎛。

2월  부들에 싹이 나고 살구에 꽃 피며 왜가리와 꾀꼬리가 날아다니면
   소 매어 쟁기질하고 거름 준다.

   蒲芽杏始花。鬧野鶬鶊上。種播更駕牛。縱橫理糞壤。

3월  신록이 성하고 보리 익어가며 꿩과 장끼가 날 때 송아지 끌고 나와
   풀 먹인다.

   花稀新綠繁。隴麥搖高浪。雉雛日當中。小犢隨儘往。

한여름  품팔이 얻어 농사지을 제 들밥에 농주 곁들이고 김매기하며 수확
   기다린다.

   傭人方得傭。群餉醨瓮酒。鋤莨劇除姦。驪謳稼沒首。

7월  이른 메벼 벨 때 이삭은 여물고 멀건 국 싫어할까봐 푸르대콩 넣어
   밥 짓는다.

   荷鐮刈早粳。穗苗蛇蟠臥。還嫌雪翻羹。間炊青豆御。

8월  사방 들 곡식 반은 익어가고 콩은 살지고 메밀은 시들 무렵 노파의
   박 자르는 소리 요란하다.

   四野半青黃。豆肥蕎花老。犬吠識催科。斷匏翁嫗鬧。

9월  새 술이 동이에 가득하고 과일이 바구니에 가득하니 조사 나온 관
   리와도 반갑게 음식을 나눈다.

   新酒滿瓮香。新果盈盤熟。官吏把書來。迎門要相喫。

가을 논갈이  소여물을 끓이는 것은 춥기 전에 땅을 갈아놓아야 하기 때문
   이다. 이제 마른 땅이 기름지게 되면 내년 농사도 기약할 수 있다.

   烹其夜勸牛。未寒還墾墢。墢凍方是膏。計爲明年設。


   그 밖에도 그가 50세를 넘어가는 새해 아침에 지은 「원일元日」이란 시는
상주 목사를 지낼 때의 작품으로 추정되는데, 그 전날인 섣달그믐 제석을
맞아 집집마다 촛불을 켠 채 밤을 새우는 풍경과 요귀를 쫓기 위해 폭죽을
터뜨리고 복숭아 가지를 삶는 풍속을 기록하고 있다.

『휴옹집休翁集』을 지은 심광세沈光世(1577~1624)의 팔관회에 대한 해석은 『해동악부海東樂府』 중 「팔관회八關會」에 수록되어 있다. 그는 팔관회는 훗날의 커다란 귀감이 될 수 있다고 하였다. 그에 따르면 고려 태조 훈요십조 제6조에 "짐이 지극히 원하는 것은 연등과 팔관이다. 연등은 부처를 섬기는 것이고 팔관은 천령과 오악과 명산대천과 용신을 섬기는 것이다. 후세에 간신들이 가감을 하려 하더라도 절대 막아야 한다. 군과 신이 같이 즐기면서 경건히 행하도록 하라."라고 하였으며, 태조 원년(918년) 11월에 유사有司가 "매년 11월이면 팔관회를 크게 열어 복을 빌었는데 이를 따르도록 하십시오."라고 하여 태조가 이를 따랐다고 하였다. 또 격구하는 마당에 윤등 자리를 설치하고 사방에 향로를 두고 높이 5장이 넘는 채붕을 엮어 백희와 가무를 임금에게 보였는데, 그중 사선악부四仙樂府나 용봉龍鳳·상마象馬·차선車船 등은 모두가 신라 고사에서 비롯된 것이라고 하였으며, 백관은 홀기를 들고 예를 행하니 도시가 구경꾼으로 미어질 정도였다고 하였다. 이러한 행사는 고려가 망할 때까지 지속되었다.

『기암집畸庵集』의 저자 정홍명鄭弘溟(1582~1650)은 7언절구 「전가사시사田家四時詞」를 통해 당시의 세시풍속을 기록하고 있다. 내용을 소개하면 다음과 같다.


**전가사시사**田家四時詞

『기암집』(권8)

**봄**  이른 아침에 맑은 물을 논 두둑에 채울 때 곳곳의 성긴 숲 속에서 뻐꾸기 운다. 들에는 노인이 소를 몰고 삼태기와 가래를 들고 부지런히 땅 깊숙이 씨를 뿌린다.

　　清朝白水滿塍畦。處處疏林布穀啼。野老驅牛持畚鍤。勤來播殖入深泥。

**여름**  가벼운 구름이 해를 가려 늦은 바람 시원할 때 맑은 술 주발에 채우고

향기 나는 나물을 안주로 갖춘다. 서녘 두둑 김매기 끝나고 남쪽 이랑
으로 향할 때 수시로 들리는 농요는 악장을 이룬 것은 아니다.

輕雲掩日晩風涼。白酒盈甌細菜香。耘罷西疇向南畝。數聲農曲不成章。

**가을** 매달린 표주박 꼭지 떨어지고 대추알 발갛게 익을 때 거리 곳곳마다
풍년을 기뻐하는 말뿐이다. 왜소한 며느리가 군불로 향기 나는 밥을
짓고 보관해둔 찬거리 꺼내다가 쇠약한 노인을 공양한다.

懸瓠落蔕棗顋紅。到處街談樂歲豐。小婦軟炊香稻飯。手提釘勸衰翁。

**겨울** 땅에 화롯불 피워 토란 구워 먹고 한 겹 베옷으로 우의 만들어 병들지
않도록 소에게 입힌다. 불 땐 아랫목에서 나올 생각 않고 게으름 피우
니 밤새 온 눈이 울타리 덮은 줄도 모른다.

地爐燒炭撥蹲鴟。短褐牛衣護病羸。煙煖土床慵不出。不知寒雪夜埋籬。


『택당집澤堂集』의 택당 이식李植(1584~1647)의 세시기록 중에는 관등 시
두 수가 눈에 띈다. 그는 서울 종로관등의 모습을 다음과 같은 시를 통해 기
록하였다.


⦿「종가관등鍾街觀燈」(종로에서 관등하다): 하늘은 물과 같고 떠 있는 달은 얼
음 같다. 남녀가 몰려와 걸린 등을 본다. 수많은 횃불과 밝은 등불은 밝기가
대낮 같다. 온갖 가지와 잎은 채붕을 이루고 바퀴와 말발굽은 향기 나는 먼
지를 일으킨다. 노래와 악기소리는 마치 상서로운 아지랑이 같다. 이러한
자유로운 가운데 인물이 크고 봉선함을 본받게 된다. (한도팔경漢都八景, 즉
서울 풍경을 읊은 시 여덟 중의 하나다.)

⦿「4월 파일 송도관등. 양자참회 옛 절구로 운을 삼다(四月八日。松都觀燈。次
梁子漸懷古絶句韻。)」: 폐원의 높은 나무에는 토사풀이 걸려 있고 탁타교 아래
물소리는 슬픔을 자아낸다. 오늘밤에 대한 고사는 기억할 만하니 많은 나무
에 걸려 있는 밝은 등불과 반달의 어울림을.

택당은 명절 의례 등 가례를 수행함에 약간 모자란 듯 차례 예에 어긋나지 않으면서도 어려울 때 제사를 거르는 일이 없도록 하라고 자손들에게 가훈을 통해 전달하고 있다. 예컨대 계미년(1643) 동지에 단아(이단하李端夏, 이식의 셋째아들)가 송도로 부임하려 할 때 가훈 5조를 써서 줄 정도였다. 그는 또한 묘제나 속절 제사에 사용할 제수의 품목과 양을 일일이 적어 훗날에도 가례 수행의 기준으로 삼도록 하였다.

이상 조선 전, 중기의 세시풍속들을 보았을 때 특히 15, 16세기까지는 세시에서 도교적 관행이 두드러지게 나타나던 시기였음을 알 수 있다. 제석의 풍속으로 구나, 납제 등이 행해지고, '수세'를 하면서 일 년의 사기邪氣와 장수長壽를 기원하고 세주로서 초백주를 마시거나 원일 새벽에 '도소주'를 마시는 관행은 이후 시기에도 지속되지만, 재액을 막기 위해서 벽사력을 가지고 있는 '도부'를 걸어놓는다든가 앞서 언급한 바처럼 입춘에 다섯 가지 향이 들어 있는 오신채를 먹거나 초백주를 마시는 풍속, 단오에 창포주를 마시거나 대문에 '애인'을 걸어놓는 것들은 이 시기 풍속의 특징을 보여주는 것들이다. 칠석에는 '걸교' 풍속이 확인되는데, 이것은 농사력과 관련하여 아직 이앙법이 보급되지 않은 상황을 반영한 것으로 여겨진다.

단오는 조선전기까지 중요한 세시로 묘사되고 있다. 문집에 나타난 단오의 세시풍속과 관련한 내용을 검토한 결과, 도교·불교·민간 풍속 등에 우호적인 입장을 보인 인물로는 이행, 김안로, 소세양 등이 있었다. 특히 김안로는 입춘과 원일의 화승과 은번 등의 유래를 논하고, 제석일 수세의 연원을 경신수세에서 찾아서 전거를 밝힐 정도로 도교사상에 밝았다. 수세를 하는 근거로 도교에서 말하는 매시충을 거론하였다. 그리고 수세를 할 때 윷놀이를 하는 풍속을 살핌에 있어서 중국의 풍수가로 유명한 도간陶侃의 행적을 전거로 삼았는데 당시 지식인들의 지적 분위기를 엿볼 수 있는 대목이다.

임진왜란을 전후한 16세기 말부터 17세기 초에 이르는 시기에는 자세한 세시풍속의 기록보다는 자신과 주변의 어려운 처지와 세시일에 대한 감회를 적고 있는 기록들이 대다수를 차지하고 있다. 그래서 이전 시기부터 있어왔던 입춘첩 혹은 춘축 등은 많이 남아 있는 편이다. 기우제문이나 산제문 역시 상당수가 남아 있다. 다음으로는 한식과 등석, 단오와 칠석, 중양, 납일 등에 대한 기록이 많이 남아 있다.

등석 또는 관등은 조선조에 들어 고려조의 정, 이월 연등 풍속이 민간화된 것이지만, 16세기까지도 4월의 등놀이만이 아니라 상원의 등놀이 풍습이 있었음을 「상원관등」(박이장, 『용담집』)의 기록을 통해 알 수 있었다. 단오와 관련해서는 길쌈과 바느질 솜씨가 늘기를 기원하는 풍속을 소개한 유희경의 『촌은집』 기사가 눈에 띈다.

또 지배층들에게 한정된 것이지만 전기에는 추석보다는 중양의 풍속이 훨씬 많이 전하고 여전히 도교적인 전통이 지속되고 있음을 알 수 있다. 중양의 제사음식과 황국술 및 가을음식의 풍속에 대한 시문 등을 통해 당시까지 존재하던 음주 풍속과 속신에 대한 의식을 엿볼 수 있다.

동지는 궁중이나 민간에서도 여전히 중요한 풍속으로 전해져왔는데 이수광이나 신흠 등의 시문에서 이를 확인할 수 있다. 이외에도 신년의 감회를 읊은 시문이나 축사, 상원 풍속, 삼월 삼짇날의 답청, 삼복지간의 피서법, 유두의 머리 감는 풍속 등도 여전히 중요한 세시기록으로 남아 있다.

## 5) 조선후기 세시풍속의 특징

임진왜란을 기준점으로 삼아 조선을 전기와 후기로 양분한다면 1623년의 인조반정과 이후의 병자호란을 즈음한 시기는 조선후기에 해당한다고 할 수 있다. 그러나 풍속이 무 자르듯 정확히 구분되는 것은 아니어서 이 시기의 세시관련 기사에는 여전히 전기의 풍속들이 지속되고 있음을 알려주는 내용들이 남아 있다. 이 시기를 조선중기로 설정하는 이유가 여기에 있다. 그러나 이즈음에 이미 조선후기적인 여러 특징이 나타나고 있다. 이러한 의미에서 당시의 기록들 중에는 특히 주목해야 할 대목이 많다.

인조반정이 단순한 정치적 사건을 넘어 풍속의 변화에서 중요한 기점으로 부각되는 것은 이로 인한 지배층의 변화가 어느 사건보다도 극심한 데 따른다. 물론 이때가 농업생산력의 변화가 실제 나타나기 시작하는 시점인데다가 이전에 발생하였던 임진왜란도 변화에 큰 역할을 한 것임에는 틀림없으나 구체적으로 기존의 세력들과 신진세력들이 공존하고 또 교체되어가는 모습의 대부분은 이 인조반정을 기점으로 전개되기 때문이다. 이러한 변화에서 풍속과 관련하여 가장 중요한 부분은 세시와 관련한 사상적 배경의 변화라고 할 수 있다. 즉 지금까지 우리가 보아온 불교적이고 도교적인 취향이 이 시점을 전후하여 성리학에 바탕을 둔 세시관歲時觀과 일면 공존하고 일면 갈등 속에서 쇠퇴하는 모습을 동시에 볼 수 있다.

이러한 변화는 신구 지배층들의 사상적 배경과 무관하지 않다. 특히 인조반정 이후 힘을 잃어가는 구세력들 중에는 도교적인 취향을 거리낌 없이 나타내던 인사들을 많이 볼 수 있었지만 이후의 신진세력들에서는 이러한 면들을 찾기 힘들다. 또 신진세력들이 특히 농업생산력의 변화와 관련하여 시골의 농가와 농민생활 등 민중의 풍습에 많은 관심을 가지게 된 것도 커다란 변화라고 할 수 있다. 즉 이때에 비로소 농사의 사계절을 농사력과 관련시켜 시로 읊어내는 작업들이 눈에 많이 띄게 된다. 예를 들면 정홍명의 「전가사시사」, 『학사집鶴沙集』에 나오는 김응조金應祖(1587~1667)의 「빈가사시사貧家四時詞」와 「화전가사시사和田家四時詞」, 고산 윤선도尹善道(1587~1671)의 「어부사시사漁父四時詞」, 신익성申翊聖(1588~1644)이 지은 『낙전당집樂全堂集』의 「효최국보사시사效崔國輔四時詞」, 김휴金烋(1597~1638)가 쓴 『경와집敬窩集』의 「전가사시田家四時 사도四首」 등이 이 당시 하나의 유행처럼 만들어져 이를 통해 이전 시기보다 더욱 구체적으로 민중생활의 단면을 볼 수 있게 되었다. 아마도 이 점이 전기와는 다른 후기 세시기록의 가장 중요한 변화라고 할 수 있을 것이다.

조선후기에 이르러 유교적 제례가 계층 구별을 두지 않고 전국으로 확산

되는 추세 속에서 가묘家廟를 두지 않는 일반 민중에게 추석묘제가 차지하는 비중은 점차 커져 19세기 이후로는 한식을 앞지르게 되어 당나라 유자후柳子厚의 표현을 빌려 "하천민이나 품팔이, 거지 할 것 없이 모두 부모 묘에 가서 제를 지낸다('皂隸傭丐皆得上父母丘墓', 『열양세시기洌陽歲時記』「팔월중추조八月中秋條」)."라고 할 정도로까지 보편화되었다.

양반과 일반 민중의 제사 관행의 차이는 기제忌祭나 묘제墓祭에서보다는 천신과 같은 제사형식에서 더욱 두드러져 보이는데 이는 묘제廟祭의 장소, 즉 가묘가 있는지의 여부와 관련이 있다. 이규경은 『오주연문장전산고五洲衍文長箋散稿』권32 「묘제변증설墓祭辨證說」에서 사절일에 상묘향제上墓享祭하는 것은 오랜 우리 풍속이어서 선현들이 이를 따랐으며, 그중 한식은 본래 묘墓에 오르는 날이지만 나머지 절일은 묘廟와 묘墓 모두에서 제를 지내게 되었다고 하였다. 즉 지역적 차이에도 불구하고 묘墓에 올라 제를 지낸 것은 사대부나 서인庶人 모두에게 해당된 현상이었지만 사당과 산소 모두에서 제를 지낸 것은 주로 사대부에 국한된 관행이었다.

그러나 묘제廟祭보다는 묘제墓祭에 중점이 옮겨가는 것도 계급적 차이 없이 시기가 내려오면서 나타나는 추세로 보인다. 특히 한말 이후 사당을 둔 집이 감소한 반면 새로 사당을 건립한 경우는 많지 않아 묘제廟祭는 쇠퇴한 반면 묘제墓祭 관행은 더욱 확산된 것 같다.

대보름날밤의 답교는 오랜 전통을 가진 대표적인 서울 풍속인데 조선 명종 15년, 즉 1560년 5월 6일에 서울 안 남녀가 혼잡하게 모여 혹은 싸우기도 하는 등 경박하다고 하여 금지시켰다(『명종실록明宗實錄』26권, 명종 15년 5월 6일).

답교 풍속은 임진왜란 이후에 부활한다. 그러나 이전과는 달리 여자들이 놀이에 참여할 수 없게 되었다. 고경명의 「기상원답교記上元踏橋」(『제봉집』권3) 주註에 "답교는 고려 때 시작되어 최근까지 번성하다가 법으로 관에서 금지하여 지금은 볼 수 없게 된 것이 근 30년이 된다(踏橋舊戲 始出前朝 遺俗

相傳 至近世最盛事 雖無稽 亦昇平一盛事也。法官峻禁 今絶不見。余與周道 少時亦嘗
出入裘馬叢中 追思往事 轉眄已三十載矣。)."라고 하여 16세기 후반경의 답교 풍
속은 당시 사람들에게는 소년시절의 추억으로 남은 것이었지만 임진왜란
이후에는 다시 행해지게 된 것을 알 수 있다.

이긍익李肯翊(1736~1806)의 『연려실기술燃藜室記述』에 "남자는 귀천을
물론하고 무리를 이루어 다리를 밟는 것이 지금까지 풍속을 이루고 있다."
라고 한 것이나 한말 정만조鄭萬朝(1858~1936)의 '상원야회서上元夜會序'라
는 화제畵題를 단 「답교풍속도」에 여자가 그려져 있지 않은 데서도 여자들
이 답교놀이에서 배제되었음을 알 수 있다.

석전石戰은 편전[邊戰]이라고도 하며 5월 단오에 행하는 김해지방 말고는
대개 정월 보름날 밤(서울)이나 16일 밤(안동)에 많이 한다. 그러나 『고려사
高麗史』나 이색李穡의 『목은고牧隱稿』 등을 보면 이전부터 대부분 지역에서
단오 때 한 것으로 나와 이 역시 단오의 쇠퇴와 관련한 현상으로 보인다.

『고려사』에는 공민왕 23년(1374)에 격구擊毬와 석전놀이[石戰戱]를 금지
시켰다고 하였고(「세가世家」권44), 우왕 6년(1380)에는 임금이 석전놀이를
관람하기를 원했다고 하였는데(「열전列傳」권47), 이때는 모두 5월 단오에
행하는 것으로 되어 있다.

조선에 들어와서도 중기에 이르도록 석전은 단오 행사로 나온다. 『태종
실록太宗實錄』에 의하면 "국속國俗에 5월 5일에 넓은 가로街路에 많이 모여
서 돌을 던져 서로 싸워 승부勝負를 겨루는 습속이 있는데, 이것을 '석전石
戰'이라고 한다(태종 1년 5월 5일)."라고 하였다. 『세종실록世宗實錄』에는
"상왕(태종)이 병조참판 이명덕李明德을 보내어 석전할 사람 수백 명을 모집
하여 좌우대左右隊로 나누게 하였다(세종 3년 5월 3일)."라는 기록이 있다.
세종 때는 의금부에서 단오 석전놀이를 금하였는데 양녕대군讓寧大君 등 종
친宗親들이 이 놀이를 관전觀戰하였을 뿐 아니라 독전督戰하였다고 하여 탄
핵의 대상이 되었다.

성종成宗 때도 역시 석전놀이를 금지시켰다는 기사가 나오는데(『성종실록成宗實錄』 30권, 성종 4년 5월 6일), 이는 곧 이 놀이가 금지조치에도 불구하고 끈질기게 행해져왔음을 보여주는 것이다. 1555년(명종 10)에 왜변倭變이 일어났는데, 임금이 왜구를 진압할 방책을 의논하던 중 석전꾼[石戰軍]으로 김해金海 사람 1백 명을 뽑아 보낸 것처럼 안동安東 사람들을 뽑아 방어하게 하자는 대책이 나왔다(『명종실록明宗實錄』 18권, 명종 10년 5월 27일).

조선후기 이후 석전놀이는 단오 행사에서 대보름날 행사로 옮겨갔다. 1771년(영조 47)에 임금이 평양平壤에서 상원일, 즉 대보름날에 벌이는 석전을 엄중히 금지하게 하고, 서울에서 단오에 벌이는 씨름과 원일에 벌이는 석전도 포청에 분부해서 못 하게 할 것을 하교하였다(『영조실록英祖實錄』 117권, 영조 47년 11월 18일).

앞에 언급한 바 있지만 고상안은 상원에 장등하고 한식 때 반선, 즉 그네 뛰는 중국과 달리 우리나라에서는 초파일 때 등석하고 단오 때 반선하는데, 그 차이는 양국의 절후가 서로 다른 데서 비롯된 것이라고 보았다〔中國張燈必於上元 伴仙必於寒食 詠於騷人者久矣. 我國則以四月八日爲燈夕 於五月五日戲伴仙. 其故何哉. 蓋我邦節候異於中國 上元之夜 寒猶逼骨 寒食之時 不可御風也. 酌天氣和暖而爲之推移 雖非古例而意有存矣. (『태촌집泰村集』 권4, 「효빈잡기效嚬雜記」 상上 총화叢話(장등반선張燈伴仙))〕.

정동유鄭東愈(1744~1808)는 『주영편晝永編』에서 유두를 우리 고유의 속절로, 그리고 2월 초하루를 민중의 절일節日로 보았다(我國節日 惟流頭爲東俗. 其餘 皆中國稱節之日也. 見今小民 以二月初一日爲節日, 備酒食爲戲, 又或有祭先者 而不知其節名.). 이는 유두에 대한 『동국세시기』의 내용과 일치한다.

절일로서의 유두의 비중은 시기가 내려올수록 점차 줄어들었다. 그러나 앞서 정학유의 『농가월령가』 유월령六月令에서도 나오지만 유두는 여전히 속절로서 지켜지고 있었음을 알 수 있다.

도교적인 의미를 갖는 중원일 백중에는 우란분재라는 불가의 행사가 있는바, 고려 이후 조선초기까지 지배층이 이를 주도하거나 이에 참여하였다. 예를 들면 김시습의 『매월당집梅月堂集』에 중원과 관련한 시가 있다(新秋天氣 稍凄涼。節屆中元 設道場。奉佛梵聲 遵竺禮。招魂密語 効些章。(후략)). 그러나 유성룡이 백종, 즉 백중은 촌민들이 부모를 위한 초혼제招魂祭를 지내는 날이라고 하였듯이 조선중기 이후 사대부들은 이를 촌민들의 풍속으로 여겼다.

백중날에는 논농사를 하는 농촌지역에서는 호미씻이 행사가 벌어지는데, 문헌에는 16세기 중반부터 그와 관련된 기사들이 보이며 이를 '세서洗鋤', '세서회洗鋤會', '세서연洗鋤宴' 등 한자화한 단어로 표현하였다. 그 기사들 중에 임억령林億齡(1496~1568)의 『석천시집石川詩集』에는 "칠석에 김매기를 마치면 농사를 쉬고 호미자루의 흙을 씻은 다음 집집마다 빚은 술로 북을 두드리며 가무를 즐긴다(七月七夕時 始得畢鋤耨。田野役事休。以洗鋤柄土。家家野釀香。擊鼓而歌舞)."라고 하여 그 시기가 백중 일주일 전인 칠석임을 알 수 있다. 이것은 이앙移秧이 아닌 직파直播에 따른 농사력과 관련된 것으로 보인다. 그렇다면 호미씻이 및 그 행사를 주도한 두레조직의 형성이 마을마다 확산될 수 있었던 것은 이앙법의 보급과 인구결집이 그 주요원인으로 작용한 것이지만, 노동력의 집중적인 투입이 필요한 김매기 작업을 고려해볼 때 이앙법 보급 이전에도 인구밀집 지역에서는 이러한 행사와 조직이 나타났을 것으로 판단된다.

18세기 이후의 백중날 상황은 서유구徐有榘(1764~1845)의 『임원경제지林園經濟志』에 기록되어 있는데 칠석에는 걸립을 하고 백중날에 호미씻이 행사를 가진다고 하였다(七月七夕 作乞巧遊。是月十五日 俗稱百種日, 農人放鋤作洗鋤會。(『임원경제지』 권8 「이운지怡雲志」 촌거락사村居樂事)).

중양이란 날짜가 달의 숫자와 같은 중일重日에 챙기는 명절名節의 하나로 음력 9월 9일이다. 중일명절은 3월 3일, 5월 5일, 7월 7일, 9월 9일 등 홀수, 즉 양수陽數가 겹치는 날에 해당하므로 모두 중양重陽이지만 이중 9월 9일만 중양이라고 하며 중구重九라고도 한다. 지방에 따라서는 이를 '귈'이라고 부르는 곳도 있다. 삼월 삼짇날 강남에서 온 제비가 이때 다시 돌아간다고 한다. 가을 하늘 높이 떠나가는 철새를 보며 한 해의 수확을 마무리하는 계절이기도 하다.

중양은 중국에서는 한漢나라 이래의 오랜 역사를 가지고 있으며, 당송唐宋 대에는 추석보다 더 큰 명절로 지켜졌다. 우리나라에서도 신라 이래로 군신들의 연례모임이 이날 행해졌으며, 특히 고려 때는 국가적인 향연이 벌어지기도 하였다. 조선 세종 때에는 중삼, 즉 3월 3일과 중양을 명절로 공인하고 노인 대신들을 위한 잔치인 기로연耆老宴을 추석에서 중양으로 옮기는 등 이날을 매우 중요시하였다.

중양에는 여러 가지 행사가 벌어지는데, 국가에서는 고려 이래로 정조·단오·추석 등과 함께 임금이 참석하는 제사를 올렸고, 사가私家에서도 제사를 지내거나 성묘省墓를 하였다. 또 양陽이 가득한 날이라고 하여 수유茱萸 주머니를 차고 국화주를 마시며 높은 산에 올라가 모자를 떨어뜨리는 등고의 풍속이 있었고, 국화를 감상하는 상국賞菊, 장수長壽에 좋다는 국화주를 마시거나 술잔에 국화를 띄우는 범국泛菊, 또는 황화범주黃花泛酒, 시를 짓고 술을 나누는 시주詩酒의 행사를 가졌다. 서울 사람들은 이날 남산과 북악에 올라가 음식을 먹으면서 재미있게 놀았다고 하는데 이것도 등고하는 풍습을 따른 것이다.

중양에는 이와 같이 제사, 성묘, 등고 또는 각종 모임이 있었기 때문에 정부에서는 관리들에게 하루 휴가를 허락하였다. 그래서 관리들이 자리에 없었기 때문이기도 하였지만 또한 명절이었으므로 이날은 형 집행을 금하는 금형禁刑의 날이기도 하였다.

간혹 추석 때 햇곡식으로 제사를 올리지 못한 집안에서는 이때 뒤늦게 조상에 대한 천신을 한다. 떡을 하고 집안의 으뜸신인 성주신에게 밥을 올려 차례를 지내는 곳도 있다. 전라도 한 지역에서는 이때 시제時祭를 지내는데, 이를 '궐제'라고 한다.

김봉조金奉祖(1572~1630)는 속절차례俗節茶禮로 3월 3일, 9월 9일 및 유두일 등을 들며 포, 식해, 채소, 과일 및 시물時物을 올린다고 하였다(『학호집鶴湖集』 참조). 그러나 양수가 겹친 길일吉日이기도 하여 지배계층에서는 차례보다는 등고에 더 열중하였던 것 같다. 또 보양을 위해 국화잎을 따서 찹쌀가루와 반죽하여 국화전을 만들어 먹었고, 잘게 썬 배와 유자柚子, 석류石榴, 잣등을 꿀물에 탄 화채花菜와 술에 국화를 넣은 국화주도 담가 먹었다.

중양의 국화술은 중국의 시인인 도연명陶淵明과 관련이 있다. 그가 중양에 국화꽃밭에 무료하게 앉아 있는데 흰옷을 정갈하게 입은 손님이 찾아왔다. 그는 도연명의 친구가 보낸 술을 가지고 온 것으로 도연명은 국화꽃과 함께 온종일 취할 수 있었다고 한다. 고려 말의 학자 목은 이색도 중양에 술을 마시며 도연명의 운치를 깨달았는지 "우연히 울밑의 국화를 대하니 낯이 붉어지네. 진짜 국화가 가짜 연명을 쏘아보는구나." 라는 글귀를 남겼다. 두목杜牧이 남긴 취미翠微의 시구에도 이날 좋은 안주와 술을 마련해놓고 친구들을 불러서 실솔시蟋蟀詩를 노래하고 무황계無荒戒를 익혔다고 한다.

『고려사』에는 이날 중구연重九宴 또는 중양연重陽宴을 열었다는 기사가 있다. 이날은 국가가 규례를 정하여 내외 신하들과 송나라, 탐라耽羅, 흑수黑水의 외객들까지 축하연에 초대하였다. 조선에 들어와서도 임금이 사신使臣들에게 특별히 주연을 베풀었다. 또 탁주濁酒와 풍악을 기로耆老와 재추宰樞에게 내리고 보제원普濟院에 모여서 연회를 열게 하였다(『세종실록』 45권, 세종 11년 9월 9일).

선조宣祖 때는 예조에서 제향 절차에 대해 아뢰면서 중양이 『국조오례의國朝五禮儀』에는 속절俗節로 열거되어 있지 않지만 이날 시식時食으로써 천신하는 것이 고례古禮이므로 속절에 해당하는 제사가 행해져야 한다고 하였다(『선조실록宣祖實錄』 131권, 선조 33년 11월 25일).

이언적李彦迪(1491~1553)은 『봉선잡의奉先雜儀』에서 정조, 한식, 단오, 중추 및 중양을 속절로 여겨 아침 일찍 사당에 들러 천식薦食하고 이어 묘

앞에서 전배奠拜한다고 하였다. 이이李珥(1536~1584)는 속절을 정월 15일, 3월 3일, 5월 5일, 6월 15일, 7월 7일, 8월 15일, 9월 9일 및 납일臘日로 보았다(『격몽요결擊蒙要訣』제례장祭禮章 제7第七).

이문건李文楗의 『묵재일기默齊日記』를 보면 조선중기까지는 사가에서는 삼월 삼짇날의 답청처럼 중양은 등고 외에 간혹 간단한 천주과지례薦酒果之禮, 즉 천신례가 있을 뿐 묘제를 행하는 한식에 비하면 속절로서 크게 중요시되지 않았다. 『묵재일기』의 기사에 따르면, 이문건은 이날 감사監司, 성주城主 등과 동정東亭이 있는 북봉北峯으로 등고하여 술을 마시고 밤이 되어 파하고 내려왔다. 다음 날에는 마을에서 촌회村會가 열렸다. 촌 노인과 그 자제 등 20여 명이 임정林亭이라는 정자에 모였는데, 각자 과반果盤을 준비하였으며 음식이 매우 맛있었고 술도 떨어지지 않았으며 기녀와 악공들을 불러 노래를 연주하면서 종일 작주酌酒하였다. 해가 떨어졌음에도 술을 계속 마셨고 춤을 추다가 늦게 집으로 돌아갔다.

중양의 시제는 조선후기 이후 특히 영남지방에서 부조묘不祧廟를 모신 집안들을 중심으로 행해져왔다. 유교 제례에서는 사대봉사四代奉祀라고 하여 4대가 지나면 사당에 모시던 신주를 묘에 묻게 되어 있으며 나라에서 부조不祧, 즉 묘를 옮기지 않아도 된다는 허락이 있어야 사당에 신주를 두고 계속 기제사로 모실 수 있다. 이 부조가 인정된 조상에 대한 시제는 각별히 중일을 택하여 삼월 삼짇날이나 중양에 지내는데, 특히 중양 때가 되어야 햇곡식을 마련할 수 있어 첫 수확물을 조상에게 드린다는 의미도 갖는다. 그러나 대부분 지방에서는 중양 행사로 기로회耆老會를 열거나 중양등고라고 하여 산에 올라가 양기를 즐기는 일이 많았고 이에 따라 중양회重陽會라는 모임도 생겨났다.

김매순金邁淳은 조선전기까지는 시제보다 기제忌祭를 중요하게 여기다가 중엽에 이르러 사대부들이 시제를 중요하게 여기게 되었는데, 일 년 4회의 시제가 부담되었으므로 이를 춘추 2회로 줄여 봄에는 삼월 삼짇날에, 가을에는 중양에 지내는 자가 많아졌다고 하였다(『열양세시기』 삼월 삼일三月三日, 구월 구일九月九日). 또 추석이 햇곡식으로 제사 지내기 이른 계절이 되어 감에 따라 추수가 마무리되는 중양에 시제를 지내는 등 논농사의 발전에 따라 등고놀이보다는 조상을 위하는 날의 의미를 더해갔다.

지금도 영남지방에는 중양에 불천위제사를 지내거나 성묘를 하는 집안들이 있지만 대부분의 지방에서는 찾아보기 힘들고, 과거의 등고나 상국 등의 중양 고유의 풍속 역시 찾아보기 힘들게 되었다.


# 3. 농업세시의 지역적 다양성

## 1) 일제강점기 후반 농사와 관련한 세시놀이의 전국분포

『조선의 향토오락朝鮮の鄕土娛樂』(조선총독부, 1941년)에 실린 지역별 세시풍속은 1936년에 시행된 조사에 근거하여 작성된 것이다. 이 책은 자료의 낮은 신뢰성에도 불구하고 각 지역 세시의 특징을 부분이나마 담고 있어서 지역에 따른 비교의 근거를 제공한다.

한반도 서쪽 중부에 위치한 경기지역을 보면 세시행사의 계절은 농한기인 정월과 김매기가 끝나는 음력 7월 이후에 집중되어 있다. '호미씻이', '호미씨세' 등으로 부르는 김매기 마감행사는 칠석이나 이보다 8일 후인 백중날을 맞아 벌어진다. 날을 따로 정하지 않고 제초가 끝나는 사정을 보아 7월 중에 행하는 곳도 많다. 음력 8월 중에 행하는 곳도 있는데 고양, 시흥, 강화, 파주 등 경기 서부지역이 그렇다. 이곳은 동부지역에 비해 평야가 많고 기후도 따뜻하여 모내기 시기가 비교적 느린 곳이어서 제초 일정도 상대적으로 늦다. 겨울이 빨리 오는 이북지역과 강원도는 이보다 약간 빠르다. 강원도 양구에서는 호미씻이는 여름에 하고 별도로 복놀이를 '호미씨침'이라고 부르며 삼복에 논다.

호미씻이는 여름농사, 특히 김매기의 마감을 자축하는 농민들의 행사다. 이 세시행사가 7월 백중까지 가지 않고 음력 7월 초 또는 칠석에 열리는 것은 중부 및 그 이북 지역의 특징으로 전라도 등 아래지역보다 모내기를 일찍 시작하기 때문이다. 그러나 아래지역이라도 밭농사 중심의 고지대의 경우는 중부지역처럼 모내기도 이르고 호미씻이도 그만큼 빠르다.

백중 행사가 호미씻이와는 별도로 행해지는 곳도 많다. 호미씻이가 마을 두레조직의 행사라면 백중 행사 또는 백중장은 주로 머슴 등 고공 노동력을 위한 장이기 때문이다. 그래서 충청남도 부여나 논산 등지에서는 백중장과는 별도로 음력 7월이 아닌 음력 8월에 마을행사로 호미씻이 또는 초연草宴 행사를 가졌던 것 같다.

김매기 완료 후 본격적인 추수에 들어가기까지 그 사이에 벌어지는 세시 놀이 중 대표적인 것이 거북놀이다. 특히 경기도는 거북놀이가 가장 많이 나타나는 지역으로, 이 점으로 미루어보면 이 놀이가 여기서 발생하였을 가능성이 높다. 거북놀이는 추석이나 대보름날에 행해지는데, 추석 거북놀이가 그 성격을 잘 보여준다. 즉 추석 때면 먹을 것이 풍부하다고 하지만 중부 이남지역에서는 늦벼를 심기 때문에 그렇지 못하다. 그래서 젊은 청년들이 이 놀이를 통해 먹을 것도 챙기고 농가에 복도 빌어준다.

추석 때 거북놀이를 한다고 조사된 지역은 이천, 용인, 안성 등이다. 이 중에 특히 이천이 유명하다. 일제강점기 민속학자인 송석하에 의하면 거북놀이는 이천과 장호원 등지에서 추석날 저녁에 청년들이 풍물을 울리며 마을을 돌아다니면서 하는 놀이로, 청년들이 문 앞에서 "동해의 거북님이 우리 마을에 오셨으니 접대하라."라고 한다. 이때 거북은 동해용왕의 사자使者를 나타낸 것으로 해석되는데 왜 사해용왕이 아니라 동해용왕일까 하는 의문이 남는다. 총독부 조사가 철저하였더라면 이보다 많은 지역에서 거북놀이 사례를 찾았을 것이다. 그러나 부실한 이 조사만 가지고도 그 경향성을 읽을 수 있는데, 이들 지역이 경기 동부 내륙지역이라는 점이다. 즉 이곳은 서부지역에 비해 올벼를 심는 면적이 넓다. 송석하에 의하면 거북 대신 소를 소재로 하였을 뿐 거북놀이와 유사한 소놀이 또는 '소멕이'가 황해도 황주군 송림면에 전한다고 하는데, 일종의 기풍祈豊 민속으로 정월이나 추석에 한다고 한다.

개성에서는 취군聚軍이라고 하여 중류계층 이하의 남자들이 정월과 초파일에 군악과 행렬을 즐겼다고 하였는데, 조선시기의 군역이 사라진 일제강점기임에도 그 조직은 해체되지 않고 남아 있었던 것은 아닐까 생각된다.

안성에서는 여름에 아이들이 제붕堰崩놀이를 했다고 하는데, 충청북도 영동지방에서도 이와 유사한 보洑놀이라는 아이들 놀이가 있다. 논에 물을 대기 위해 막아두었던 둑을 터주는 일이 아이들의 놀이로 나타난 지역이 이외에도 여러 군데 있었을 것인데, 보고된 자료로는 이것뿐이다.

장치기놀이는 여러 지역에서 보고된 바 있지만 특히 안성에서는 이를 고려 고종 때의 무신인 송문주宋文胄 장군과 연결시킨다. 즉 송문주 장군이 죽주산성에서 아이들에게 가르쳤던 놀이라는 것이다. 송문주 장군은 1231년(고종 18) 구주성龜州城에서 몽고군의 공격을 물리치는 데 공을 세웠고, 1236년에는 죽주방호별감竹州防護別監이 되었다. 이듬해에 몽고군이 죽주산성을 공격하자 구주성 전투를 경험 삼아 15일 동안 싸워 적을 물리치자 사람들이 신명神明이라 일컬었다고 한다(『여지도서輿地圖書』 경기도京畿道 죽산부竹山府 고적古跡 참조). 장치기라는 놀이의 유래를 실존인물과 연결시킨 사례가 될 것이다.

이 책이 1936년에 조사된 자료를 담고 있다고 전제한다면 이를 통해 경기지역에서 발견되는 또 하나의 특징은 탈놀이 또는 산대놀이가 여전히 행해지고 있었다는 점이다. 양평, 포천, 파주 등지에서는 산대놀이가 겨울철 이외에 수시로 행해진다고 하였는데, 이는 장소와 날을 정해놓고 하는 의례보다는 수요자의 요청에 의해 행해진 공연이었음을 짐작하게 한다. 특히 용인은 산대패와는 직접 관련이 없는 지역임에도 불구하고 오광대놀이, 가면극,

사자놀이 등이 공연되었다고 한다. 이 중 오광대의 경우는 개인의 생일이나 회갑 때 행해져 사당패와 같은 극단의 공연이었을 가능성이 크며, 그 외 가면극이나 박첨지, 홍동지 등과 같은 인형극은 초파일에, 그리고 사자놀이는 추석 때 공연되어 전문예인들보다는 마을 주민이나 아이들에 의해 행해졌을 것으로 짐작된다. 황해도의 경우는 주로 단오 행사로 박첨지놀이나 홍동지 놀이, 사자희獅子戲 등이 행해진다. 박첨지놀이는 황해도를 비롯하여 평안남 북도, 함경남북도, 강원도 등 경기 이북지역에 골고루 분포되어 나타나며 정월과 음력 2월 농한기 때 전문예인 출신이 연행하였던 것 같다. 경기 이남에서는 경상남도 함안에서 정월이나 음력 2월, 즉 농한기에 박첨지놀이를 하였다는 조사 결과가 있는데, 전문예인에 의한 것은 아니었던 것 같다.

경기 이북지역은 아무래도 단오 행사가 많았던 곳으로, 황해도 옹진의 탈놀이, 송화의 산대희, 황주의 가면극, 평안남도 순천의 사자희, 함경북도 명천의 광대놀이와 사자희, 성진의 정률庭律, 즉 광대놀이, 무산의 박첨지놀이 등이 단오 때 행해졌다. 반면 호미씻이 등 논농사와 관련된 세시풍속은 이 지역에서는 드물게 나타났는바, 시기는 주로 음력 6월이나 7월, 또는 여름이라고 조사되었다. 황해도 서흥지역에서는 음력 6월 하순이라고 하였다. 황해도 연백지역에서는 호미씻이는 보이지 않는 대신 단오 때 '장풍놀이', 즉 창포菖蒲놀이가 행해졌다고 한다. 그리고 여전히 봄과 가을로 성황제가 행해진 곳도 많았다. 세시행사가 초파일에 행해진 경우도 있는데, 황해도 송화지역과 함경남도 영흥지역에서는 이날 사자희를 하였다고 한다.

북부지역에서는 국사당제와 성황제가 같은 의례로 나오는 경우가 있는가 하면 구분 지어 행해졌던 곳도 많다. 강원도 강릉지역에서는 성황신을 모시는 강릉단오제가 대표적으로 알려져 있지만 조사에서는 단오 행사로 나오지 않으며 성황제와 국사당제도 구분하고 있다. 이것은 아마도 향토오락이 마을 단위로 행해진 결과를 반영한 것으로 보인다. 즉 강릉에서는 일제강점기에 이르면 고을을 중심으로 설치되고 행해졌던 성황사의 성황제가 마을 단위로 내려와 행해졌기 때문이다.

강릉단오제는 일제강점기 때 중단되었지만 한말에 이미 그 성격에 변화가 있었다. 허균이 쓴 대관령 산신에 대한 찬시 서문인 「대령산신찬大嶺山神贊」 병서并序에 의하면, 강릉 고을 사람들은 음력 5월 초하룻날에 대령신을 맞이하는데 대령신은 바로 신라 대장군 김유신金庾信이며 닷샛날 잡희雜戱로 그를 기쁘게 해드린다고 하였다. 조선 초에 김유신을 모시던 사당이 성황사로 합사合祠되면서 위의 기록처럼 이후 그가 성황제의 주신자리를 지켜왔다. 그러다가 1884년에 후손들이 원래의 사당자리인 화부산花浮山에 사당을 짓고 성황사에서 위패를 옮기면서 단오제를 포함한 성황제의와의 인연이 끊어지게 된다.

강원도 홍천이나 춘천 지역의 경우도 국사당제와 성황제를 구분하였다. 단지 홍천의 경우는 둘 다 봄과 가을로 제를 지낸다고 하여 마을에 따라 그 명칭이 달랐던 것 같다. 춘천의 경우는 국사당제를 마을제로 보았고 성황제는 가을 수확 후에 행하는 거리제로 보았다. 황해도 봉산에서는 여름에 호미씻이를 하고 음력 7월 10일에 국사당제를 지낸다고 하였으며, 서흥지역에서는 음력 6월 하순경에 호미씻이를 하고 봄과 가을로 성황제를 지내는데 주민은 이를 부군제로 부른다고 하였다. 또 수안지역에서는 음력 4월 하순경에 오광대놀이를 하고 박첨지나 홍동지 놀이, 그리고 답색, 즉 줄타기는 광대들을 불러서 하는데 수시로 한다고 하였다.

별신제에 대한 조사 결과도 드물지 않게 보인다. 이러한 풍속 역시 적어도 이때까지는 많이 남아 있었던 것 같다. 우선 경기도의 경우 진위에서 음력 4월에 별신제가 있다고 하였고, 충청북도 진천, 충주, 제천 등의 지역에서는 시장의 번영을 위해, 또는 장 위치가 변경되었을 때 이를 알리기 위해 상인들이 주도하여 별신제를 연다고 하였다. 특히 제천의 경우는 초파일에 상인들 주도로 시장에서 별신제를 지낸다고 하였다.

강원도 춘천은 국사당제와 성황제가 별도로 행해지던 곳인데, 여기에 별신제가 여름과 가을에 두 차례 행해지다가 폐지되었다고 한다. 춘천지역에서는 이외에도 지신밟기가 음력 2월경에, '호미씨시'는 음력 7월경에, 농사의 수고를 위로하는 농공제農功祭는 음력 10월경에 열렸고, 박첨지놀이나 홍동지놀이는 흥행단이 농한기 때면 수시로 와서 공연했다고 한다.

강원도 정선지역에서는 겨울을 뺀 봄, 여름, 가을에 한 차례씩 별신제를 연다고 하였고 원주에서는 음력 7월 중에 행한다고 하였다. 지금은 주로 안동 등 경상북도 지역에서 행해지는 것으로 알려진 놋다리놀이는 이곳 정선지역에서도 나타나는데, 시기는 정월 15일이다.

강원도 삼척지역에 보이는 특징적인 민속의 하나는 산제山祭인데, 주민은 '산멕이'라고 부른다. 실은 이것은 삼척뿐 아니라 강릉 등에서 매우 광범위하게 행해지던 민속인데, 당시에는 단지 삼척에서만 조사되었을 뿐이다. 그런데 삼척에서는 이 산제를 봄에 각 문중에서 행한다고 하는데 이것이 일반적인 의미의 '산멕이'와는 성격이 다른 것인지, 아니면 가족행사가 문중 단위로 확대된 것인지 모르겠다.

경상남도 동래에서는 정월 16일부터 5일간 별신제를 갖는데 마을 주민이 주도한다고 한 것을 보아 마을 단위에서 행해졌던 것 같다. 매년 여는 것이 아니라 3년 또는 5년의 간격을 둔다고 한다. 마을에서는 정월 중에 산대회를 여는데, 이 경우도 직업적인 예인보다는 재능이 있는 마을 주민이 주동이 되었던 것 같다.

충남지역에서 행해진 대보름날의 답교踏橋와 석전石戰은 경기지역과 같다고 하였다. 서산, 당진, 아산 등 내포지역이 유사하다는 설명도 달았다.

특기할 만한 충청남도 세시풍속 중의 하나는 '연권筵卷', 즉 우리말로 멍석놀이다. 천안과 아산에서 이러한 사례가 소개되었는데, 천안에서는 여름밤에, 아산에서는 가을밤에 한다는 점이 다르다. 특히 아산의 멍석놀이에 대해서는 다음과 같이 자세히 소개하였다.

가을밤에 10여 명의 아이가 일렬로 손을 잡고 나란히 선다. 줄의 끝에 선아이가 놀이를 지휘하는 역할을 한다. 지휘자가 "저기 산으로부터 보슬비가 내리면 멍석을 말아라."라고 하면 이 소리에 응해 지휘자를 중심으로 줄서 있던 아이들이 전부 그 주위로 말려든다. 다음에는 마지막에 말려 붙은 자가 "비가 그쳤으니 멍석을 펴라."라고 말하면 밖에서부터 떨어져 나가 원래 위치로 선다.

천안지역에서는 봄에 일기회─酒會라는 모임이 있는데, 남자로 구성된 참석자들이 각기 집에서 잘하는 요리 한 그릇씩 들고 와 서로 나누어 먹으며 주효와 가무로 하루 종일 노는 모임을 가진다고 하였다. 천안의 추석 거북놀이에 대해서는 청소년들이 부잣집을 방문할 때 부르는 노래를 소개하였다. "거북아 거북아 놀아라. 만석거북아 놀아라. 천석거북아 놀아라."

부녀자들의 공동노동 형태인 길쌈두레는 거의 전국적으로 분포되어 있었다. 특히 충청남도 모시생산 지역에서의 길쌈은 '모시두레'라고 하여 음력 7, 8월에 각 마을의 여자들이 모여 일단─團, 즉 한 무리를 이루어 순서에 따라 매일 밤 계속 모시 직조작업을 하는데, 일을 하면서 서로 재미있는 이야기를 나누거나 노래를 부르는 등 즐거운 시간을 갖는다고 하였다. 서천에서는 미혼 여자들이 대개는 한 무리를 이루어 순서대로 단원의 일을 공동으로 맡아 해나간다. 일을 마칠 때는 감주 또는 술을 마련하여 위로잔치를 연다고 하였다.

다음은 『조선의 향토오락』을 기본으로 구성한 내용이다. 시기는 모두 음력이다.

## 경기도

| 지역 | 명칭 | 시기 | 주최 | 비고 |
|------|------|------|------|------|
| 개성 | 취군聚軍 | 정월, 4월 8일 | 중류 이하 남자 | |
| 고양 | 호미씨세 | 8월 중 | | |
| 광주 | 거북놀이 | 정월 | 청소년 | |
| | 호미씨세 | 7월 | | |

| | | | | |
|---|---|---|---|---|
| 양평 | 호미 | 제초 끝난 후 | | '호미'는 호미씻기를 뜻함. |
| | 산듸(산대) | 겨울 이외 | 일반 남자 | |
| 연천 | 호미 | 7월 15일 | | |
| 포천 | 호미 | | | |
| | 산대회 | 수시 | 하급자 | |
| 여주 | 호미 | 여름 | 농민 | |
| 이천 | 거북놀이 | 추석 | 남자/아이들 | |
| | 호미 | 7월 중순 | | |
| 용인 | 오광대 | 수시 | 마을 주민 | 생일, 회갑 등 |
| | 가면극 | 4월 8일 | 농민 | 박첨지, 홍동지 놀이 |
| | 호미 | 7월 말 | | |
| | 거북놀이 | 8월 15일 | 농민, 경기지방 동일 | |
| | 사자회 | 8월 15일 | 남자아이들 | |
| 안성 | 답교 | 정월 15일 | 마을 주민, 경기지방 동일 | |
| | 호미 | 7월 15일 | | |
| | 거북놀이 | 추석 | | |
| | 제붕堤崩놀이 | 여름 | 아이들 | |
| | 장치기 | 수시 | 아이들, 경기지방 동일 | 고려 송문주宋文胄 장군將軍 산성山城 |
| 진위 | 호미 | 7월 중 | | |
| | 별신 | 4월 | 마을 주민 | |
| 수원 | 호미 | 7월 중 | | |
| 시흥 | 호미 | 8월 | | |
| 부천 | 호미 | 7월 15일 | | |
| 김포 | 호미 | 7월 15일 | | |
| 강화 | 호미 | 7, 8월 중 | | |
| 파주 | 산대 | 수시 | 남자 | |
| | 호미 | 7, 8월 중 | | |
| 장단 | 수신제水神祭 | 2월 | 마을 주민 | |
| 개풍 | 호미 | 7월 15일 | | |
| | 구일회 | 9월 9일 | | |

**강원도**

| 지역 | 명칭 | 시기 | 주최 | 비고 |
|---|---|---|---|---|
| 춘천 | 별신 | 여름, 가을 | | 폐지 |
| | 국사당제 | 2월 초순 | 마을 주민 모두 | |
| | 지신답 | 2월경 | | |
| | 호미씨시 | 7월경 | | |
| | 농공제 | 10월경 | | |
| | 성황신제, 거리제 | 가을 수확 후 | | |
| | 박첨지, 홍동지 | 농한기 | 홍행단 | |
| | 농상계 | 수시 | 농민 | |
| 인제 | 호미 | 제초 마칠 무렵 | | |
| | 별신 | 가을 농한기 | 마을 주민 | |
| | 국사당제, 국수당 | 봄, 가을 2회 | 마을 주민 | |
| | 권대감제權大監祭 | 봄, 가을 | 마을 주민 | |
| 양구 | 거화전, 횃불쌈 | 정월 15일 후 4일 동안 | 청소년 | |
| | 호미 | 여름 | | |
| | 호미씨침伏遊び | 초, 중, 말복 | 마을 주민 | '遊び'는 놀이라는 뜻 |
| 통천 | 호미 | 7월 중순 | | |
| | 답색, 줄타기 | 수시 | 유산계급 | |
| 고성 | 사자회 | 정월 중 | | |
| | 마광대놀이 | 정월 15일 전후, 8월 15일 | 여자 | |
| | 성황신제 | 봄, 가을 | 두민頭民 | |
| | 공동놀이(호미 포함) | 여름 | | |
| | 별신 또는 별시別市 | 수시 | 마을 주민 | |
| 양양 | 성황신제 | 정월, 11월 초, 정일 | | |
| | 호미 | 전식 후 | | |
| | 사자회 | 가을경 | 아이들 | |
| | 박첨지 | 수시 | 남자 | |
| | 지게행상 | 수시 | 나무꾼 아이들 | |
| 강릉 | 거북놀이 | 정월 | 아이들 | |
| | 국사당제 | 봄, 가을 | | |
| | 성황신제 | 정월, 12월 | | |
| | 호미 | 8월 중순 | | |
| 삼척 | 성황신제 | 정월 | 마을 주민 | |
| | 近入〔글입〕 | 정월 | | |

| | | | |
|---|---|---|---|
| | 산제山祭 | 봄 | 각 문중 |
| | 샘굿 | 수시 | |
| 울진 | 성황신제 | 봄, 가을 | 마을 주민 |
| | 호미 | 여름 | |
| | 박첨지 | 수시 | 청년 |
| | 사자놀이 | 수시 | |
| 정선 | 놋다리놀이 | 정월 15일 | 여자 |
| | 별신 | 봄, 여름, 가을 | 마을 주민 |
| | 성황신제 | 수시 | 농민 |
| | 호미 | 여름 | |
| 평창 | 호미 | 제초 마친 후 | |
| | 성황신제 | 봄, 가을 | |
| 영월 | 일꾼날 | 2월 1일 | 농가 |
| | 호미 | 7월 중 | |
| | 박첨지, 홍동지 | 7월경 | |
| | 오광대 | 수시 | 마을 주민 |
| 원주 | 성황신제 | 봄, 가을 | |
| | 별신 | 7월 중 | |
| | 호미 | 7월 중 | |
| | 사자놀이 | 수시 | 마을 주민 |
| | 박첨지놀이 | 수시 | 마을 주민 |
| 횡성 | 성황신제 | 봄 | |
| | 호미 | 6월 중순경 | |
| | 구마驅馬 | 12월경 | 남자 아이들 |
| 홍천 | 박첨지 | 농한기 | 농민 |
| | 국사당제 | 봄, 가을 | 마을 주민 |
| | 성황신제 | 봄, 가을 | 마을 주민 |
| | 호미 | 6월 15일 | |
| | 오광대 | 수시 | 예인 |
| 화천 | 호미 | 7월 중 | |
| | 입향례 | 봄 | 이주자 |
| 김화 | 호미 | 7월 | |
| | 성황신제 | 가을 | 마을 주민 |
| 철원 | 박첨지 | 수시 | 유랑예인 |
| 평강 | 성황신제 | 봄, 가을 | 마을 주민 |
| | 박첨지 | 수시 | |
| 이천 | 호미 | 7월 15일 | |
| | 성황신제 | 수시 | 일반 농가 |

## 충청북도

| 지역 | 명칭 | 시기 | 주최 | 비고 |
|---|---|---|---|---|
| 청주 | 호미 | 7월 7일 또는 15일 | | |
| | 거북놀이 | 8월 15일 | 아이들 | |
| 보은 | 호미 | 7월 중순 | | |
| 옥천 | 호미 | 7월 중 | | |
| 영동 | 지신답 | 정월 또는 수시 | | |
| | 호미 | 7월 중 | | |
| | 보洑놀이 | 여름 | 아이들 | 제류堤流와 같은 내용 |
| 진천 | 호미 | 7월 중 | | |
| | 별신 | 수시 | | |
| 괴산 | 호미 | 7월 15일 전후 | | |
| 음성 | 호미 | 7월 중 | | |
| | 거북놀이 | 정월 15일, 추석 | 아이들 | |
| 충주 | 호미 | 7월 | | |
| | 별신 | 수시 | 상인 | |
| | 거북놀이 | 8월 15일 | 아이들 | |
| 제천 | 별신 | 4월 8일 | 상인 | |
| | 호미 | 7월 | | |
| 단양 | 호미 | 7월 | | |

## 충청남도

| 지역 | 명칭 | 시기 | 주최 | 비고 |
|---|---|---|---|---|
| 보령 | 줄다리기 | 정월 | | |
| | 호미씻이 | 8월 | | |
| | 백중장 | 7월 중 장날 | | |
| 홍성 | 줄다리기 | 정월 | | |
| | 화적禾積 | 정월 15일~2월 1일 | | |
| | 백중장 | 7월 15일경 | | |
| 예산 | 화적 | 정월 15일~2월 1일 | | |
| | 호미씻이 | 8월 | | |
| 청양 | 줄다리기 | 정월 15일 | | |
| | 호미씻이 | 7월 중 | | |
| | 백중장 | 7월 12~15일 | | |
| 대덕 | 줄다리기 | 정월 8일 | | |
| | 호미씻이 | 7월 중 | | |

|      | 백중장 | 7월 7일 | 고인雇人 | |
| --- | --- | --- | --- | --- |
|      | 별신(제) | 지정일 없음. | 임시 상인 | |
| 서산 | 베가레(볏가릿대) | 정월 15일~2월 1일 | | |
|      | 호미씻이 | 8월 중 | | |
|      | 모시두레 | 8월 | | |
|      | 거북이놀이 | 8월 15일 | | |
| 당진 | 줄다리기 | 2월 중, 8월 15일 | | |
|      | 두레농악 | 정월, 2월 1일, 제초 때, 8월 15일 | | |
| 아산 | 호미씻이 | 7월 중 | | |
|      | 멍석놀이 | 가을밤 | | |
| 연기 | 줄다리기 | 정월 | | |
|      | 칠석(행사) | 7월 7일 | | 마을길 수리 후 주식酒食 |
|      | 호미씻이 | 7월 중 | | |
| 천안 | 줄다리기 | 정월 15일 | | |
|      | 일기회一器會 | 봄 | | 각자 음식 1기씩 가져오는 모임 |
|      | 호미씻이 | 칠석 | | |
|      | 백중장 | 7월 중 | | 고인傭人을 위한 장場 |
|      | 거북놀이 | 8월 15일 | | |
|      | 멍석놀이 | 여름밤 | | |
| 공주 | 줄다리기 | 정월 15일 | | |
|      | 호미씻이 | 7월 중 | | |
|      | 백중장 | 7월 13일경 | | 고인傭人을 위한 장場 |
| 논산 | 초연草宴 | 5월, 8월 | | |
|      | 호미씻이 | 7월 중 | | |
| 부여 | 모시두레 | 7월이나 8월 중 | 부녀자들 | |
|      | 산유山遊 | 8월 17일 | 고을 주민 | 유봉산에 모여 유락 |
| 서천 | 모시두레 | 가을 | 부녀자들 | |
|      | 호미씻이 | 7월 7일 | | |
|      | 산유山遊 | 8월 17일 | 부녀자들 | |

## 전라북도

| 지역 | 명칭 | 시기 | 주최 | 비고 |
|---|---|---|---|---|
| 전주 | 호미 | 7월 15일 | | |
| | 술매기 | 봄, 가을 | 마을 주민 | 마을청소 끝난 후 모임 |
| | (교주회交酒會) | | | |
| 진안 | 호미 | 백종, 7월 중 | | |
| | 술매기 | 봄, 가을 | | |
| | (교주회交酒會) | | | |
| 금산 | 농사農社 | 6, 7월 | | |
| | (교주회) | | | |
| | 호미 | 백종, 7월 중 | | |
| 무주 | 호미 | 7월 15일 | | |
| 장수 | 호미 | 7월 15일 | | 세서, 백종, 초연草宴 |
| 남원 | 호미 | 7월 15일, 7월 중 | | |
| 정읍 | 호미 | 7월 15일 | | |
| 부안 | 답교 | 정월 15일 | | |
| | 농악 | 정월 | | 제초 명절 |
| | 음주례=호미 | 7월 중 | | |
| 김제 | 농부놀이=호미 | 7, 8월 | | |
| 옥구 | 농연農宴 | 여름 | | |
| 익산 | 오광대 | 정월 상순 | | |
| | 호미 | 7월 15일 | | |

## 전라남도

| 지역 | 명칭 | 시기 | 주최 | 비고 |
|---|---|---|---|---|
| 광주 | 광대놀이 | 정월 | 농민 | 호랑이, 토끼 등 가면 출연 |
| | 호미 | 7월 15일 | | |
| 곡성 | 산대회 | 수시 | 남녀아이들 | |
| 구례 | 매귀 | 정월 중 | 농민 | |
| 광양 | 호미 | 모내기 후 | 농민 | |
| 여수 | 매귀, 지신답 | 정월 | 남자 | |
| | 호미 | 늦은 여름 | | |
| 순천 | 호미 | 모내기 후 | 농민 | |
| 고흥 | 마초세馬鍫洗 | 김매기 후 | 농민 | '馬鍫洗'의미는 '써레부심'으로 추정 |

| 지역 | 명칭 | 시기 | 주최 | 비고 |
|---|---|---|---|---|
| | 호미 | 6월 중 | | |
| 보성 | 산대희 | 가을 | 아이들 | 산 경사지에서 |
| 화순 | 호미 | 7월 14일 | | |
| 장흥 | 호미 | 모내기 후 | | |
| 강진 | 매굿 | 6월 유두, 7월 백중 | | |
| | 호미 | 여름 | | |
| 담양 | 초연 | 정월, 6월 제초기, | | |
| | | 7월 백중 | | |
| | 호미 | 여름 | | |
| 장성 | 호미 | 여름 | | |
| 해남 | 호미 | 여름 | | |
| 영암 | 농장農壯 장원례 | 제초 끝난 후 | | |
| | 호미 | 7월 중 | | |
| 함평 | 농장원 | 7월 하순경 | | |
| | 호미 | 7월 중 | | |
| 영광 | 호미 | 5월 | | |
| 완도 | 걸군乞軍 | 정월 중 | | |
| | 매귀 | 정월 | 청년 | |
| | 장원놀이 | | | |
| 제주도 | 백종 | 7월 14일 | | |

## 경상북도

| 지역 | 명칭 | 시기 | 주최 | 비고 |
|---|---|---|---|---|
| 대구 | 초연 | 8월 중 | | |
| 달성 | 회초會草(會招) | 춘추 | 마을 주민 | 천유川遊 |
| | | | | (개천에서 천렵) |
| | 농부놀이 | 농한기 | 용인傭人 등 | |
| 의성 | 호미 꼼비기 | 여름 | 농부 | |
| 안동 | 차전 | 정월 15일 | 남자 장년 | |
| | 초연 | 음력 7월경 | | |
| | 호미 | 8월 중 | | |
| 청송 | 호미 | 농사 시기 | | |
| 영양 | 호미 세서연 | 7월 초순 | | |
| 영덕 | 메밀노래 | 가을에서 겨울까지 | 여자 | |
| | 베틀노래 | 겨울에서 봄까지 | 여자 | |
| 영일 | 호미 | 여름 | | |

| 경주 | 초연 | 8월 중 | | 호미씻이와 동일 |
|------|------|--------|---|----------------|
| 영천 | 호미 | 하답夏畓 2번 제초 후 | | |
| 청도 | 지신답 | 정월 | | |
| | 호미 | 7월 중 | | |
| 경산 | 호미 | 세벌 제초 후 | | |
| 고령 | 호미 | 세벌 제초 후 | | |
| 성주 | 초연 | 7월 15일에서 일주일간 | | |
| 김천 | 호미 | 세벌 제초 후 | | |
| 선산 | 초연 | 7월 중 | | |
| 상주 | 호미 | 7월 하순 | | |
| | 초연 풋굿 | 8월 중순경 | | |
| 문경 | 초연 | 7월 | | |
| | 석전 | 8월 15일 | 아이들 | |
| 영주 | 호미 | 7월경 | | |
| | 초연 | 8월 중 | | |
| 봉화 | 초연 | 여름 | | |
| | 호미 | 7월 초순 | | |

## 경상남도

| 지역 | 명칭 | 시기 | 주최 | 비고 |
|------|------|------|------|------|
| 진양 | 호미 | 여름 | | |
| 의령 | 성황신제 | 수시 | 마을 주민 | |
| 함안 | 박첨지 | 정월, 2월 | 남자 | |
| | 성황신제 | 수시 | | |
| | 호미 | 여름 | | |
| | 초연 | 7월 15일 | | |
| | 거북놀이 | 수시 | 아이들 | |
| 창녕 | 호미 | 제초 후 | | |
| 밀양 | 호미 | 6월 중 | | |
| 양산 | 호미 | 6월 하순 | | |
| 울산 | 호미 | 6, 7월 | | |
| 김해 | 호미 | 7월 중 | | |
| 동래 | 별신 | 정월 16일에서 4월 5일 사이, 3~5년 간격 | 마을 주민 | |

|  |  |  |  |  |
|---|---|---|---|---|
|  | 지신답 | 정월 중 |  |  |
|  | 산대회 | 정월 | 마을 주민 |  |
|  | 호미 | 농기農期 |  |  |
| 창원 | 호미 | 모내기 후 |  |  |
| 통영 | 성황신제 | 정월 상순 | 관청 주체 관민 일동 |  |
|  | 덕석몰이 | 정월 | 소녀 |  |
|  | 호미 | 여름 |  |  |
| 고성 | 호미 | 6월 말 |  |  |
|  | 색전 | 6, 8월 중 |  |  |
|  | 草くらべ | 봄~가을 | 농민 남자 | 'くらべ'는 겨루기란 뜻 |
| 사천 | 용신제 | 6월 15일 | 농민 | 풍년을 기원 |
|  | 성황신제 | 2월 상순 |  |  |
|  | 농공제農功祭 | 6월 중순 |  |  |
|  | 호미 | 초여름 |  |  |
| 남해 | 호미 | 내용 없음. |  |  |
| 하동 | 호미 | 6월 상순 |  |  |
| 산청 | 호미 | 모내기 종료 후 |  |  |
| 함양 | 호미 | 7월 15일경 |  |  |
| 거창 | 성황신제 | 정월 |  |  |
|  | 호미 | 봄 |  |  |

## 황해도

| 지역 | 명칭 | 시기 | 주최 | 비고 |
|---|---|---|---|---|
| 연백 | 박첨지 | 정월 |  |  |
|  | 소놀이牛まね | 봄, 가을, 겨울 | 농민 | 'まね'는 흉내란 뜻 |
|  | 호미 | 안 보임. |  |  |
|  | 장풍(창포菖蒲)놀이 | 단오 전후 | 일반 남녀 |  |
| 김천 | 호미 | 7월 7일 |  |  |
|  | 박첨지 | 봄, 가을 | 하류 남자 |  |
|  | 오광대놀이 | 봄, 가을 | 하류 남자 |  |
| 평산 | 박첨지 | 수시 | 하급 남자 |  |
| 신계 | 성황제신 | 봄, 가을 |  |  |
|  | 오광대 | 수시 | 남자 |  |
| 옹진 | 가면극, 탈춤 | 단오 |  |  |
|  | 박첨지 | 수시 | 농민 |  |

| | | | | |
|---|---|---|---|---|
| 장연 | 성황신제 | 7, 12월 | 마을 주민 | |
| 송화 | 사자회 | 4월 8일, 단오 | | |
| | 산대회 | 단오 씨름 | | |
| | 호미 | 7월 | | |
| 은율 | 호미 | 여름 | 남자 | |
| | 사자회 | 수시 | 남자 | |
| 안악 | 호미 | 가을 | | |
| | 산대회 | 수시 | 남자 | |
| | 성황신제 | 수시 | 여자(?) | |
| | 박첨지 | 수시 | 남자 | |
| 신천 | 호미 | 7월 | | |
| 재령 | 홍동지 | 절기 | 마을 주민 | |
| | 오광대 | 수시 | 마을 주민 | |
| 황주 | 사자회 | 정월 중 | 농민 | |
| | 가면 용踊 | 단오 | 남자 | |
| | 호미 | 여름 | | |
| | 박첨지 | 수시 | 마을 주민 | |
| 봉산 | 호미 | 여름 | | |
| | 국사당제 | 7월 10일 | 남자 | |
| 서흥 | 농공제農功祭 | 7월 7일 | 주부 | |
| | 성황신제 | 봄, 가을 | 주민 | 일명 '부군제' |
| | 호미 | 6월 하순 | | |
| 수안 | 오광대 | 4월 하순경 | 농민 | |
| | 성황신제 | 연 3회 | 마을 주민 | |
| | 박첨지, 홍동지 | 수시 | 홍행단원 | |
| | 답색 | 수시 | 광대(예인) | |
| | 호미 | 여름 | | |
| 해주 | 호미 | 7월 초순경,<br>제초 종료 후 | | |
| | 유두 | 6월 15일 | | |
| | 농상계農桑契 | 7월 농한기 | | |

## 평안북도

| 지역 | 명칭 | 시기 | 주최 | 비고 |
|---|---|---|---|---|
| 의주 | 석전, 편전 | 연말 연시 | 청년 | |
| 정주 | 파결의派決意7 | 봄부터 가을 | 마을 주민 | 지금은 보기 힘듦. |
| 선천 | 평양감사놀이 | | | |
| | 나무꾼놀이 | 겨울 | | |
| | 호미 | 5월 중순 | | |
| 철산 | 홍동지놀이 | 정월 중 | 청소년 | 지금은 없음. |
| | 박첨지놀이 | 정월 중 | 청소년 | |
| | 호미 | 여름 제초 후 | | |
| 용천 | 호미 | 제초 후 | | |
| | 박첨지 | 유두 | 마을 주민 | |
| 자성 | 처용놀이 | 정월 1~15일 | 여자 | |

## 평안남도

| 지역 | 명칭 | 시기 | 주최 | 비고 |
|---|---|---|---|---|
| 평양 | 석전 | 정월 | 청년 | |
| | 색전 | 여름 | | |
| | 호미 | 7월 15일 | | |
| 대동 | 석전 | 한식일 | 청장년 | |
| 순천 | 사자회 | 단오 | 남자 | |
| 양덕 | 동수연洞首宴 | 연 1회 | 남자 | 동수洞首에 경의를 표함. |
| 중화 | 석전 | 한식일 | 청소년 | |
| | 광대 | 회갑일 | 악공 등 장인 | |
| 용강 | 박첨지 | 정월 | 마을 주민 | |
| | 오광대 | 회갑일 | 중류 이상 가정 | |
| 평원 | 풍어놀이 | 정월 14, 15일 | 어부 | |

---

7 정주定州의 복축福祝놀이: 150여 호의 어촌에서 정초부터 보름까지 기旗와 등燈을 넓은 마당에 달고 매일 장고에 맞추어 난무를 하며 "사해용왕이 도와 청남청북에 도장원이 되게 해달라."라고 빈다(「조선중앙일보朝鮮中央日報」, 1934. 4. 26.).

## 함경북도

| 지역 | 명칭 | 시기 | 주최 | 비고 |
|------|------|------|------|------|
| 경성 | 다리밟이 | 정월 15일 밤 | 마을 주민 | |
| | 화전회花煎會 | 4월 8일 | | |
| | 복伏놀이 | 복일 | 일반 농가 | 풍년 기원 |
| | 사자회 | 추석 전후 | 아이들 | |
| 명천 | 가막달기달 | 정월 첫 미일未日 | 여자 | 오곡밥을 만들어 먹고 윷놀이하며 놀기 |
| | 쥐불지지기 | 정월 자일子日 | 마을 주민 | |
| | 구러달기달 | 2월 1일 해변에서 | 여자 | |
| | 광대놀이 | 단오 | 남자 | |
| | 사자회 | 단오, 추석 | 남자 | |
| 길주 | 산제 | 봄, 가을 357 | 마을 주민 | 산 나무 아래에서 산메이 |
| 성진 | 정률庭律 광대 | 단오 또는 수시 | 남자 | |
| | 산천 여제厲祭 | 계절마다 연 4회 | 농민 | |
| 부령 | 봉전烽戰 | 정월 15일, 8월 15일 | 남자 | |
| | 국사당제 | 봄, 가을 | 마을 주민 | |
| 무산 | 박첨지 | 단오 또는 수시 | 마을 주민 | |
| | 도신禱神 | 봄, 여름 또는 봄, 가을 | 마을 주민 | |
| | 국사당제 | 수시 | 마을 주민 | |
| | 사자회 | 수시 | 마을 주민 | |
| 회령 | 답교 | 정월 15일 | 마을 주민 | |
| | 동제 | 3월, 4월 중순 | 동 전체 | |
| 종성 | 사자회 | 정월 | 농민 | |
| 경원 | 사자회 | 가을 | 청년 | |

## 함경남도

| 지역 | 명칭 | 시기 | 주최 | 비고 |
|------|------|------|------|------|
| 함주 | 거화회 | 2월 초순 | 소년 | |
| | 목동계牧童契 | 2월 중 | 하류 남자 | |
| 정평 | 사자놀이 | 수시 | 남자 | |
| 영흥 | 사자회 | 4월 8일 | 마을 주민 | |
| 고원 | 가면놀이 | 정월 15일 전후 | 남자 | |
| | 처용 | 정월 | 마을 주민 | |

| | 호미 | 여름 | |
| --- | --- | --- | --- |
| | 박첨지, 홍동지 | 명절 | 마을 주민 |
| 안변 | 호미 | 6월 중순 | |
| 홍원 | 박첨지, 홍동지 | 정월 | 남자 |
| 북청 | 사자회 | 정월 15일 | 남자 |
| | 연등 | 정월 15일, 초여름밤 | |
| 이원 | 색전 박이 | 정월 15일 | 청년 |

## 2) 해방 이후 농사와 관련한 세시놀이의 전국분포

### (1) 농사준비

농촌의 정월은 보름을 기준으로 이전은 휴식, 이후는 농사준비로 나뉘어 휴식과 함께 농사일을 준비하는 달이다. 충청남도 당진군 송악면 고대리 안섬의 경우 고공雇工 인력인 머슴을 새로 맞아 일 년간 계약하는 것을 '머슴 들이기'라고 하는데, 대개 보름 전에 이루어졌다. 그래서 일 년간 머슴살이 하러 들어갈 때는 대보름날을 주인집에서 쉬게 된다. 보름 전날인 14일에 머슴 들이기를 하는 곳은 충청남도 천안시 동남구 병천면, 예산군 삽교읍 하포리 등이다. 충청남도 연기군 서면 용암리에서는 정월이 다 가기 전에 머슴을 들인다. 경기지역에서는 겨울철에 머슴에게 시킬 일이 많아 이전 해 늦가을부터 계약을 하는 사례들이 더러 있었는데, 충남지역에서는 드문 것 같다.

대보름날이 되면 마을 일꾼들이 이곳저곳 소가 있는 집에 모여 그 해 농사에 필요한 농기구 중 특히 고뺑이(고삐), 쟁기 줄, 써레 줄 등 소를 부릴 때 사용할 동아줄을 만든다. 이를 천안, 홍성, 금산 등지에서는 '소 고뺑이 드리기'라고 한다. 경기지역과 가까운 천안지역이나 예산지역에서는 '주대 드린다'는 표현을 쓰는데, 충남지역에서 자주 들을 수 있는 말은 아니다. 주대는 낚싯줄이란 뜻이 있지만 여기서는 단단하게 엮은 새끼줄을 말한다.

일 년 내내 쓸 수 있을 정도로 단단한 줄을 만들기 위해서는 혼자 힘으로는 어렵고 두 사람 이상이 협력해야 한다. 주대 줄을 만들 때는 두 사람이 양쪽에 마주 서서 길게 꼬아 놓은 새끼를 붙잡고 도리깨라는 도구를 이용해 팽팽해질 때까지 돌린 다음 이것을 반으로 접어 다시 도리깨로 돌려 두 배 굵기가 되게 한다. 일꾼들이 모여 있는 집에서는 점심을 대접한다.

### (2) 모내기 이후의 세시행사: 써레부심

'써레부심'은 모내기를 마친 후에 써레를 깨끗하게 닦아서 보관한 후 갖는 행사로 '써레씻이'라고도 한다. 써레질을 다 마치고 다음 농사 때까지 써레를 쓸 일이 없을 때 닦아두면서 이를 기념하는 것인데, 김매기가 끝나고 호미씻이를 하는 이치와 같다. 단지 호미씻이가 농사일 중 가장 힘든 김매기를 마친 후여서 노동에 대한 해방감이 높은 반면 써레부심은 그렇지 못하기 때문에 이를 기념하는 행사 규모 또한 그리 크지 않다.

　충청남도 연기군 전의면 읍내리의 써레부심 사례를 보면 모내기를 마친 후에 써레를 깨끗하게 닦아서 보관하고 인절미를 만들어 이웃과 나누어 먹었다고 한다. 경기지역의 경우는 김포, 안양 등에 이러한 관행이 있었음이 확인되었고, 충남지역 아래로는 전라남도 강진군 작천면에서 이러한 사례가 보고된 바 있어 그 분포가 광범위하였음을 알 수 있다. 그러나 보고된 기록이 적은 것을 보면 보편화된 관행은 아니었던 것 같다. 써레씻이를 한다는 것은 곧 그 집이 소를 보유하고 있다는 뜻으로 모든 농가가 이에 해당하는 것은 아니기 때문이다. 충남지역에서는 연기 말고도 아산의 넓은 들을 경영하는 지주들이 이러한 관행을 통해 수고한 일꾼들을 먹였다는 기록이 있다.

　써레부심의 지역분포를 정리하면 다음과 같다.

　써레부심: 경기도 김포, 충청남도 연기
　써레시침(씨침): 전라북도 고창, 전라남도 곡성, 구례, 무안, 장성, 함평, 경상남도

남해
써레셋이: 전라북도 고창
써레지침: 전라남도 여수
서리셋금: 경상북도 의령, 경상남도 양산


써레부심은 양력으로 6월 중 모내기를 마친 후에 갖는다. 양력 5월 말이나 6월 하지를 전후하여 모를 심으면 6월 중에 써레부심이 가능하다. 호미셋이와는 달리 대개는 따로 마을에서 잔치를 벌이지는 않는다. 다만 친한 이웃끼리 모여서, 또는 주인이 머슴을 위해 제공한 술을 마시며 노고를 잊는다. 음력 칠석 전에 호미셋이를 대신하여 써레셋이를 하는 지역도 있다. 호미셋이에 비하면 사례가 아주 적으며, 전라남북도와 경상남도에 쏠려 있다. 충청남도는 연기지역에서, 경기도는 김포지역에서 사례가 발견된다.


다음은 경기도 지역의 사례다.
◉ 경기도 김포시 감정동, 풍무동: 써레부심(써레셋임)
김포지역은 특히 일제강점기의 개간과 간척으로 인해 경지면적이 크게 늘어났으며 이와 동시에 수리조합이 만들어지면서 수리안전답의 면적도 크게 늘었다. 충분한 논물의 보급은 김매기 일손을 크게 덜어준다. 그러나 써레질에는 별다른 영향이 없다. 김포는 경운기가 보급되기 전까지는 늘어난 논에 비해 소가 귀하던 지역이기도 하다. 이것은 대개 평야지대에서 흔히 볼 수 있는 현상이다. 전라남북도나 경상남도에서 주로 볼 수 있는 '써레부심' 관행이 지역을 건너 뛰어 김포지역에서도 볼 수 있는 것은 이러한 이유 때문인 것 같다. 즉 써레질에 필요한 소를 빌리기 위해 차례를 기다려야 하였고 그것이 마무리될 때면 김매기 때보다 더한 해방감을 느낄 수 있었을 것이다. 거기에다 모내기철을 맞추어 전라도에서 올라오는 고공 인력의 영향도 없지 않았을 것으로 본다.

다음은 충청도 지역의 사례다.

⦿ 충청남도 연기군 서면 용암리 용암마을: 써레부심

양력 6월 중 모내기를 마친 후에 써레를 깨끗하게 닦아서 보관하는데, 이를 '써레부심'이라 한다. 이날 인절미를 만들어 먹기도 한다.

다음은 전라도 지역의 사례다.

⦿ 전라북도 고창군 고창읍 성두리: 써레시침(써레씻이)

양력 5월 말~6월 초에 모를 다 심으면 '써레시침 가자'고 하는데, 모내기도 끝냈으므로 하루 날을 잡아 음식을 장만하여 술과 고기를 먹으며 쉬는 것이다. 양력 5월 말이나 6월 초에 써레시침을 한다.

⦿ 전라남도 여수시 호명동 원호명마을: 써레지침(써레씻이)

모내기가 끝나고 나면 논 주인이 장에 가서 고기, 과일 등 술안주를 받아와서 머슴들을 대접한다. 이를 '써레지치'라고도 하는데 대체로 양력 6월에 한다. 부잣집에서는 모내기가 끝나면 으레 머슴들을 대접하는 것이 관행처럼 되어 있기 때문이다. 만약 주인집에서 제대로 대접해주지 않으면 일꾼들끼리 돈을 추렴해서 음식을 나누어 먹으며 논다.

⦿ 전라남도 곡성군 곡성읍 죽동리 죽동마을: 써레씨침(써레씻이)

모내기를 끝내면 마을 사람들이 모여 농사를 다 지었으니 써레를 씻는다고 하여 써레씨침(써레씻이)을 한다. 이날 부잣집에서는 머슴들에게 술과 음식을 대접하여 모내기의 노동을 위로한다. 머슴들은 힘자랑을 한다고 들돌 들기를 한다.

⦿ 전라남도 곡성군 석곡면 염곡리 염촌마을/삼기면 노동리 남계南溪마을: 써레씨침(써레씻이)

논에 모내기를 끝낸 다음 써레를 씻는다고 하여 써레씨침(써레씻이)을 한다. 이날 술을 마시고 노는데, 모내기의 고된 노동을 달래기 위함이다.

⦿ 전라남도 구례군 문척면 죽마리 죽연竹蓮마을: 써레씨침(써레씻이)

모내기를 완전히 끝내면 써레씨침(써레씻이)을 한다. 주인집에서 머슴들이 수고했다고 하여 술과 떡을 대접하는데, 기본적으로 옷도 한 벌 해준다. 부잣집에서는 머슴들에게 돈을 주기도 한다.

◉ 전라남도 구례군 산동면 위안리 하위마을: 써레씨침(써레씻이)

머슴이 있는 집에서는 모내기가 끝나면 양력 6월 중으로 당산나무 아래에서 써레씨침(써레씻이)을 한다. 써레씨침은 농사일로 고된 머슴을 위로하는 작은 잔치인데, 막걸리를 내오고 닭을 잡아서 닭죽을 쑤어 머슴들을 위로한다.

◉ 전라남도 무안군 해제면 광산리 발산마을: 써레씻이(써레씨침)

모내기가 끝나면 일꾼들이 모여서 '써레씨침'을 한다. 올해에는 더 이상 써레를 쓸 일이 없으므로 이를 씻어서 치워둔다는 뜻이다. 이 시기는 대체로 양력 6월에서 7월 사이인데 따로 마을에서 잔치를 벌이지는 않는다. 다만 친한 이웃끼리 모여서 술 한잔 걸치며 노고를 잊는다.

◉ 전라남도 무안군 운남면 동암리 원동암마을: 써레씨침(써레씻이)

양력 6월 중 모내기가 끝나면 머슴들에게 하루 휴가를 준다. 머슴들은 돈을 추렴하여 잔치를 벌이고 그동안의 노고를 푼다.

◉ 전라남도 장성군 삼계면 생촌리: 써레시침(써레씻이)

모내기를 끝내고 나면 모내기를 하는 동안 썼던 써레를 깨끗하게 씻어두고, 그동안 수고한 일꾼들에게 고기와 쌀밥을 한 상 잘 차려주어 한바탕 쉬게 한다. 이것을 '써레시침'이라고 한다.

◉ 전라남도 장성군 북하면 약수리 가인마을: 써레시침(써레씻이)

모를 다 심고 그날 하루 머슴들(일꾼들)에게 고기와 쌀밥을 해서 잘 대접해주는 것으로 양력으로 6월경에 한다.

◉ 전라남도 함평군 나산면 나산리: 써레시침(써레씻이)

모내기가 끝나면 각 집의 사정에 따라서 써레시침을 한다. 대개 양력으로 4월 말이나 5월 하지를 전후하여 모를 심으므로 주로 5월에 써레시침을 한다. 모내기를 끝냈으므로 더 이상 써레를 쓸 일이 없기 때문에 써레를 씻어

두면서 모내기 동안 수고한 일꾼들을 위로하는 것이다.

◉ 전라남도 함평군 학교면 학교리 1구: 써레시침(써레씻이)

모를 다 심으면 농사일을 다 끝냈다고 생각하여 마을 사람들이 모여서 놀고 먹는 써레시침을 한다. 양력 6월 말경에 모를 다 심고 써레를 씻어놓고, 돼지를 잡아 굿도 하며 하루를 논다.


   다음은 경상도 지역의 사례다.

◉ 경상남도 양산시 물금읍 증산리 상리마을: 서리씻금(써레씻이)

모내기가 끝나면 '서리씻금'이라 하여 농사를 많이 짓는 주인이 힘들게 일한 일꾼들에게 고맙다는 의미로 술과 음식을 마련하여 한턱을 낸다.

◉ 경상남도 남해군 설천면 문항리 문항마을: 써레씨침(써레씻이)

이곳은 양력 7월 중, 특히 칠석 전에 이 행사를 한다. 1980년도 이전에는 마을 일꾼들이 공동으로 함께 농사일을 하였다. 특히 논매기, 즉 김매기와 써레질을 함께하였으며 칠석 전에는 논매기가 끝났다. 논을 다 매는 날은 일꾼들의 휴일이었다. 더 이상 써레를 쓸 일이 없다고 하여, 이날을 가리켜 '써레 씻는 날'이라고도 부른다.

◉ 경상남도 남해군 남면 바닷가의 가천마을: 써레시침(써레씻이)

세벌매기가 모두 끝나면 한 해 농사가 일단락된다. 삼복을 지나고 나서 추수만 하면 끝나기 때문이다. 이때에는 마을 사람들이 모두 모여서 한바탕 마을잔치를 벌인다. 이를 '써레씻기'라고도 부른다. 돼지 한 마리를 잡고 술을 마시며, 하루를 즐겁게 보낸다.

◉ 경상북도 의령군 부림면 여배리 하여배마을: 써레씻이(서리씻금)

모내기가 끝나면 '서리씻금'이라 하여 농사를 많이 짓는 주인이 일꾼들에게 술과 음식을 마련하여 한턱을 낸다.

◉ 경상북도 포항시 죽장면 입암리 솔안마을: 써레술 먹기

음력 7월의 더운 여름에 김매기가 모두 끝나면 마을의 부잣집에서는 일꾼

들에게 음식을 내어 수고를 달랜다. 이를 마을에서는 '써래술 먹는다'고 부른다. 김매기가 모두 끝났기 때문에 앞으로는 더 이상 써레질을 할 필요가 없다는 뜻이다. 그날 저녁에 일을 마치면 마을에서 일을 가장 잘하는 일꾼에게 삿갓을 씌우고 몸을 넝쿨과 풀로 감아 소에 태운다. 그러면 그가 일꾼들을 몰고 부잣집으로 간다. 일행이 부잣집 대문 앞에 다다르면, "참 이 집에 일꾼 잘 둬서 농사 잘 지었습니다."라고 외친다. 그 집에서는 대문을 열고 국수와 떡, 술을 내서 잔치를 벌인다. 그러나 한 집에서 잔치 비용을 부담하지 않고 여러 지주가 함께 장만해준다.

### (3) 김매기 이후 세시행사의 지역별 다양성

호미걸이, 즉 호미씻이는 논농사 중 김매기를 끝내고 벌어지는 대표적인 세시행사다. 국립문화재연구소에서는 2001년부터 2003년까지 3년에 걸쳐 남한 전 지역에서 세시풍속에 관한 조사를 시행한 바 있다. 그 결과로 나온 보고서가 『전라남도 세시풍속』 등 각 도별로 모두 9책이다. 여기서는 그 보고서를 참조하여 김매기를 끝내고 행해지는 세시행사가 농사 여건에 따라 지역적으로 어떻게 다양하게 나타나는지 살펴본다.

### ① 경기도

| 지역 | 시기 | 내용 | 명칭 |
| --- | --- | --- | --- |
| 고양 | 세벌매기 후 날을 잡음. | 마을잔치 | 호미씻이 |
| 광명 | 음력 7월에 호미씻이를 하고 나면 백중에는 특별한 행사가 없음. | | |
| 광주 | 음력 7월 중 | 대동 | 호미씻새 |
| 군포 | 백중 | 마을에서 쌀 추렴 | 호미걸이 |
| 김포 통진 | 음력 7월 중 | 각자 | 호미걸이, 호미씻이 |
| 동두천 | 음력 7월 중 | 마을 부농, 농기패 | 호미씨세 |
| 수원 | 음력 7월 중 백중 무렵 | 부농의 머슴 | 호미걸이, 호미씻이 |
| 안산 | 음력 7월 중 | 마을잔치 | 호미걸이 |

| 안산 | 호미씻이 안 함. | 백중장 | |
|---|---|---|---|
| 의왕 | 백중 무렵(세벌) | 천렵, 술 한잔 | 호미걸이 |
| 파주 | 칠석 | | |
| 파주 | 음력 7월 말경 | 마을잔치 | 호미씨세 |
| 파주 | 음력 7월 중순경 두벌매기 후 | 일꾼잔치 | |
| 하남 | 음력 7월 중 백중 | 부잣집 | 호미씻이 |

호미씻이와 백중은 시기가 거의 비슷하게 맞아떨어진다. 첫 번째 밭을 맬 때는 호미를 갖고 밭을 매고, 두 번째와 세 번째는 손으로 맨다. 그때마다 농악이 나와서 흥겹게 논매는 소리를 하고 돌아온다. 특히 세 번 논을 매고 들어올 때는 가장 일을 잘한 일꾼이 소를 타고 온다. 어떤 때는 소 대신 목말을 태워서 오기도 하는데, 농악을 울리면서 정렬을 맞춰 들어온다.

논을 두벌 매고 나면 더 이상 할 일이 없으므로 '호미씻이'라고 하여 부잣집으로 찾아가 그 집의 마당에서 한바탕 놀아주면, 집주인은 농사 잘 지었다고 격려하는 뜻에서 술값을 주고 주고 음식을 차려준다. 호미씻이를 하는 시기는 백중 전후가 된다. 그래도 백중을 따로 챙겨준다.

| 지역 | 시기 | 내용 | 명칭 |
|---|---|---|---|
| 화성 | 음력 7월 중순 | 인근 마을 두레 합동 | 호미걸이 |

화성시 송산면 쌍정2리의 호미걸이는 음력 7월 중순에 인근의 신천두레, 둥굴두레, 흰돌재두레, 복우물두레 등을 포함하여 수백 명이 모여 하는데 장사꾼까지 몰려들어 난장이 벌어진다. 3년에 1번 정도 열리는데, 이때 경비는 추렴을 해서 마련하지만 큰돈이 든다. 이 마을에서도 신천, 둥굴, 흰돌재, 복우물로 초청되어 나갔으며, 대개 서로 주고받는 품앗이인양 호미걸이 때도 가까운 두레끼리 서로 오가며 함께 모인다. 호미걸이 소식이 있으면 으레 '두레 덮치기'가 있기 마련인데, 이는 기량을 과시하기 위한 것이다. 쌍정두레도 크게 두레싸움을 벌인 적이 있다. 언젠가 흰돌재의 '낭기(농

기)'를 건드린 사건으로 큰 싸움을 벌였다고 하는데, 바로 이웃마을이라도 '기를 건드리는 일'은 용서할 수가 없었기 때문이다.

| 지역 | 시기 | 내용 | 명칭 |
| --- | --- | --- | --- |
| 가평 | 김매기 끝난 후 | 풍물패 | 호미씻이 |
| 양주 | 김매기가 끝난 음력 6월 말 7월 초 | 마을, 농상기놀이 | 호미씨세 |
| 양주 | 말복 무렵 | 부잣집이나 마을 | 호미씨세 |

양주에서는 마지막 김매기가 끝나면 마을 앞 개천에서 물고기를 잡아놓고 술 한잔 마시며 천렵 겸해서 일한 패거리들끼리 한바탕 놀았다. 이때 두레심(셈)을 해서 품값을 내놓는데, 두레심은 모가비가 한다.

| 지역 | 시기 | 내용 | 명칭 |
| --- | --- | --- | --- |
| 여주 | 백중 난장 3일 | 일꾼, 집주인이 용돈 | 호미씻이(3일간 논다.) |

여주의 호미씻이는 세벌매기 후에 하는 것으로 머슴의 생일이라고 하며 호미씻이를 한다. 이날은 집주인이 술과 음식을 장만하여 일꾼들을 대접하며, 새 옷을 선물한다. 이날 하루 풍물을 치면서 노는데 남자들은 여자 한복을 빌려가서 그 옷을 입고 춤도 추면서 하루 종일 즐긴다. 호미씻이에는 여자가 참석하지 않는다. "서 마지기 논배미가 반달만큼 남았네."라고 김매기가 거의 다 되었음을 노래하면서 논다. 일꾼이 소를 타고 집안으로 들어오면 광목 한 필을 끊어서 안주인이 일꾼의 목에 걸어준다.

| 지역 | 시기 | 내용 | 명칭 |
| --- | --- | --- | --- |
| 연천 | 음력 7월 중 | 두레 | 호미씻이 |
| 포천 | 김매기 끝난 후 | 천렵 | 호미씻이 |

② 강원도

| 지역 | 시기 | 내용 | 명칭 |
|------|------|------|------|
| 강릉 | 백중 | 추렴 | 세서회(세서연) |
| 삼척 | 중복과 말복 사이 | 논가에 모여 국수, 술 | 호미씻이 |
| 원주 | 음력 7월 보름 무렵 | 마을잔치 | 호미씨새 |

원주에서는 음력 7월경이면 논이나 밭에 김매기가 모두 끝나 백중을 즈음하여 마을 전체가 하루를 놀았다. 집에서 술을 담글 수 있던 시절에는 술한 동이나 국수 한 동이씩을 집집에서 걷고 여자들은 부침개를 부치는 등음식을 만들어 먹고 놀며 하루를 보냈다. 농사일 가운데 가장 힘들다는 논매기가 끝난 시점으로서 일꾼들을 위로하고 풍성한 수확을 기원하는 날이기도 하였다.

| 지역 | 시기 | 내용 | 명칭 |
|------|------|------|------|
| 원주 | 음력 7월 20일경 | 마을 천렵하는 날 | 호미씻이 |
| 춘천 | 김매기가 끝나면 | 풍물을 치며 하루 놀기 | 호미씻이 |
| 양양 회룡 | 음력 5월 중 | | 호미씻이(스레씻이) |

양양지역의 호미씻이(스레씻이)는 모내기가 끝나고 양력으로 6월 초쯤 한다. 농촌에서는 질공론, 스레씻이, 유두, 추수 등이 끝날 때마다 한 상 잘 차려놓고 먹는다.

| 지역 | 시기 | 내용 | 명칭 |
|------|------|------|------|
| 영월 | 음력 7월 중 날 잡아 | 마을 우물 청소 후 | 호미씻이 |

영월 영월읍 거운리에서는 음력 7월 중에 날을 받아서 호미씻이를 한다. 마을 사람 모두가 참여하여 우물과 마을길을 청소하고 집집마다 각자 음식을 장만하여 한 곳에 펼쳐놓고 하루 종일 먹고 논다. 머슴들에게는 특별히 음식으로 잘 대접한다. 살림이 넉넉한 집에서는 머슴에게 옷도 한 벌 장만해준다.

| 지역 | 시기 | 내용 | 명칭 |
|------|------|------|------|
| 인제 | 백중 | 집집마다 마을 모두 | 호무씨세 |
| 평창 | 삼복三伏이 지난 후 | 집집마다 | 호미씻세 |
| 홍천 | 중복 무렵 | 일꾼들, 하루, 천렵, 닭 | 호미씻이 |
| 횡성 | 세벌매기 끝난 후, 백중 | 마을잔치, 주인집 | 호미씻이 |

횡성에서는 호미씻이를 음력 7월 백중 때에 한다. 집집마다 떡, 국수, 부침개, 술 등 음식을 배분하여 준비한다. 머슴이 있는 집에서는 머슴들에게 주의, 적삼과 용돈을 준다. 호미씻이는 주로 천막을 치고 개울가에서 하는데, 풍물을 치면서 한 마당 놀기 때문에, 마을끼리 같이 하면 하루 만에 끝나지 않고 3~4일간 계속될 때도 있다. 호미씻이를 하는 시기는 대개 칠석과 백중 사이다.

③ 충청북도

| 지역 | 시기 | 내용 | 명칭 |
|------|------|------|------|
| 제천 | 음력 7월 중 | 집집마다, 머슴 | 초연(호미씻이) |
| 청주 | 칠석과 백중 사이 세벌매기 후 | 집집마다 음식 모아 | 호미걸이 |
| 단양 | 음력 7월 중 | 마을잔치 | 초연(호미씻이) |
| 영동 | 백중 | 백중장, 머슴 | 호무시 먹기 |
| 청원 | 백중 | 머슴 휴가일 | 호미씻기, 머슴날 |

초연草宴은 호미씻이의 한자어다. 호미씻이 때 각 가정에서 맡은 음식들을 해가지고 서낭당 앞에 가져다놓고 마을 사람들이 전부 모여 먹고 놀던 지역도 있었다. 음식을 먹다가 모자라면 부잣집에 가서 풍물을 친다. 그러면 그 집에서 술 등 먹을 것을 내준다.

영동에서는 '백중 호무시 먹기'라고 하며 일꾼들을 위한 날이다. 이들에게 옷 한 벌과 새경 일부를 건네준다. 또한 인근 장터에서는 5~6일간 난장亂場이 벌어진다. 씨름판이 크게 벌어지는데, 상씨름·포씨름·아기씨름으로 3분하여 상씨름 우승자에게는 황소를, 포씨름 우승자에게는 광목천을, 아기씨름 우승자에게는 대님을 포상으로 지급한다.

영동의 진량읍 당곡리에서는 '호미씻돈 주기'라고 하며, 백중을 설 다음 가는 명절로 친다. 음력 7월 7일을 기하여 말일까지 무려 보름 동안이나 '깽맥이'로 불리는 풍장패를 중심으로 마을 축제가 벌어진다. 10여 명으로 구성된 '깽맥이'가 가가호호 돌며 마당에서, 장독대에서, 샘에서 고사를 드린다. 고사에는 술국, 안주 등과 농주가 곁들여진다. 축원은 상쇠가 주로 맡는다. 마당에서는 "앞으로 오면 만석군 뒤로 오면 천석군, 누르세 누르세, 정주지신 누르세 (후략)", 장광에서는 "꼬방꼬방 장꼬방 된장도 묵었네 사탕같이 맛도 좋다 (후략)", 샘에서는 "뚫으세 뚫으세, 물구녕을 뚫으세 (후략)"라고 고사소리를 한다. 당곡리의 지신밟기는 백중놀이의 연장에 있다.

④ 충청남도

경기지역에서 하지 모내기를 만앙晩秧으로 여기는 것과는 달리 충남지역에서는 하지 전 3일부터 후 3일까지의 기간을 모내기의 적기로 보는 곳이 많다.

| 지역 | 시기 | 내용 | 명칭 |
| --- | --- | --- | --- |
| 천안 | 칠석 | 머슴 하루 휴가 | 머슴명절 |
| 아산 | 칠석 | 세벌매기 후 | 두레먹기 |
| 예산 | 칠석 이후 | 일꾼잔치 | 두레잔치 |
| 당진 | 칠석 | 일꾼 위로 | 마을잔치 |
| 홍성 | 칠석 | 일꾼 위한 마을잔치 | 칠석놀이 |
| 보령 | 칠석, 백중 | 주인의 머슴 대접 | 두레먹기 |
| 서천 | 칠석 | 머슴을 위한 향연 | 두레먹기 |
| 청양 | 칠석 | 두레에서 잔치 | 두레먹기 |
| 부여 | 칠석 | 마을 주최 | 칠석잔치, 두레잔치 |
| 연기 | 백중 | 칠석부터 휴식, 휴가 | 백종 |
| 서산 | 음력 6월 말 | 두벌매기 후 | 두레먹기 |

아산시 송악면 지역에서는 예전에 이앙을 하지 않고 직파를 해서 늦모를 심을 때는 양력으로 9월 9일쯤 세벌매기가 끝나서 '호미씻이'를 했다고 한다. 이날은 추수 전까지 모든 일이 끝났다고 지주들이 일꾼들에게 술과 음식을 대접하며 농사의 노고를 달랜다. 또 주인은 일꾼들에게 수고했다고 덕담을 한다. 백중놀이처럼 이날은 일꾼들의 잔치다. 한편, 일꾼들에게 옷을 신물하는 것은 일꾼들과 계약이 끝날 무렵인 동지 즈음인데, 수고의 대가로 돈과 옷을 준다. 백중에 백중장에 나가서는 노는 일은 없다. 영인면 백석포리의 두레먹기가 곧 호미걸이, 호미씻이의 놀이와 같다고 할 수 있다.

충청남도에서 칠석을 지키는 지역은 광범위하다. 여기에는 칠성님이 올라가시면서 보고 부지런함을 칭찬하여 그 해에 나락이 많이 열리게 해준다는 해석이 들어가기도 한다. 백중날 행사가 더 큰 여타의 남쪽지방에 비하면 경기지역과 충남지역은 칠석의 비중이 더 크다. 즉 백중날 행사를 칠석 때 하는 경우가 많다. '칠석 두레먹기'가 그 예다. 호미씻이 행사를 칠석 전후에 갖는 지역도 많다. 두레먹기가 끝나면 일꾼들은 한가한 농사일정임에도 노는 일 없이 멍석을 짜고 기타 농기구를 수리하거나 만든다.

백중날은 '일꾼 생일'이라고도 하고 '머슴 휴가일'이라고도 한다. 백중날이나 그 전후로 열리는 장을 백중장이라고 하는데, 생일 또는 휴가를 즐기려는 일꾼과 머슴들이 돈을 푸는 장이다. 서산시 서산읍 장리에서는 백중을 '회계 닦는 날'이라고 한다.

⑤ 전라북도

| 지역 | 시기 | 내용 | 명칭 |
| --- | --- | --- | --- |
| 군산 | 백중 | 지주, 두레꾼 | 호미씻이(술 먹이 날) |
| 부안 | 세벌매기(유두, 칠석) 후 | 상일꾼, 부농 | 술멕이 |
| 부안 | 칠석 | 마을 매구패 | 마당밟이(매구치기) |

백중 무렵이 되면 '만들이(만두레)'라고 하여 세 번째 김매기가 끝난 후 바로 일꾼들을 먹이는 행사를 하는데, 이때 큰 굿을 벌여 쉬는 것을 '풍장 굿'이라고 한다. 일종의 호미씻이다. 논에서 풍장을 치고 두 사람이 손을 엮어 만든 사다리에 상머슴을 태워 농사를 가장 크게 짓는 집으로 들어가면 그 집에서 술과 음식을 내놓아 먹고 논다.

## ⑥ 전라남도

| 지역 | 시기 | 내용 | 명칭 |
|------|------|------|------|
| 전라남도 전역 | 음력 6월 말~백중 | 집주인, 일꾼 | 만들이 |
| 나주 | 음력 7월 15일 | 상머슴 소 태우기 | 샘물 품기 |
| 광양 | 음력 7월 15일 | 씨름판 | 머슴 쉬는 날 |
| 순천 | 음력 7월 15일 | 씨름판 | 백중날 |
| 여수 | 음력 7월 15일 | 부침개로 개떡 해먹기 | 개떡명일 |

전라북도에서는 충청남도와 마찬가지로 김매기 후 행사로 칠석과 백중날이 공존하는 반면, 전라남도에서는 '만들이'를 한 다음에는 백중날을 기다려 일꾼들을 위한 행사를 갖는다. 즉, 백중날에는 한 해 농사가 잘되었다고 각자가 간단하게 상을 차려 집안의 성주신에게 제사를 드리고, 이어 일꾼들을 위한 잔치를 벌이는 지역이 도 전역에 고루 분포되어 있다.

나주에서는 백중날 농사일을 잘한 상머슴이 소를 타고 마을을 돌다가 주인집으로 들어가면, 주인집에서는 닭죽을 쑤고 술을 장만하여 대접한다. 또 '진세내기'라 하여 그 해에 새로 머슴으로 들어온 사람이 마을 사람들에게 막걸리를 낸다. 밀개떡을 해먹고 들에 나가지 않는 것도 백중날의 한 풍속이다.

백중날은 어디나 씨름판이 벌어지므로 씨름판에 직접 참가하거나 구경을 간다. 일꾼들이 이날 하루 쉬는 대신 모여서 이후의 농사일정을 논의하며 퇴비 마련을 위한 품앗이 계획을 짜는 지역도 있다. 백중이 지나면 보리풀등을 베어 퇴비를 만들어야 하기 때문이다.

## ⑦ 경상북도

| 지역 | 시기 | 내용 | 명칭 |
|------|------|------|------|
| 문경 | 세벌논매기 후 | 주인, 일꾼 | |
| 영주 | 음력 7월 중 | 주민, 머슴 | 호미씻이 |
| 봉화 | 백중 전후 | | 풋구(호미씻이)먹는 날 |
| 성주 | 음력 7월 중 | 주인, 머슴 | 호미씻이(풋굿날), 머슴날 |
| 청송 | 백중 후 음력 7월 말경 | 마을잔치, 모듬대리 | 풋굿(풋구), 호미걸이 |
| 달성 | 백중 | 머슴날 | 풋굿먹기(꼼배기먹기) |
| 의성 | 음력 7월 중순경 | | 호미씻이(휘초) |

　의성군 사곡면 공정3리 용소마을에서는 호미씻이를 '휘초'라고 한다. 그리고 '휘초' 하며 노는 것을 '휘초 논다'고 한다. 회초會草라는 한자말인 것 같다. 음력 7월이면 논매기가 한창인 때다. 공정리에서는 논매기를 세 번 하는데, 이를 '세불(세벌)논매기'라고 한다. 처음 논매기는 '아시논'이라 하며, 호미로 풀을 제거한다. 일주일 후 다시 두 번째 논매기를 하며, 이를 '두불(두벌)논매기'라 한다. 약 10일 후 세 번째 논매기인 '세불논'을 맨다. 두벌논과 세벌논 때에는 호미를 사용하지 않고 손으로 직접 벼를 헤쳐가면서 풀을 뽑는다. 이를 '손으로 젓는다'고 한다.

　이날의 중심은 마을에서 머슴을 사는 사람들이다. 그래서 이날을 '머슴 생일날'이라고도 한다. '휘초' 하기 전에 머슴을 둔 집 주인들은 모여서 날짜를 잡는다. 이내 머슴들에게 이야기가 전해지면 머슴과 주인들이 날짜를 맞춘다. 날짜가 정해지면 머슴들은 이날 아침 논에 모여 큰머슴이 소를 거꾸로 타고 논둑을 한 바퀴 돈 후 마을 뒤 '뫼필'에 가서 신나게 논다. 1960년대 말까지 공정리는 100호가 넘는 큰 마을이었다. 이 중 다른 고장에서 머슴을 살러 온 사람은 10명 정도였다.

⑧ 경상남도

| 지역 | 시기 | 내용 | 명칭 |
|------|------|------|------|
| 밀양 | 백중 | 주인, 머슴 | 꼼비기날, 머슴날 |

　밀양의 호미씻이는 이날이 되면 호미를 씻어 두고 밀과 콩을 볶은 '꼼비기'를 먹고 놀았다는 데서 유래되었다고 한다. 음식은 '꼼비기참'이라고 한다. 머슴들은 근처의 공터에서 모여 놀기도 하나 읍내로 나가 장구경도 하고 놀이를 하면서 하루를 보낸다.

| 지역 | 시기 | 내용 | 명칭 |
|------|------|------|------|
| 고성 | 마지막 논맬 때 | 잔치를 벌여 노고 풀기 | 마을잔치 |
| 기장 | 백중 | 주인, 머슴 | 머슴날, 호미씻이 |
| 합천 | 세벌매기 후 | 한바탕 먹고 놀기 | 호미씻이 |

# Ⅲ 세 시 와 의 례

## 1. 궁중 절서

허균의 『성소부부고惺所覆瓿藁』에는 궁중의 절서節序에 대한 고사가 기재되어 있다. 다음은 여기에 나오는 세시 용어와 구절들이다.

· 등롱燈籠

· 연상延祥

· 중소척매래中宵瘠魅來

· 가훼훈래서훼훈猨喙熏來鼠喙熏

· 연춘방자첩은화延春榜子帖銀花

· 인승人勝

· 채번彩幡

· 인일人日

· 토우土牛

· 곡일穀日

· 상원가절上元佳節

· 한식寒食

· 청명淸明

· 개수改燧

· 삼삼三三(삼월 삼짇날)

· 투초鬪草

· 파일관등八日觀燈

· 천중상첩天中祥帖

· 애호艾虎

· 추천秋千

· 단양端陽

· 삼복三伏

· 단병團餠

· 유두流頭

· 걸교루乞巧樓

· 중원가절中元佳節

· 난분蘭盆

· 제망혼祭亡魂

· 호서초진조도래湖西初進早稻來

· 중양重陽

· 두죽豆粥

· 납일臘日

· 육군교외렵초회六軍郊外獵初廻

· 구나驅儺

위에 나오는 세시용어들을 풀이하면 다음과 같다.

· **연상**延祥: 정조正朝에 상서로운 복을 맞이하는 행사로, 승정원承政院에서
시종侍從 신하와 문괴 출신 당하관堂下官들을 미리 선발히여 축히시인 연
상시延祥詩를 지어 올리게 하였다.

· **인승**人勝: 정월 초이레, 즉 인일人日에 하는 부인의 머리꾸미개다.

· **토우**土牛: 흙으로 만든 소로, 조정에서 입춘일에 영춘식迎春式을 거행할
때 권농勸農의 의미로 만든다.

· **곡일**穀日: 정월 초여드렛날이다.

· **개수**改燧: 찬수개화鑽燧改火의 준말로, 철이 바뀔 때마다 새 불을 취하는
일을 말한다.

· **투초**鬪草: 풀싸움으로, 단오절에 이 놀이를 하였다.

· **애호**艾虎: 쑥잎으로 만든 범이다.

· **추천**秋千: 추천鞦韆과 같은 뜻으로 그네뛰기를 말한다.

· **걸교루**乞巧樓: 칠석일七夕日에 뜰에다 세워서 채색으로 꾸민 누루樓로, 이곳
에서 칠석일 밤에 부녀자들이 견우·직녀 두 별에다 길쌈과 바느질 솜씨
가 늘기를 비는 제사를 지냈다.

· **난분**蘭盆: 백중 때 행하는 우란분회盂蘭盆會다.

· **구나**驅儺: 세모歲暮에 역귀疫鬼를 몰아내는 나례의식이다.


『국조오례의』「시일時日」에는 사시四時와 납향臘享 때의 친향종묘의親享
宗廟儀에 대해 서운관書雲觀에서 미리 계절마다 맹춘孟春, 맹하孟夏, 맹추孟
秋, 맹동孟冬, 상순上旬에 택일하여 예조에 보고하면 예조에서 계문啓聞하고
유사攸司에 산고散告하여 직책에 따라 공판供辦하게 한다고 하였다. 납향은
계하季夏에 미리 계동季冬의 납일臘日로써 예조에 보고한다고 하였다. 정조

때는 규장각에서 연상, 입춘, 단오일에 첩자帖子를 올리도록 하였다.

개수는 찬수개화의 준말인데, 찬수란 나무를 문질러 불을 일으키는 것을 말한다. 행화行火는 절기節氣에 따라 불씨를 바꾸는 것을 말하는데, 봄에는 느릅나무·버드나무에서, 여름에는 살구나무·대추나무에서, 가을과 겨울에는 작유柞楢·괴단槐檀에서 불씨를 얻었다.

1406년(태종 6)에 예조에서 주례周禮를 상고하여 계절에 따라 불씨를 갈아 쓰는 것에 대해 아뢰어 개화령改火令을 내려 시행케 되었다. 불씨를 오래 두고 바꾸지 않으면 불꽃이 빛나고 거세게 이글거려 양기陽氣가 지나치게 되고 여질癘疾이 생기는 원인이 된다고 믿었다. 나무를 가리는 것에 대해서는 느릅나무[楡]와 버드나무[柳]는 푸르기 때문에 봄에 불을 취取하고, 살구나무[杏]와 대추나무[棗]는 붉기 때문에 여름에 취하고, 계하季夏에 이르면 토기土氣가 왕성하기 때문에 뽕나무[桑]와 산뽕나무[柘] 등의 황색黃色나무에서 불을 취하고, 작유는 희고 괴단은 검기 때문에 가을과 겨울에 각각 그 철의 방위색에 따라 불을 취하는 것이라고 하였다.

개화령은 서울에서는 병조兵曹에서, 지방에서는 수령들이 매번 사철 중 입절入節하는 날과 계하 토왕일土旺日에 각각 내린다. 해당 나무를 문질러 제철의 불씨로 바꾸어 음식을 끓이는 데 사용하면 음양의 절기가 순조롭고 역질 재앙이 없어진다는 것이다.

기록에 의하면 한식날 금화禁火를 지킨 것은 1431년(세종 13)부터인 것 같다. 『세종실록世宗實錄』(52권)에 병조의 건의로 한식날 불사용을 금지하고 금화도감禁火都監의 예방활동을 강화했다고 한다. 이를 위해 궁궐 밖에서는 청명절 3일 전부터는 이른 아침에 바람이 잘 때에 불을 때어 음식 익히기를 허락하고 당일에 이르러서는 주야로 일절 불과 연기를 금하였다. 서울 안에서는 금화도감 낭청郎廳이 오부관원五部官員을 나누어 거느리고 방坊과 이里를 순행하며, 외방에서는 각 고을 수령들이 각 동리의 정장正長으로 하여금 각각 그 관내를 순행하여 감시하게 하였다.

납향臘享은 납일에 한 해 동안 이룬 농사와 그 밖의 일들을 여러 신神에게 고하는 제사다. 납평제臘平祭, 팔사八蜡, 사蜡, 자䄍라고도 표기한다. 납일은 납향을 하는 날로 원래 동지冬至 후 셋째 술일戌日이었는데, 조선 태조 이후 동지 후 셋째 미일未日로 정하여 종묘와 사직에서 대제를 지냈다. 우리나라 에서 납일을 미일로 한 것은 동방이 음양오행 중 목木에 속하기 때문이다. 종묘에서는 사계절 중 첫 달 상순과 납일에 오대제五大祭라고 하여 대향大享 을 올렸고 초하루, 보름 및 시속명절, 즉 정조正朝, 한식寒食, 단오端午, 추석 秋夕, 동지冬至에 작은 제사를 올렸다.

왕실에는 고유의 세시행사가 많지만 그중에서도 사시四時 제사와 납일臘 日 제사, 즉 납향이 중심을 이룬다. 왕실에서뿐만 아니라 사대부나 민간에서 도 납일에 제사를 지낸 기록들이 있다.

이이李珥(1536~1584)는 『격몽요결擊蒙要訣』 「제례장祭禮章」에서 속절을 정월 15일, 3월 3일, 5월 5일, 6월 15일, 7월 7일, 8월 15일, 9월 9일 및 납일 로 보았다. 고상안高尙顏(1553~1623)은 『태촌집泰村集』 「잡저雜著」 유훈遺 訓에서 "속절에는 당연히 시절음식을 올려야 하나 요즈음 세상에는 때마다 중시하는 것이 달라 정조, 한식, 단오, 추석은 중하게 여기고 상원, 답청, 칠 석, 중원, 중양, 납일 등은 가볍게 넘어간다."라고 하였다. 민간에서는 이날 참새를 잡아 어린아이에게 먹이면 마마를 잘 넘어갈 수 있다고 하여 그물을 치거나 활을 쏘아 참새를 잡는 일이 있었다.

납향의 형식과 내용은 조선 세종 때에 그 대략이 정해졌다. 이에 따르면 제탁祭卓에 화초花草를 두었고 제상祭床에는 첫째 줄에 중박계中朴桂 네 그 릇, 둘째 줄에 붉고 흰 산자饊子 다섯 그릇, 셋째 줄에 다식茶食 다섯 그릇, 넷째 줄에 실과實菓 여섯 그릇을 올리고 면협탁面俠卓에는 화초 없이 첫째 줄에 각색各色 떡 여섯 그릇, 둘째 줄에 잡탕雜湯·세면細麵 등 여섯 그릇, 셋 째 줄에 작爵 셋을 올린다.

납육臘肉이란 납향에 사용하는 산짐승 고기로 멧돼지와 산토끼를 쓴다.

경기도 산간고을에서는 예로부터 납향 때 쓸 돼지를 바치기 위해 해당 지역 백성을 동원하여 멧돼지를 수색하여 잡았으나 민폐가 되어 정조 이후 폐지하고 서울 장안의 포수를 시켜 용문산龍門山, 축령산祝靈山 등 여러 산에서 사냥하여 바치도록 하였다.

종묘의 납향 대제는 전사관典祀官과 판관判官이 주재하였다. 『국조오례의』 등에 규정된 납향 절차는 다음과 같다.

서운관에서 예조에 납향에 대한 보고를 하면 예조에서는 계문하고 유사에 산고하여 직책에 따라 공판하면서 납향이 시작된다. 제향 8일 전에 예조에서 계문으로 재계齋戒하기를 청하면 임금은 4일 동안 별전別殿에서 산재散齋하고 3일 동안 치재致齋하되, 2일은 정전正殿에서, 1일은 재궁齋宮에서 한다.

제향 4일 전 미명未明 5각刻에 봉례랑奉禮郎이 제사에 참석할 여러 관리를 인도하여 정해진 자리에 나아가고 통찬사인通贊舍人이 영의정의 왼쪽으로 나아가서 다음과 같은 서문誓文을 대독한다.

"금년今年 모월某月 모일某日에 전하께서 종묘에 납향臘享을 올리시니 무릇 행사할 집사관과 배제할 군관은 술을 함부로 마시지 아니하고, 파·부추·마늘·염교를 먹지 아니하고, 조상弔喪과 문병을 하지 아니하고, 음악을 듣지 아니하고, 형벌을 집행하지 아니하고, 형살문서刑殺文書에 판결 서명하지 아니하고, 더럽고 악한 일에 참예하지 아니하고, 각기 그 직무에 충실할 것이니, 그 혹시 어긋남이 있으면, 국가에서는 일정한 형벌이 있을 것이다."

진설陳設은 제향 3일 전에 시작한다. 2일 전에는 종묘령宗廟令이 그 소속을 거느리고 종묘宗廟의 안팎을 소제한다. 1일 전에는 장생령掌牲令이 생牲을 끌고 향소享所로 나아간다. 제향하는 날 축시丑時 5각刻 전, 즉 3경更 3점點에 궁위령宮闈令이 그 소속을 거느리고 재실齋室을 열어 신악神幄을 깨끗이 털고 자리를 펴고 안석[几]을 설치한다. 축시부터 거행되는 행사내용은 다음과 같은 일반 대제의 절차를 따른다.

· **신관례**晨祼禮: 초헌관初獻官이 거행한다.

· **궤식**饋食: 봉조관捧俎官이 각기 생갑을 받들고 정문正門으로 들어와 각 5
실에 음식을 올리는 궤식례를 한다.

· **초헌례**初獻禮: 초헌관이 작爵을 드리고 대축이 신위 오른쪽으로 나아가서
동향하여 꿇어앉아 축문을 읽는다.

· **아헌**亞獻 · **종헌**終獻: 아헌례와 종헌례는 독축이 없고 다른 절차는 초헌례
와 같다.

· **음복**飮福 · **조육**胙肉: 대축이 조俎를 가지고 나아가서 신위神位 앞의 조육
胙肉을 덜어낸다. 초헌관이 음복을 한다.

· **재배**再拜 · **철상**撤床: 자리에 있는 여러 관원이 모두 재배하면 여러 대축이
들어가 변과 두를 치운다.

· **망예**望瘞: 초헌관이 망예위望瘞位에 서고 여러 대축과 집례가 파놓은 구덩
이에 흙을 반을 채운다.

· **예필**禮畢 · **사배**四拜 · **복명**復命: 초헌관 이하 집사관執事官이 대궐문에 들
어가서 차례대로 서서 복명하고 사배하고 물러간다.


『예기禮記』「교특생郊特牲」에 '천자대사팔天子大蜡八', 즉 천자가 여덟 신
에게 대사를 지낸다고 하였는데, 사蜡란 찾는다는 뜻으로 12월에 밭쥐를 잘
잡아먹은 고양이처럼 백성에게 공이 있는 만물을 찾아 보답하고 이듬해에
도 잘 돌보아줄 것을 빌었다는 제사다. 이를 근거로 납향을 팔사八蜡에서 유
래한 것으로 본다.

백제는 마한의 제천의식을 이어 시조묘 제사를 지냈는데 한성에서 사비
로 옮겨오면서부터는 시조묘 제사보다는 오방신 제사를 국가의례로 발전시
켰으며 중국 풍속을 수용하여 12월 인일寅日에 신성新城 북문에서 소를 제
물로 팔자八秅, 즉 여덟 납향신에 대한 납향을 지냈다.

송나라 범엽范曄 등이 지은 『후한서後漢書』「예의지禮儀志」에는 납일 전 날 나례라는 귀신 쫓는 제의행사를 하였다고 기록되어 있다. 우리나라는 세종 때 『국조오례의』를 제정하면서 납향을 대사로 정한 이후 사직과 종묘에서 매년 납일에 납향을 모셔왔고 지방관아에서는 나례를 열어 한 해를 정리하는 행사로 삼았다. 재상집과 양반집에서도 마찬가지로 천신제의 하나로 납향을 행한 것 같다.

납향을 올리는 납일에 내의원內醫院에서는 각종 환약을 만들어 임금에게 올린다. 이것을 납약臘藥 또는 납제臘劑라고 하는데 청심원清心元, 안신원安神元, 소합원蘇合元 등 세 가지 환약을 가장 요긴하게 여겼다. 정조 때인 1790년에 제중단濟衆丹과 광제환廣濟丸이 새로 제조되어 모든 영문營門의 군졸들 치료에 사용되었다.

지금은 잘 알려져 있지 않지만 사일蜡日이라는 것이 있는데 납일과 같은 뜻으로 주로 백성이 즐긴 풍속이었다고 하나 구체적인 내용은 전하지 않는다. 『점필재집佔畢齋集』「이십사일랍二十四日臘」에서 김종직金宗直은 "사일 엔 백성의 마음이 모두 즐거운데 누가 온 나라가 미친다고 말하였던고(蜡日 民心樂 誰言一國狂)."라고 하였는데 이를 미루어볼 때 조선전기까지 사일을 하나의 세시풍속으로 지내온 것 같다. 그러나 조선후기로 내려오면서 그에 관한 기록이 없는 것으로 보아 더 이상 전승되지 않은 것으로 보인다.

납향은 궁중이나 관아, 또는 일부 재상집에서 지냈다는 기록이 있지만 민간에서는 연중행사로 널리 지켜온 풍속인 것 같지는 않다. 단지 관아의 나례가 백성이 참여하여 즐기는 지역의례였고, 그것이 공식적으로 폐지된 갑오경장 이후에도 탈놀음 등으로 변형되어 민간이 즐기는 세모歲暮의례의 기능을 하였다는 점에서 그 의의를 찾을 수 있다.

# 2. 사전 의례

사전祀典이란 나라의 제사를 지내는 것과 관련한 예전禮典을 말한다. 국가 단위의 세시의례는 대사大祀, 중사中祀, 소사小祀로 나뉜다.

다음은 조선시기의 국가 대사다.

### ◉ 사직社稷

사社는 토신土神, 직稷은 곡신穀神을 뜻한다. 우리나라에서는 신라 선덕왕 4년(783) 초, 고려 성종 10년(991) 초, 그리고 조선 태조 3년(1394)에 각각 사직단이 세워졌다. 국가 사직의 위치는 도성 안 서부西部 인달방仁達坊이다. 국사國社는 동쪽에 있고 국직國稷은 서쪽에 있다. 2개 단 모두 신좌神座가 북향하고 있다. 매년 중춘과 중추, 즉 2월과 8월의 상무일上戊日, 즉 그 달에 처음 맞는 무일戊日과 납일에 대향大享을 지내고 맹춘, 즉 정월 상신일上辛日에 기곡제祈穀祭를 지낸다. 축문에서는 조선 국왕을 성과 휘로 부르며 아악雅樂을 사용하였다. 문선왕文宣王 석전釋奠 때도 제사를 올렸다.

### ◉ 종묘宗廟

종묘는 태조 3년(1394)에 한양의 동부 연화방蓮花坊에 세웠다. 사계절 중 첫 달 상순과 납일에 큰 향사가 있고 초하루, 보름 및 시속명절, 즉 정조, 한식, 단오, 추석, 동지에 작은 제사가 있다.

### ◉ 단묘 대보단壇廟大報壇

창경궁 북쪽 담 밖에 위치한다. 숙종 30년(1704)에 명나라 신종神宗에 대한 향사를 위해 건립한 것으로 매년 3월에 제를 지낸다. 영조 25년(1749)에 중축하여 명나라 태조太祖와 의종毅宗을 추향追享하였다.

### ◉ 원단圓壇

한강 서동西洞에 있다. 국초에는 제천祭天하는 장소였으며 세종 때 없앴으나 잠시 후 복설復設하고 세조 때 친행親幸하여 제를 올렸다.

다음은 중사다.

### ◉ 풍운뇌우산천성황단風雲雷雨山川城隍壇

남단南壇이라고도 부르며 청파역靑坡驛에 위치하였다. 풍운뇌우신이 가운데에, 산천신이 왼쪽에, 성황신이 오른쪽에 남향한다. 매년 2월과 8월의 상순에 길일을 택하여 제사를 지낸다.

### ◉ 악해독단嶽海瀆壇

3칸의 묘廟가 남쪽 교외에 있으며 남단의 제도와 같다. 악嶽은 남쪽은 지리산, 중앙은 삼각산三角山, 서쪽은 송악산, 북쪽은 비백산鼻白山과 백두산이다. 해海는 동해, 남해, 서해다. 독瀆은 남쪽은 공주의 웅진熊津, 가야진伽倻津, 중앙은 한강, 서쪽은 장단의 덕진德津, 평양의 대동강, 의주의 압록강, 북쪽은 경원의 두만강이다. 제사일은 남단과 같다.

### ◉ 선농단先農壇

동교東郊의 보제원普濟院 동동東洞에 위치하며 남단의 제도와 같다. 신농씨와 후직씨를 모시는데, 신농씨는 북쪽에 남향하고 후직씨는 동쪽에 서향하고 있다. 매년 경칩 후 길한 해일亥日을 골라 제사한다. 성종 7년 정월에 임금이 친히 임하여 제사 지냈고, 숙종 30년에는 임금이 친히 기우제를 지냈다.

### ◉ 선잠단先蠶壇

동교의 혜화문惠化門 밖에 위치하며 남단의 제도와 같다. 서능씨西陵氏를 모시고 북쪽에 남향하고 있으며, 3월 중 길한 사일巳日을 택하여 제사 지낸다.

### ◉ 우사단雩祀壇

남단과 함께 하늘에 비를 비는 제사를 지내는 단이다. 동교에 위치하고 남단의 제도와 같다. 구망씨勾芒氏, 축융씨祝融氏, 후토씨后土氏, 욕수씨蓐收氏(형벌을 맡은 가을의 신), 현명씨玄冥氏, 후직씨后稷氏를 모신다. 신의 위치는 모두 북쪽에 남향하고 있으며 서쪽을 높인다. 매년 정월 상순 중 택일하여 제사를 지낸다. 영조 15년에 임금이 기우제를 친히 열었다.

다음은 소사다.

◉ **영성단**靈星壇

남교에 위치하고 있다. 북쪽에 남향하고 있으며 매년 입추 후 신일辰日에 제사를 지낸다.

◉ **노인성단**老人星壇

남교에 위치하고 있다. 북쪽에 남향하고 있으며 매년 추분일秋分日에 제사를 지낸다.

◉ **마제단**禡祭壇

동북쪽 교외에 있다. 치우신蚩尤神을 향사한다. 강무講武 하루 전에 제사를 지낸다.

◉ **마조단**馬祖壇

동교에 위치하고 있다. 북쪽에 남향하고 있으며 매년 2월 중기中氣 후 강일剛日에 말의 조상인 천사성天駟星에 제사를 지낸다.

◉ **선목단**先牧壇

처음 말을 기른 자를 향사하는 단이다. 영조 25년에 우역牛疫이 돌아 단을 쌓고 위판을 만들어 제사를 지냈다. 매년 5월 중기 후 강일에 제사를 지낸다.

◉ **마사단**馬社壇

처음 말을 탄 자를 향사하는 단이다. 매년 8월 중기 후 강일에 제사를 지낸다.

◉ **마보단**馬步壇

말에게 재해災害를 끼친다는 귀신 마보에게 제사하는 단이다. 매년 11월 중기 후 강일에 제사를 지낸다.


말에 관한 제사는 마조제馬祖祭, 선목제先牧祭, 마사제馬社祭, 마보제馬步祭가 있는데, 제단祭壇은 같으나 제일祭日은 다르다. 마조제는 봄에, 선목제는 여름에, 마사제는 가을에, 마보제는 겨울에 지낸다(春祭馬祖, 夏祭先牧, 秋祭馬社, 冬祭馬步). 이상 4개의 단은 모두 동교의 살곶이목장[箭串牧場] 안에 있다. 한편 영성단을 비롯하여 모두 폐지되었는데, 마조단만 정조 20년에 복설되어 제사하였다.

◉ **남방토룡단**南方土龍壇

이것 역시 남쪽 교외에 있어서 남단이라고도 부르며, 남방토룡제南方土龍祭를 지내는 제단이다. 왕이 제사를 위해 향축香祝을 내리면 승지가 이를 받들어 다음 날 남단을 비롯하여 삼각산, 목멱산, 한강 등에서 절제를 지낸다.

◉ **사한단**司寒壇

남교의 동빙고 빙실氷室 북쪽에 있으며 현명씨를 향사한다. 제사 지내는 형식은 영성단과 같다. 매년 춘분 때 개빙開氷하고 12월 상순에 택일하여 장빙藏氷하고 제사한다.

◉ **포제단**酺祭壇

제사 지내는 형식은 마보단과 같으며 포신酺神을 향사한다. 황명蝗螟이 있으면 제사한다.

◉ **나례**儺禮

12월에 큰 나례를 광화문과 도성 사대문에서 행한다. 인조 원년(1623)에 파한 것을 숙종 18년(1692)에 다시 설행하였다.

◉ **명산대천단**名山大川壇

형식은 영성단과 같으며 단은 없고 묘가 세 칸 있다. 북쪽에 남향하고 있다. 명산은 동쪽에 원주의 치악산, 남쪽에 공주의 계룡산, 단양의 죽령산, 울산의 우불산亐佛山, 문경의 주흘산主屹山, 나주의 금성산이며, 중앙에 목멱산, 서쪽에 장단의 오관산五冠山, 해주의 우이산牛耳山이고, 북쪽에 적성의 감악산紺岳山과 회양의 의관산義舘山 등이다. 여기에 서쪽에 강화의 마니산과 남쪽에 제주의 한라산, 북쪽에 백두산이 더 들어간다. 대천은 남쪽에 충주의 양진명소楊津溟所, 중앙에 양주의 양진楊津, 서쪽에 장연의 장산곶長山串과 안악의 아사진송곶阿斯津松串과 안주의 청천강 및 평양의 구진익수九津溺水,

북쪽에 회양의 덕진명소德津溟所와 영흥의 비류수沸流水 등이다. 명소溟所는 수신水神에게 제사 지내는 곳이다. 매년 2월과 8월에 날을 택하여 제사한다.

● **여단**厲壇

북부 창의문彰義門 밖 장의사동藏義寺洞에 있다. 형식은 영성단과 같다. 성황신은 단 북쪽에 남향하고 제사를 받지 못하는 귀신 15위는 난 아래에 좌우로 서로 마주 보게 설치하였다. 매년 청명, 7월 15일, 10월 초하루에 제사를 지낸다.

조선후기에는 그 밖에도 관왕묘제關王廟祭, 강화기우제江華祈雨祭, 중류제中霤祭, 안태제安胎祭, 사후토제謝后土祭, 지진제地震祭, 수로왕제首露王祭, 궐리사제闕里祠祭, 화성華城의 성신사춘추절제城神祠春秋節祭, 영월寧越의 배식단제配食壇祭 등이 추가되었다.

성균관 남쪽 대성전에 위치한 문묘文廟의 서북쪽에 위치하며 숙종 25년(1699)에 건립한 계성전啓星祠과 문묘 동쪽에 위치하고 숙종 9년(1683)에 건립한 숭절사崇節祠에 대한 제사도 새로 생겼다. 둑신묘纛神廟는 원래 도성 내의 동남쪽에 있었는데, 후에 예조禮曹 서쪽으로 옮겼다. 매년 경칩일과 상강일에 제사를 행한다.

# 3. 천신 의례

## 1) 궁중의 천신 의례

세시를 가장 잘 반영하는 의례의 하나는 천신薦新이다. 월령천신月令薦新이란 다달이 정한 예例에 따라 새로 생산된 물품을 신위神位에 먼저 올리는 의례고, 월령진상月令進上 역시 다달이 정한 예에 의해 그 지방에서 나는 물품을 국왕에게 바치는 것을 말한다.

『예기禮記』「월령」에 "늦겨울에 천자가 친히 왕림하여 물고기를 맛보시는데, 먼저 종묘에 천신한다."라는 내용이 있는데, 우리나라에서 11월에 임금이 청어를 종묘에 천신하는 것 역시 이를 따른 것이다. 재상집과 양반집에서도 마찬가지로 천신제를 행한다. 제주도에서는 귤, 유자, 밀감 등을 진상하고 임금은 이것을 역시 종묘에 천신한 다음 궁중의 가까운 신하들에게 하사한다.

대궐에서 월별로 천신하는 품목은 다음과 같다.

· 정월: 조곽早藿

· 2월: 생조개, 생낙지, 얼음, 생전복, 작설雀舌, 생송어, 물미나리, 반쯤 말린 꿩

· 3월: 눌어訥魚, 참조기, 조기, 고사리, 웅어[葦魚], 청귤淸橘, 신감채辛甘菜

· 4월: 죽순竹筍, 오징어, 준치

· 5월: 앵두, 살구, 오이, 보리, 밀

· 6월: 좁쌀, 기장쌀, 핍쌀, 쌀, 능금, 자두, 가지, 참외, 수박, 동과冬瓜, 은구어

· 7월: 연어鰱魚, 연실蓮實, 배, 개암, 잣, 호두, 청포도

· 8월: 홍시紅柿, 대추, 밤, 청주淸酒, 생이生茸, 송이, 붕어

· 9월: 석류, 머루, 다래, 생기러기[生雁]

· 10월: 감자柑子, 귤, 건시, 은행, 은어, 대구, 문어, 서여薯蕷, 유자

· 11월: 과어瓜魚, 청어, 천아天鵝, 뱅어

· 12월: 숭어, 생토끼, 유감乳柑, 정귤庭橘, 당유자唐柚子

이상의 품목은 「월령」에 기록된 것을 기초로 몇 가지를 우리나라에 맞게 교체한 것이다. 예를 들면 9월 월령에는 천아天鵝를 천신한다고 되어 있는데 이것이 가장 민폐가 된다고 하여 생기러기로 바꾼 것이다.

천신은 삭망제를 겸하여 하다가 계절을 맞추지 못하는 일이 생기자 모든 새 품목이 철 따라 나오는 대로 삭망을 기다리지 않고 택일도 할 것 없이 천신하게 하였다.

## 2) 민간의 천신 의례

민간에서는 봄에 조기, 가을에 올벼를 조상에게 천신하는 풍속이 있다. 조기는 대개 서해안지역에만 해당하는 관행이다. 올벼는 늦벼의 반대말로 조생종 벼를 말한다. 민간용어로 천신을 심니 또는 심리라고 하는데 이는 신미新味를 잘못 발음한 것이다. 한편 '조구심니', '올벼심리'라고도 하는데 이는 봄에 처음 잡은 조기나 가을에 새로 수확한 올벼를 조상에게 바쳐 그해 처음 맛보게 한다는 뜻이다. 그 해 처음 생산된 물선物膳이란 뜻으로도 쓰인다.

신미는 천신과 함께 나오는 용어다. 『문종실록文宗實錄』(7권, 문종 1년 (1451년) 5월 9일) 기사를 보면 문종이 예조禮曹에 다음과 같이 전교傳敎하였다.

> "지금 오래 가물어서 내가 매우 염려한다. 문소전文昭殿, 휘덕전輝德殿, 경희전景禧殿에 천신薦新 및 진상進上하는 신미新味의 물선物膳 외의 각전各殿, 각궁各宮에 망전望前, 망후望後로 바치는 물선은 잠시 바치지 말게 하라(今久旱, 予甚慮焉。文昭殿, 輝德殿, 景禧殿薦新及進上新味物膳外, 各殿各宮 望前後所進物膳, 姑令勿進。)."

『영조실록英祖實錄』(84권, 영조 31년(1755년) 5월 21일) 기사 중 과거 경종의 죽음과 관련하여 사신史臣은 다음과 같이 말하였다.

> "세도가 불행하여 난역亂逆이 거듭 일어나 아주 흉악하고 절패絶悖하였는데, 신치운에 이르러 극에 달하였다. 갑진년 8월에 경묘景廟께서 병환이 다 낫지를 않고 수라水刺를 들기 싫어하는 징후가 점차 더하였기 때문에 궁중에서 근심한 나머지 20일에 어주御廚에서 수라에 게장을 올렸었다. 이는 가을철 신미新味인데 경묘께서 이 게장으로 수라를 많이 들었기 때문에 궁중에서 모두 기뻐하였다(世道不幸, 亂逆層生, 而窮凶絶悖, 至致雲而極矣。甲辰八月, 景廟違豫彌留, 水刺厭進之候漸加, 故宮中憂遑, 二十日御廚於水刺, 供蟹醬。乃秋節新味, 故景廟以此多進水

刺, 宮中皆歡喜。)."

이유원李裕元(1814~1888)의 『임하필기林下筆記』 권16 「문헌지장편文獻
指掌編」에 천신에 대한 사항에서 영종대왕행록英宗大王行錄에 다음과 같은
기록이 있다고 소개하였다.

"왕은 매양 시물時物이 바뀌는 때를 당하면 조상을 추모하는 마음이 더욱 간절하
여, 만약 신미新味로 나온 찬품饌品이 일찍이 선조先朝에서 즐기시던 것이면 이
를 반드시 전궁殿宮에 천신하였으며, 천신이 끝난 다음에야 비로소 수저를 대었
다. (후략)"

올벼는 오리 또는 오려로 잘못 발음되어 '오려심니'란 말도 생겼다. 또
'올개심니'란 말도 있는데, 개는 겨를 말하는 듯하다. 대개 올개쌀, 올기쌀
이라고 할 때는 풋벼를 훑어서 솥에 넣고 찐 다음 말린 뒤 방아를 찧어 얻는
노르스름한 쌀을 말하므로 올벼를 가공하였다는 의미가 첨가된 것이다.
집안에 중대한 일이 생겼을 때는 반드시 조상에게 고유告由를 하고 색다
른 음식이 생겼을 때 먼저 드리는 것과 같은 이치로 계절의 신미가 났을 때
도 조상에게 먼저 바쳤던 것이다. 서해안에서는 비단 올벼뿐 아니라 봄철에
새로 조기를 구하게 되면 맛보기 전에 조상께 올리는 '조구심니'라는 관행
도 있었다.
이 조기신미는 전라 남도와 북도에 주로 분포한다. 충청남도 등 인접한
도에도 있을 법하나 조사된 사례가 없다. 경상도의 경우는 조기신미는 물론
없으며, 추석 차례로 올벼천신은 있지만 올벼신미는 없다. 즉 올벼신미나
조기신미 풍속은 전라도 지역에 주로 분포하는 세시 관행이자 용어다. 특히
조기신미는 전라도 내에서도 군산, 부안, 고창, 영광, 무안, 목포 등 서해안
일대에만 나타나는 풍속이다.
군산지역에서는 추석 전에 '오리쌀', 즉 일찍 익은 쌀로 밥을 해 조상께

바치고 성주상도 따로 차려놓는데, 이것을 '오리심니(올벼심리)'라고 한다. 남원에서도 주로 추석 전에 날을 받아 하는데, 대개 8월 초하룻날 한다. 빠르면 백중 때에도 하고, 미처 못 하면 추석 때에 한다. 당산제를 준비하는 집에서처럼 지켜야 할 사항이 많은데, 예를 들면 음식을 준비할 때 간이나 맛을 보지 않는다. 또 마을에 상喪이 나면 지내지 못하기 때문에, 누군가 돌아가실 분이 생길 것 같으면 그 전에 올리려고 한다.

김제에서는 보통 추석에 많이 한다. 익은 벼의 이삭을 조금 훑어다가 절구에 쪄서 밥을 하고 그 해 새로 나온 음식들을 같이 상에 올려 조상과 성주에게 대접한다. 올벼로 새로 지은 밥을 '오리밥'이라고 하며 같이 올리는 나물도 모두 새로 거두어들인 것으로 만든다. 오리쌀이 넉넉하지 않아 메 한 그릇과 물 한 그릇만을 소박하게 조상께 올리는 곳도 있다.

익산의 웅포면에서는 중양에 올벼심리를 한다. 즉 9월 9일 저녁에 햅쌀로 메를 지어서 조상께 천신하며, 성주에도 한 그릇 떠다 놓고 장독대에도 한 그릇을 떠올린다. 햇나물로 세 가지 나물, 즉 배추나물, 고사리나물, 가지나물을 마련하여 함께 올린다. 이곳은 추수가 끝나고 행한다는 점에서 다른 지역과 차이가 난다.

추석 차례나 올벼심리를 지내지 못한 일부 가정에서는 중양에 구일 차례나 올벼심리를 한다. 마을에 따라서는 자손 없는 사람을 위해 제사를 지내기도 한다.

추석날 올벼심리를 하는 경우에는 조상에게 차례보다 먼저 올린다. 전주지역의 경우 농사를 짓지 않은 집에서는 추석 전에 시장에 올벼가 나오면 그것을 사다가 쌀과 섞어서 밥을 하여 이맘때 새로 나는 나물과 함께 차려서 올린다.

정읍에서는 말복을 지나 나락이 패면 7월 중순경에 올개심리를 한다. 올벼쌀이 부족할 경우에는 묵은쌀을 조금 섞기도 한다. 그리고 곳간에는 올벼쌀을 주머니에 넣어 명태와 같이 달아놓는다. 시기를 놓친 집에서는 추석이나 중양에 행한다.

조기신미는 양력 4월에 새 조기가 나오면 조상께 먼저 올린다는 의미를 갖는데, 성주에게 올리기도 하고 조상에게 올리기도 한다. 해안가가 아닌 경우에도 마을에 생선장수가 들어와 그 해 처음으로 조기를 사게 되면 '조구심리'를 한다. 택일을 하는 곳도 있다. 일반 제사를 지내듯이 음식을 준비하고 조기를 선영의 상에 놓는다.

이러한 지역에서는 조기를 가장 귀한 제물로 여긴다. 조기는 양력 4월, 즉 음력 2월과 3월 사이에 잡는 것을 가장 좋은 것으로 치는데, 이때 가장 먼저 잡은 좋은 조기를 따로 보관해두었다가 다음 뱃고사를 지낼 때 제물로 삼는다.

조기뿐만 아니라 숭어를 올리는 곳도 있다. 고기를 잡는 사람들은 어장에서 돌아오면 잡은 고기 중 가장 좋은 것 한 마리를 골라서 시루에 담아 조상에게 올린다. 주로 숭어나 조기를 올리게 되는데 찌지 않고 날 것을 올린다. 일 년에 두세 번 심리를 한다.

'외심니'도 있다. 여름에 참외가 나오면 조상에게 바치는 것을 말한다. 이러한 지역에서는 물론 올벼심리도 한다.

농사력이 비교적 빠른 순창지역의 경우는 백중 때 나락이 새로 나오므로 올벼심리를 한다. 올벼를 훑어다가 쪄서 말린 쌀로 밥을 해서 쇠고기를 넣은 무국과 시루떡, 호박전, 술전, 나물 등을 해서 성주상과 삼신상을 차린다. 제사를 지낸 후에 음식은 식구들끼리만 먹는다. 지금은 추석날 차례를 겸해 행한다.

장수지역의 올벼심리는 조금 독특하다. 나락이 익기 시작하면 익은 것으로 세 단을 베어온다. 낟알을 훑어서 솥에 넣고 쪄서 노랗게 된 '올개쌀'로 메를 지어 조상에게 대접한다. 그 전에 성주상과 삼신상을 마련하는데, 삼신상은 상을 놓지 않고 방바닥에 깨끗하게 추린 햇짚을 놓고 제물을 올린다. 이 짚은 버리지 않고 묶어서 문지방 위에 올려두었다가 한 해 동안 삼신을 위할 때마다 사용한다. 조상 차례를 마친 후에는 친척을 불러 대접한다.

올벼심리 때 성주단지를 갈아주기도 한다. 햇곡식이 수확되면 성주단지를 갈아주는데, 이때 쌀을 담고 나서 종이로 덮어 묶어두며, 꺼내놓은 묵은 쌀로 밥을 지어 먹는다. 조왕단지가 있으면 올벼심리를 하면서 같이 갈아준다. 조왕단지 곡식 역시 올벼를 사용한다.

나주지역에서는 한마을에 형제가 분가하여 살고 있으면 큰집에서 먼저 올벼심리를 하고 난 후 작은집에서 한다. 올벼쌀을 넣어서 밥을 하였다고 알리면 주위 사람들이 먹으러 온다.

강진지역에서는 그 해 첫 올벼심리를 집안사람들이 모두 모여서 한다. 그러므로 대종가에서만 올벼심리를 하게 되며 종가가 아닌 집에서는 추석 때 올벼심리를 한다.

올벼심리는 대체로 추석 이전에 추석 차례와 구분하여 행해야 하는 경우, 추석 차례와 구분 없이 단순히 햅쌀을 조상에게 올리는 행위를 말하는 경우, 그리고 추석을 넘겨 중양에도 수확이 끝나지 않을 때 하는 행사를 의미하는 경우 등으로 나뉜다. 이 중 첫 번째 경우가 가장 많다. 영광지역에서는 이를 추석날 차례와 함께 겸하기도 하는데, 추석 때 하게 되면 차례상 옆에 상을 하나 더 차려놓고 찐쌀을 올려놓는다. 올벼심리를 하기 위해 차린 상에는 따로 절을 하지 않는다고 한다. 추석을 쇠기 전에 처음 수확한 '첫 쌀'로 올벼심리를 해야 한다. 만약에 햇곡식이 수확되지 않으면 올벼를 구입해서라도 하는 경우가 있는데, 이 역시 첫 번째 경우에 해당한다.

이렇듯 대개는 올벼심리와 추석 차례는 구분되어 행해져왔다. 그러나 지금은 추석 차례로 올벼심리를 대신한 격이 되었다. 추석 차례나 추석 성묘 때 신곡新穀을 가지고 하기 때문이다.

지역에 따라서는 이 행사 때 차례와는 다른 격식을 적용하기도 한다. 예컨대 성주상을 올릴 때는 수저를 올리지 않는다고 하며, 행사를 할 때는 대문에 금줄을 쳐서 궂은 사람이 집안에 들어오는 것을 방지한다고 한다. 또 올벼심리를 하고 나면 그 마을에 초상이 나더라도 조문弔問을 가지 않는다고 한다. 올벼심리를 하려고 널어놓은 쌀을 새가 먹으면 그 새가 죽는다는 말도 있다.

경상북도에서는 추석 차례 때 올벼를 천신한다고 하지만 올벼신미라는 말은 따로 없다. 추석 차례 때는 설과 달리 햇곡식으로 차례를 지내야 하는데 추석이 빨리 들면 곡식이 다 여물지 않기 때문에 미리 따로 심은 올벼로 밥을 지어 차례상에 올린다고 한다. 추석은 사람이 입을 대기 전에 햇곡식과 햇과일을 조상께 올리는 천신제라는 인식이 있어 추석 전에 별도의 올벼신미를 해야 한다고 여기지 않기 때문이다.


# 4. 지방의 세시의례

## 1) 한성의 세시의례

한성漢城에는 여러 사묘祠廟가 있어서 세시에 따라 제를 지냈다. 백악신사白嶽神祠는 백악산정에 있었으며 매년 봄과 가을로 초제를 지냈고, 목멱신사木覓神祠는 목멱산정에 있어 역시 매년 봄과 가을로 초제를 지냈으나 도교의 쇠퇴로 중단되었다.

◉ **한강단漢江壇**

매년 봄가을로 향사한다.

◉ **부군사符君祠**

각 사司 이청吏廳 옆에 두었다. 매년 10월 초하루에 제사를 지냈다. 고려 시중侍中이었던 최영崔瑩이 관에 있을 때 재물에 대해 청렴하기로 이름을 떨쳤는데 이속들이 이를 기려 그를 신으로 모시는 것이라고 전한다. 지방에도 있다.

● 수진방壽進坊

이색李穡의 영당影堂이 있어서 매년 봄가을로 후손들이 향사한다.

## 2) 군현郡縣의 세시의례

조선 초 이래 중앙징부가 지방통치 수단의 하나로서 군·현을 단위로 설치한 제의에는 사직, 성황, 여제, 기우제, 향교 석전례 등이 있었다. 『국조오례의』의 규정에 따라 그동안 산천, 성황, 풍운, 뇌우 등 여러 명칭이 붙어 불리던 단들은 중앙집권 강화의 일환으로 하나의 성황사로 수렴하여 재배치되었다. 성황사는 중앙통제가 가능한 기구의 하나로 재정비되고 관제화되었으나 실상은 그 의도와는 달리 여전히 많은 지역에서 지방토호세력의 장악하에 있었다.

『동국세시기』에는 3월 월내月內 풍속으로 충청도 청안현淸安縣의 국사신사國師神祀를 소개하고 있는데 고을 향리가 주관하는 현 단위 제의다. 『임영지臨瀛誌』에 소개된 강릉의 단오제 역시 향리가 주관하는 군현제의적인 성격을 띤다.

충청도 진천군에 매년 3월 3일에서 4월 8일 사이에 여자들이 무당을 데리고 우담당牛潭堂, 동서용왕당東西龍王堂 및 삼신당三神堂에 가서 아들 낳기를 비는 풍속이 있었는데, 모인 사람들로 시를 이루었다고 한다. 경상도 고성군에 있는 사당에서는 매월 삭망일에 관 주관으로 제를 지냈는데, 이 당에 신의 가면을 만들어두었다가 납월에 그 신이 읍에 내렸다고 하여 가면을 쓰고 관아와 읍내를 돌아다니며 춤을 추면 각 가정에서는 이를 맞아 즐겁게 대접했다고 한다.

황해도 평산의 삼태사三太祠는 태백산성 안에 있는 건물이다. 삼태사三太師란 신숭겸申崇謙, 복지겸卜智謙, 유금필庾黔弼 등 3인인데, 정조 23년(1799)에 풍천과 장연의 두 수령이 이곳에 놀러와 사당문을 열어보았다는 기록이 『상산록象山錄』에 나온다.

이 밖에도 군현 단위 신사神祠의 예는 많다.

### ● 대자재천왕사大自在天王祠

충청도 보은報恩 속리산 마루에 있는데, 신이 매년 10월 인일寅日에 법주사에 내려온다고 하여 신을 맞아 제사를 지낸다.

### ● 김유신사金庾信祠

경상도 군위의 속현인 효령현 서악에 있는데, 삼장군당三將軍堂이라고 부른다. 매년 단오 때 현의 수리首吏가 고을 사람을 이끌고 역기驛騎에 기를 세우고 북을 달아 신을 맞이하면서 거리를 누빈다고 한다.

### ● 오금잠제烏金簪祭

오금잠에다 올리는 제사다. 고을 사람이 비녀를 작은 함에 담아 관아 동쪽 모퉁이 나무 밑에 감추어두었다가 단오 때 꺼내 제물을 갖추어 제사한 다음 이튿날 도로 감춘다.

### ● 태백산사太白山祠

태백산 꼭대기에 있는데, 천왕당天王堂이라 한다. 강원도 및 경상도 인접지역 사람들이 춘추로 제사하는데, 신좌神座 앞에 소를 매어두고는 갑자기 뒤도 돌아보지 않고 달아난다. 만약에 돌아보면 불공不恭하다고 하여 신이 벌을 준다고 한다. 사흘이 지난 다음 부에서 그 소를 거두어 이용하는데, 이를 퇴우退牛라고 한다.

지방 군현의 단묘에 대한 제사는 대개 2월과 8월 상무일上戊日에 지낸다. 『대록지大麓誌』(1779년 간행) 「단묘조壇廟條」에 의하면 목천현의 사직단은 현에서 서쪽으로 3리 떨어져 있는데 매년 2월과 8월 상무일에 제사 지낸다고 하였다. 1819년 간행된 충청도 아산군 읍지인 『신정아주지新定牙州誌』 「사단조」에도 사직단은 현 남쪽 산등성이에 있으며 2월과 8월 상무일에 사신社神과 직신稷神에게 제사 지낸다고 하였다. 이곳의 여단은 현 북쪽에 있는데, 봄에는 청명일, 가을에는 백중일(7월 15일), 겨울에는 10월 초하루 등

세 차례 제사 지내며 현 동남쪽에 있는 성황단은 봄, 가을, 겨울 각각 여제 지내기 3일 전에 제사 지낸다고 하여 지역에 따른 차이를 보이고 있다.

『울산읍지蔚山邑誌』(1749년 간행) 「풍속조風俗條」에는 대보름날의 매귀유 埋鬼遊, 즉 지신밟기와 마두희馬頭戲라고 하여 5월 15일에 갖는 읍인들의 줄 다리기를 소개하고 있다. 또 5월 5일에 하는 씨름인 각지희角觝戲와 욕동류 수浴東流水, 즉 6월 15일 유두 행사도 소개하고 있다. 매년 2월의 첫 번째 길 일에는 영동제榮童祭라고 하여 집집마다 술과 음식을 차려놓고 기양祈禳을 하는데, 이를 풍신제風神祭라고도 한다고 하였다.

『동래부지東萊府誌』(1740년 간행) 「풍속조」에는 각 면마다 동안洞案이 있 어 매년 3월 3일 삼짇날과 9월 9일 중양에 한 곳에 모여 강회講會를 하며, 단 오절에는 읍내의 남녀가 모여 편을 갈라 그네타기를 하고, 또 동서로 나누 어 줄다리기를 한다고 하였다.

경상도 성주는 관왕묘關王廟가 있는 곳인데, 『성산지星山誌』(1938년 간행) 에 따르면 봄에는 경칩, 가을에는 상강 때 각각 향사한다고 하였다. 『울진군 지蔚珍郡誌』(1939년 간행)에는 사직단 제사는 2월과 8월의 상무일에 지내 지 만 여단은 3월과 9월에, 성황단은 정월 5일과 5월 5일에 제사 지낸다고 하 였다. 전라도 영광의 경우는 『영광속수여지승람靈光續修輿地勝覽』(1871년 간 행)에 따르면 여제단은 군에서 북쪽으로 2리 떨어져 있는데 매년 3월과 9월 말일에 명을 다하지 못한 귀신들을 제사한다고 하였다.

그 밖의 군현제의에 대해서는 『동국세시기』를 참고한다.

# 세 시 **IV** 민 속
와

## 1. 세시와 의식주

『동국세시기東國歲時記』에 음식에 관한 항목은 귀밝이술[牖聾酒], 묵은 나물[陳菜] 만들어 먹기, 보름날[上元] 약밥[藥飯], 복쌈[福裏], 부럼 깨물기[嚼癤], 세주歲酒, 세찬歲饌, 시루떡[甑餅], 오곡밥, 승검초[辛甘菜] 진상 등에 지나지 않지만, 세부적으로 언급된 음식류들을 다 열거해보면 전체 내용 중에 음식이 가장 많은 비중을 차지하고 있음을 알 수 있다. 특히 시절음식에 대한 언급이 많이 보이는데, 이것은 당시 양반 사족들이 보양補養에 관심이 많았음을 나타낸다고 하겠다.

다음은 『동국세시기』 등 세시기와 『충청남도 세시풍속』(2002년, 국립문화재연구소)에 나오는 사례를 바탕으로 충남지역을 중심으로 하여 세시별 의식주 관행을 살펴본 내용이다.

## 1) 정월

"설날에 벌어지는 일들에는 '세歲' 자가 붙는다. 남녀 어린이들은 모두 새 옷으로 단장하는데 이것을 세장歲粧이라고 하고 우리말로는 설빔이라고 한다. 이날 찾아 온 손님을 대접하기 위해 만든 시절음식을 세찬歲饌이라고 하고 대접하는 술을 세주歲酒라고 한다."

"멥쌀가루를 쪄서 안반 위에 놓고 떡메로 무수히 쳐서 길게 늘려 만든 떡을 가래 떡 또는 흰떡(백병白餠)이라고 한다. 이것을 얇게 엽전 두께만큼 썰어 장국에다 넣고 끓인 다음 쇠고기나 꿩고기를 넣고 후춧가루를 쳐서 조리한 것을 떡국(병탕 餠湯)이라고 한다. 이것은 제사에도 쓰고 손님접대에도 사용하므로 세찬에 빠져 서는 안 될 음식이다. 국에 넣어 삶으므로 옛날에는 습면濕麵이라고 불렀다. 저잣 거리 가게에서는 이것을 시절음식으로 판다."

이상은 『동국세시기』에 나오는 기사다.

설빔은 새해를 맞이한 기념으로 지어 입는 새 옷을 말한다. 그러나 사정 이 여의치 않으면 입던 옷을 깨끗하게 빨아서 입기도 한다. 아이들 옷은 흰 색을 그대로 사용하지 않고 물을 들여 입는다.

차례상에 올리는 음식은 충남지역 내에서도 편차가 커서 일반화하기 힘 들다. 대개는 메 대신 떡국을 올리고 그 외에는 기제사 때와 크게 다르지 않 다. 차례상 음식으로 충청남도의 특징이라고 할 만한 것 중 하나는 만두를 올리지 않는다는 것이다. 만두를 섣달그믐에 빚는다는 지역이 아산, 서산, 홍성, 서천 등 충청남도 서부에 널리 분포되어 있지만, 이는 설 차례상에 올 리기 위해서가 아니라 겨울음식으로 장만해두는 것이다.

서천군 한산면 원산리에서는 설 차례를 떡국 차례라고 하여 차례상에 떡 국은 반드시 올리지만 만두는 올리지 않으며, 술, 과일, 포, 적 외에 시루떡, 홍어, 상어 등을 올린다. 논산지역의 경우 시루떡과 조기, 숭어 등을 올린 다. 떡국을 끓이면 메는 마련하지 않는다. 제사에 묵은 김치를 올리지 못하므로 설을 앞두고 미리 준비해야 하는 음식의 하나가 나박김치다.

설에도 성주를 위하는 의미에서 차례상에 올리는 음식을 조금씩 나누어 '성주 차례상'을 방안에 따로 차린다.

정초에 장을 담그는 풍속은 충청남도 각 지역에 고루 분포되어 있다. 주로 말날[午日]에 장을 담그는 풍속은 전국적이다. 그런데 징 담그는 달이 대개의 지역에서는 3월인 반면 충남지역에서는 정월과 2월인 경우가 많다. 지역에 따라서는 정월에 담그는 장이 가장 맛이 있다고 하는 곳도 있고 2월을 적기로 여기는 지역도 있다. 정월에 장을 담그는 지역에서는 정월 열흘 이전에, 특히 닷새와 엿새에 담그는데, 그 이유는 닷새의 '닷' 자가 '달다'를 연상케 하여 장맛이 달고, 엿새의 '엿' 자는 먹는 엿과 같은 음이어서 이것 역시 장이 엿과 같이 달 것이라고 기대하기 때문이다. 해일亥日, 즉 돼지날 담그는 것이 가장 좋다는 지역도 있다. 3월에 담그는 장은 제사에 쓰지 않는다는 지역도 있다. 또 당진지역에서는 장이 맛이 없을 경우에 메주를 추가하여 다시 장을 담그기도 하는데, 이를 '겹장'이라 하며 겹장으로는 제사음식을 마련하지 않는다고 한다.

예산군 덕산면에서도 정월이나 2월에 많이 담그는데, 그 시기가 다른 곳과 달라 정월에는 스무날과 그믐날, 2월에는 초엿새, 초열흘, 스무날에 담근다고 한다. 2월 스무날은 '할미 조금날'이라고 하며 이날 담그면 장맛이 특히 좋다고 한다. 장은 매년 새로 담근다.

'보리뿌리로 떡 해먹기'는 당진군 순성면 광천리의 사례로 충청남도 전지역에 분포되어 있었는지는 알 수 없다. 정월부터 2월까지 '돌량'이라고 하는 돌림병이 많이 돌았는데, 이를 예방할 목적으로 보리떡을 쪄 먹었다고 한다.

당진지역에서는 열나흗날이면 '조랭이'라고 부르는 조리를 팔기 위해 조리장수들이 돌아다녔는데, 각 집에서는 형편에 따라 하나를 구입하기도 하고 2개를 구입하기도 한다. 조리는 방문 위에 매달고 그 안에 쌀과 엿을 넣어둔다. 엿은 세 가닥을 넣고, 보름날에는 여기에 김으로 싼 밥을 3개 올린다. 엿을 넣는 이유는 엿처럼 집안의 복이 늘어나라는 마음에서라고 한다. 돈을 넣기도 한다.

열나흗날에는 저녁식사로 오곡밥에 묵은 나물을 먹는다. 아산시 영인면의 사례를 들면 묵은 나물은 우거지(시래기), 아주까리잎새, 고사리잎새, 무채, 콩나물 등이다.

찰밥을 지은 다음 여기에 대추, 밤, 기름, 꿀, 간장 등을 섞어 다시 쪄서 잣과 버무린 것을 약밥(약반藥飯)이라고 한다. 약밥을 보름날의 좋은 음식으로 여겨 이날 이것으로 제사도 지낸다.

이 밖에 보름날 음식으로 복쌈 또는 김쌈이 있고 보름밥이라고 하여 흰쌀밥과 미역국을 마련하여 먹는다. 밥과 국을 지을 물은 공동 우물에서 남보다 먼저 길어와야 좋다고 한다. 이때 전날 마련해둔 나물과 김을 먹는다. 특히 이날 김쌈을 많이 먹으면 볏섬을 많이 한 것처럼 여겨 되도록 많이 싸서 먹는다고 한다. 또 보름에 두부를 먹으면 살이 찌고 부자가 된다고도 한다.

『동국세시기』에 정월 16일은 시골 풍속에 대부분 활동하지 아니하고 나무로 만든 물건을 집안에 들이지 않는 등 행동을 삼가는 기일忌日로 여긴다고 하였다. 그런데 요즈음에는 이러한 풍속을 듣기 힘들다. 사라진 옛 풍속이 된 듯하다.

## 2) 봄(음력 2월, 3월)

"대보름날 세워 두었던 볏가릿대(화간禾竿)를 이날 허물고 벼 이삭을 떨어서 흰떡을 만든다. 큰 것은 손바닥만 하게, 작은 것은 계란만 하게 만들며 모두 반달 옥같은 모양을 낸다. 콩을 불려 만든 떡소(도함豆餡)를 떡 안에 넣고 떡과 떡 사이에 솔잎을 겹겹이 켜를 지어 넣어 시루에 찐다. 푹 익으면 꺼내어 물로 씻은 다음 참기름을 바른다. 이것을 송편(송병松餠)이라고 한다. 이 송편을 노비들에게 나이 수대로 먹인다. 그래서 이날을 속칭 노비날(노비일奴婢日)이라고 한다. 농사일이 이때부터 시작되므로 이날 노비들을 먹이는 것이라고 한다. 떡집에서는 팥이나 검은 콩, 푸른 콩 등을 떡소로 넣거나 혹은 거기에 꿀을 버무려 떡소를 만들기도 하고, 혹은 찐 대추나 삶은 미나리를 떡소로 넣어 떡을 만들기도 한다. 이 떡을 이 달의 시절음식으로 여긴다."

"집안을 깨끗이 청소하고 종이를 잘라 '향랑각시속거천리香娘閣氏速去千里(향 랑각시야. 속히 천리 밖으로 가라.)'라고 여덟 자를 써서 서까래 끝에 붙인다. 각 시라는 말은 우리말로 여자라는 뜻이며 '향랑각시'라고 하는 것은 마륙馬陸, 즉 노래기라는 벌레를 예쁘게 불러주는 것이나 실은 노래기가 싫어서 이를 쫓아내려 는 의도를 담은 것이다."

이상은 『동국세시기』 2월 삭일朔日에 나오는 기사다.

2월 초하루는 이월할머니를 위한 2월밥을 해먹는 날이다. 이를 위해 지난 가을걷이 후에 나락을 미리 따로 두었다가 이때 밥을 짓는다고 한다. 2월밥 은 저녁에 한다. 반찬으로 나물과 생선, 김 등을 넉넉하게 마련하는데, 제사 음식과는 달리 고춧가루를 넣고 평상시처럼 조리한다.

"이달 3일을 삼짇날이라고 한다. 이날은 여자들끼리 야외에 나가 화전놀이를 하 는 날이다. 진달래꽃을 따다가 찹쌀가루에 갈라 붙여 둥근 떡을 만든 다음 참기름 에 지진 것을 화전花煎이라고 하는데, 이는 바로 옛날의 지짐이떡(오병熬餅)으로 기름에 지진 중국음식의 하나인 한구寒具 같은 것이다. 또 녹두가루를 반죽하여 익힌 것을 가늘게 썰어 오미자 물에 띄우고 꿀을 넣고 잣을 곁들인 것을 화면花麵 이라고 한다. 혹은 진달래꽃을 녹두가루와 섞어 만들기도 한다. 또 녹두로 국수를 만들고 이것을 붉게 물들인 다음 꿀물에 띄우기도 하는데, 이것을 수면水麵이라 고 한다. 이것들은 모두 시절음식으로 제사에 쓴다."

"녹두묵(녹두포菉豆泡)을 만들어 잘게 썰고 여기에 돼지고기, 미나리, 김 등을 넣 고 초장을 쳐 양념하면 매우 시원하여 늦은 봄날 먹을 만한데, 이것을 탕평채蕩平 菜라고 한다. 계란을 깨서 끓는 물에 넣어 반숙이 되게 한 다음 초장을 친 것을 수 란水卵이라고 한다. 황조개(황저합黃苧蛤)와 조기(석수어石首魚)로 국을 끓여서 이것을 먹기도 한다."

"밴댕이(소어蘇魚)는 경기도 안산지역의 안쪽 바다에서 나고, 웅어(제어鱭魚)는 속명으로는 위어葦魚라고 하는데 한강 하류인 고양군 행주에서 잡힌다. 늦은 봄이 되면 대궐음식을 준비하는 사옹원司饔院 관리들이 강에 그물을 던져 이것을 잡아다가 임금에게 진상하며 생선장수들은 거리를 돌아다니면서 횟감 사라고 소리치며 판다."

"복사꽃이 떨어지기 전에 복어(하돈河豚)에 미나리, 기름, 간장을 넣어 국을 끓이면 그 맛이 매우 좋은데 복어 중에는 경기도 해안의 노호露湖에서 나오는 것이 제일 먼저 시장에 들어온다. 복어의 독을 꺼리는 사람은 도미(독미어禿尾魚)로 대신 끓이는데 이 도미 역시 시절 생선으로서는 일등품이다. 마(서여薯藇)를 캐다가 쪄서 먹기도 하고 혹은 이것에 꿀을 발라 썰어 먹기도 한다."

"술집에서는 과하주過夏酒를 빚어 판다. 술의 종류로는 소국주小麴酒, 두견주杜鵑酒, 도화주桃花酒, 송순주松荀酒 등이 있는데 모두 봄에 빚는 좋은 술들이다. 소주燒酒로는 독막(옹막甕幕) 주변(현 서울 마포구 공덕동에서 대흥동 사이)에서 만드는 삼해주三亥酒가 최고 좋은데 수백, 수천 독을 빚어낸다. 평안도지방에서 쳐주는 술로는 감홍로甘紅露와 벽향주碧香酒가 있고, 황해도지방에서는 이강고梨薑膏, 호남지방에서는 죽력고竹瀝膏와 계당주桂當酒, 충청도지방에는 노산춘魯山春 등을 각각 가장 좋은 술로 여기며 이것 역시 선물용으로 서울로 올라온다."

"떡집에서는 멥쌀가루를 반죽하여 방울모양의 희고 작은 떡 조각을 만들어 그 속에 콩으로 소를 넣고 머리 쪽을 오므린 다음 오색물감을 들여 5개를 구슬을 꿴 것처럼 붙여놓는다. 혹은 청백색으로 반원형의 떡을 만들어서 작은 것은 5개를, 큰 것은 2~3개를 이어 붙인다. 이것들은 모두 산병散餅이라고 부르고 속칭 꼽장떡이라고 한다. 또 오색을 넣어 둥근 떡을 만들기도 하고 소나무껍질과 쑥을 섞어 둥근 떡을 만들기도 하는데 이것들을 고리떡(환병環餅)이라고 하고 이 중 큰 것을 말굽떡(마제병馬蹄餅)이라고 한다. 참쌀에 씨를 뺀 대추를 섞어 찐 것을 시루떡(증병甑餅)이라고 한다. 이상의 것들은 모두 봄철에 먹는 시절음식이다."

"술을 네 번의 오일午日을 이용하여 거듭 빚으면 봄이 지나야 익게 되는데 해가 지나도 변하지 않는다. 오후에 해당하는 12지 동물은 말이므로 말날을 네 번 지났다고 하여 이 술을 사마주四馬酒라고 한다. 동악東岳 이안눌李安訥이 남궁적南宮績이 준 사마주를 마시고 지은 「음남궁적사마주飮南宮績四馬酒」라는 시에 '그대 집의 이름난 술은 해를 지나도 변하지 않으니 응당 옥해주玉薤酒 빚는 법을 따랐나 보다.'라는 구절이 있다."

"채소를 파는 남자들이 무리를 이루어 그 해 들어 첫 수확한 배추를 지고 다니면서 채소 사라고 외치는데 이들을 청근상青根商이라고 한다. 이들은 순무(만청蔓菁)가 새로 나오면 역시 소리치며 판다. 이것도 시절음식이 된다."

이상은 『동국세시기』 3월 월내에 나오는 기사다.

삼월 삼짇날이나 그즈음에 산에 만발한 진달래꽃을 따다가 진달래술을 만드는 풍속은 전국 어디에서나 볼 수 있고 충남지역도 예외는 아니다.

## 3) 여름(음력 4월, 5월, 6월, 7월)

"5월 5일 단오절에 익모초益母草와 진득찰(희렴豨薟)을 뜯어다가 오시午時에 볕에 말려 약으로 쓴다. 또 대추나무 시집보내기를 한다."(『동국세시기』)

약쑥 캐기와 익모초 즙내기는 5월 단오에 충청남도 전역에서 행해졌다. 한편, 천안, 서산, 해미 등지에서는 단오절 떡을 '보생이떡'이라고 한다. 쌀가루에 수리취를 버무려 솥에 찌면 치아가 좋지 않은 노인들이 먹기 쉽게 부슬부슬해진다. 이것을 보생이떡이라고 한다. 이 떡을 먹으면 여름에 땀띠가 나지 않고 더위를 이길 수 있다고 한다.

"이날은 멥쌀가루를 쪄서 둥글고 긴 가래떡을 만든 다음 그것을 구슬같이 잘게 썰어 꿀물에 담갔다가 얼음을 채워 먹으며 제사에도 쓴다. 이것을 수단水團이라고 한다. 또 건단乾團이라는 것도 있는데 수단같이 만들지만 물에 넣지 않은 것으로 곧 찬 경단과 같은 종류다. 혹 찹쌀가루로 만들기도 한다."(『동국세시기』)

경기 북부지역이나 전북지역 일부에서 유두일에 닭을 잡아먹는 풍속이
있는데, 충남지역은 이러한 사례가 보고된 바 없다. 충남지역에서 유두일에
먹는 음식은 밀을 재료로 만든 밀국수와 기름떡이다. 집에서 수확한 밀을
가루를 내어 부추나 고추 등을 썰어 넣고 기름떡을 부친다. 천안에서는 기
름떡이라고 하고, 연기지역에서는 밀개떡 또는 부침개라고 한다. 연기군 서
면 용암리에서는 보리개떡을 해먹었다고 하였다. 금산에서는 그냥 개떡이
라고 한다.

개고기를 파와 함께 푹 삶은 것을 개장국(구장狗醬)이라고 하는데, 거기에
닭고기와 죽순을 넣으면 더욱 좋다. 또 개장국을 만들어서 산초가루를 치고
흰밥을 말면 시절음식이 된다. 삼복, 즉 초복, 중복, 말복 모두 붉은 팥으로
죽을 쑤어 먹는다.

### 4) 가을(음력 8월, 9월)

"술집에서는 햅쌀 술을 빚어 팔며 떡집에서는 햅쌀 송편과 무와 호박을 넣은 시루
떡을 만든다. 또 찹쌀가루를 찐 다음 그것을 떡메로 쳐서 떡을 만들고 거기에 볶
은 검은 콩가루나 누런 콩가루 혹은 참깨가루를 묻혀서 파는데 이것을 인절미(인
병引餅)라고 한다. 이것은 옛날 기장으로 만든 떡인 자고粢餻나 한漢나라 때의 마
병麻餅과 같은 종류다. 또 찹쌀가루를 쪄서 계란같이 둥근 떡을 만들고 거기에 꿀
에 버무린 삶은 밤을 붙인 것을 밤단자(율단자栗團子)라고 한다." (『동국세시기』)

추석이 다가와도 추수가 아직 일러 양식이 부족한 경우가 많은 지역이 중
부 이남지역이다. 이럴 때는 8월이 되어도 찐 쌀이나 보리를 먹어야 한다.
청양군 정산면의 경우 벼가 노랗게 익기 시작하면 부족한 양식을 채우기 위
해 바가지를 들고 들에 나가서 익은 벼를 훑어다가 솥에 넣고 찐다. 낟알이
단단히 여물지 않았기 때문에 찌지 않으면 부서져 먹지 못하기 때문이다.

올벼를 심어 일찍 나는 햅쌀을 '오려'라고 한다. 이것으로 송편을 만드는

데, 이것을 '오려송편'이라고 한다. 오려송편은 집에서 절구에 넣고 방아를 찧어 만든다. 집에서 찧는 것이 방앗간보다 깨끗하여 그렇게 한다고 하는데, 방앗간에 가져갈 만한 분량이 못 되는 것이 더 큰 이유다.

9월 9일 중양에 구절초 뜯는 풍속도 충청남도의 전 지역에 퍼져 있다. 구절초라고 하는 곳이 있는가 하면 천안, 예산, 홍성, 보령, 서천, 부여 등처럼 구일초九日草라고 하는 곳도 있다. 중양에 구절초를 뜯어다가 좋은 햇살에 말린 다음 저녁에 서리를 맞게 해야 약이 된다고 한다. 구절초는 몸을 덥게 하는 약으로 알려져 있다. 굳이 중양이 아니어도 9월 중에 구절초를 구해 햇볕이 좋은 날 말린다.

9월 중에는 예산이나 당진 지역의 사례처럼 메주를 쑤는 곳이 있는가 하면 천안이나 연기 지역의 사례처럼 굳이 9월에 메주 쑤는 일을 피하는 지역도 있다. 천안시 병산면 병천리에서처럼 12월에 메주를 쑤는 곳도 있다.

머슴을 두고 농사를 하는 집에서는 주인이 머슴에게 일 년에 옷 세 벌을 해준다. 백중에는 '마포'를 해주고, 8월 추석에는 광목으로 아래 위 모두 홑 겹인 '중의 적삼'을 해주며, 가을 추수 후에는 광목으로 '겹바지'와 '겹저고리'를 해준다.

## 5) 겨울(음력 10월, 11월, 12월)

"서울 풍속에 화로에 숯불을 피워놓고 석쇠(번철燔鐵)를 올려놓은 다음 쇠고기를 기름, 간장, 계란, 파, 마늘, 후춧가루 등으로 양념하여 구우면서 화롯가에 둘러앉아 먹는데, 이것을 난로회煖爐會라고 한다. 숯불구이는 추위를 막는 시절음식으로 이달부터 볼 수 있으며, 난로회는 곧 옛날의 난란회煖暖會와 같은 것이다. 또 쇠고기나 돼지고기에 무, 오이, 채소, 나물 등 푸성귀와 계란을 섞어 장국을 만들어 먹는데 이것을 열구자탕悅口子湯 또는 신선로神仙爐라고 부른다."

"얇게 썬 두부를 꼬챙이에 꿰어 만든 꼬치를 기름에 부친 다음 닭고기와 함께 끓인 국을 연포軟泡라고 한다. 여기서 포泡란 두부를 말하며 이는 중국 한나라 고조

IV. 세시와 민속  173

高祖의 손자인 회남왕淮南王 때부터 시작된 것이다."

"겨울 쑥의 연한 싹을 뜯어다가 쇠고기와 계란을 넣고 끓인 국을 쑥국(애탕艾湯) 이라고 한다. 또 쑥의 연한 싹을 찧어 찹쌀가루에 넣고 반죽하여 동그란 떡을 만 든 다음 삶은 콩가루와 꿀을 바른 것을 쑥단자(애단자艾團子)라고 한다. 또 찹쌀 가루로 동그란 떡을 만들어서 삶은 콩과 꿀을 이용하여 붉은빛이 나게 한 것을 밀 단고蜜團餻라고 하는데, 이것들 모두가 초겨울의 시절음식이다."

"찹쌀가루를 술에 반죽하여 크고 작게 썬 것을 햇볕에 말렸다가 기름에 튀기면 고 치같이 부풀어 오르며 속은 비게 된다. 이것에 흰깨, 검정깨, 누런 콩가루, 파란 콩 가루 등을 물엿으로 붙인 것을 강정(건정乾飣)이라고 한다. 송宋나라 남전藍田 사 람 여씨呂氏 집에서 먹었던 음식 이름에 원양견元陽繭이라고 한 것이 바로 이것 이다. 『병이한담餠餌閒談』이란 책에도 '수병餢餅이란 떡은 콩가루에 엿을 섞어 만든 다음 이것에 참깨를 묻힌 것으로, 그 이름을 호병胡餅 혹은 마병麻餅이라고 한다.'라고 하였는데, 이것 역시 이런 종류다. 강정은 이달부터 시절음식으로 시 장에서 많이 판다. 또 오색을 넣은 강정도 있으며, 잣을 박거나 잣가루를 묻힌 잣 강정(송자건정松子乾飣)도 있다. 찰벼를 볶아 꽃모양으로 튀겨서 엿을 묻힌 매화 강정이라는 것도 있는데, 홍색과 백색 두 가지다. 이것들은 이듬해 설과 봄철에 이르도록 민가의 제수물품으로 제사상의 과일 줄에 같이 들어가며, 또 세찬歲饌, 즉 설음식으로 손님을 대접할 때도 빠져서는 안 되는 음식이다."

"서울 풍속에 무, 배추, 마늘, 고추, 소금 등으로 김치를 담가 장독에 보관한다. 여 름의 장 담그기(하장夏醬)와 겨울의 김장(동저冬菹)은 민가에서 일 년을 보내기 위해 미리 준비해야 하는 중요한 일이다."

이상은 『동국세시기』 10월 월내에 나오는 기사다.

10월은 김장달이라고도 한다. 이달에 들어 있는 입동 즈음이 김장 담그기 에 가장 좋다고 하여 생긴 말이다. 김장은 종류도 여러 가지지만 방법도 가 지가지고 들어가는 양념도 가지각색이다.

"메밀국수를 무김치와 배추김치에 말고 돼지고기를 썰어 넣은 것을 냉면이라고 한다. 또 잡채와 배, 밤, 쇠고기, 돼지고기 등을 썰어 넣고 기름간장을 쳐서 메밀국수에 비빈 것을 골동면骨董麵(비빔면)이라고 한다. 평안도 냉면을 제일로 친다."

"작은 무로 담근 김치를 동치미(동침冬沈)라고 한다. 곶감을 넣어 끓인 물에 생강과 잣을 넣은 것을 수정과水正果라고 한다. 모두 겨울철의 시절음식이다. 새우젓국을 깔아 앉힌 후에 무, 배추, 마늘, 생강, 고추, 청각, 전복, 소라, 굴, 조기, 소금 등을 버무려 독에 넣고 묻어 한겨울을 지내면 그 맛이 얼큰하게 매워 먹음직하다. 또 무, 배추, 미나리, 생강, 고추 등을 장에 절여 김치를 담가 먹는다."

이상은 『동국세시기』 11월 월내에 나오는 기사다.

겨울철에는 '지붕이엉 엮기'를 한다. 공주 반포면에서는 이엉을 엮고 '철물이떡'을 해먹는다. 서산지역에서는 이를 '가을 배끼'라고 한다. 이때 일년간 부렸던 머슴에게 떡을 해먹이고 고향으로 보낸다. 초가지붕 이엉 얹기는 해일亥日을 피하는데, 이날 지붕을 얹으면 화재가 잦기 때문이라고 한다. 지붕을 해 얹은 후 곧 비나 눈이 오면 새로 해 얹은 지붕이 차분하게 가라앉기 때문에 좋다고 한다.

"인가에서는 섣달그믐 밤에 집집마다 다락, 마루, 방, 부엌에 모두 기름등잔을 켜놓는다. 등잔은 흰 사기접시 위에 실을 여러 겹 꼬아 만든 심지를 올려놓은 것이다. 이것을 외양간과 변소에까지 켜서 대낮같이 환하게 해놓고 밤새도록 자지 않는데, 이를 수세守歲라고 하며 이는 곧 경신일을 지키는 수경신守庚申이라는 옛풍속이다."(『동국세시기』 12월 제석除夕)

섣달그믐에 시루떡을 쪄먹는 풍속은 예산군 덕산면의 사례에 나오고 청양군 정산면에서는 왕골자리를 새로 깐다고 한다. 이곳에서는 이날을 '예평날'이라고 하는데, 정확한 뜻은 알 수 없다.

섣달그믐에 엿을 고는데, 조금 되게 고면 엿이 되고 조금 묽게 고면 조청이 된다. 조청으로 설날 흰떡을 찍어 먹는다. 섣달그믐에는 명절을 대비하여 여러 가지 음식을 한다. 엿을 고는 것도 그중 하나다.

### 6) 윤달

일반사람들의 관념에는 윤달에는 장가가고 시집가기에 좋다고 하고, 또 죽은 자에게 입히는 수의壽衣를 만들기에도 좋다고 하는 등 모든 일에 꺼리는 것이 없다.


# 2. 세시와 놀이

### 1) 거북놀이

세시놀이로서 농사력이나 품종 등 농사와 관련이 깊은 놀이의 하나가 거북놀이 또는 '거북이 놀리기'다. 그렇기 때문에 이 놀이도 지역에 따라 다양한데 기호지방, 즉 주로 경기도와 충청도에서 볼 수 있다.

| 지역 | 시기 | 내용 |
| --- | --- | --- |
| 광주 | 추석 | 떼로 몰려다님. 주로 청년들 |
| 수원 | 정월 14일 밤 | 마을 청년 3~4명이 하나의 무리 이룸. |
| 안성 | 추석 | 예전에는 마을잔치, 요즈음은 아이, 청년 밥 얻기 |

거북놀이는 음력 8월 추석에 마을 청년들이 모여서 놀던 놀이다. 청년들이 모여 수숫대를 벗겨 거북 등 모양을 만들어 몇 사람이 거기에 들어가고, 앞에서 거북몰이가 거북의 목에 줄을 매어 끌고 가고, 그 뒤로 풍물패가 풍물을 치면서 마을 잘사는 집으로 인도한다. 한바탕 놀다가 갑자기 거북이 땅바닥에 엎드려 움직이지 않으면 주인은 떡과 술, 과일, 밥 등의 음식을 푸짐하게 차려 내온다. 어떤 부잣집에서는 쌀을 내놓기도 하고, 돈을 내놓기

도 한다. 그러면 거북은 넙죽 절하고 다른 집으로 간다.

| 지역 | 시기 | 내용 |
|------|------|------|
| 오산 | 추석, 음력 8월 열나흗날 저녁밥을 먹고 송편 빚을 때쯤 | |
| 용인시 양지면 | 추석 밤 | |
| 용인시 남사면 | 대보름날, 추석 | |

　용인지역에서는 수수잎으로 거북의 머리를 만들고 헝겊 등으로 몸통을 만들어 밤에 사람이 뒤집어쓰고 두레패를 따라다니면서 논다. 두레패는 두레(풍물)를 치며 거북을 데리고 마을의 몇 집을 선택하여 들어가서 놀다가 나온다. 주인은 술과 음식을 대접해주지만, 정초에 고사반을 돌 때처럼 고사반을 차리지는 않는다. 거북놀이는 20여 년 전부터 하지 않았다. 주민에 의하면, 지금도 노인들은 수수만 있으면 거북놀이를 재현할 수 있으나 마을에 젊은이들이 없어 할 사람이 없다고 한다.

　대보름날에 줄다리기를 할 때 거북놀이를 하는 지역도 있다. 즉 15일 낮에 줄을 만들어 저녁에 마을 안길 넓은 곳에서 줄다리기를 한다. 줄다리기를 하기 전에 먼저 고사를 지내고 신랑, 신부(신부는 남자가 여장을 한다.) 옷을 입은 두 사람이 줄 위에 타고 마을을 한 바퀴 돈다. 줄다리기 할 때 쓰는 줄은 줄다리기를 한 다음 마을 공터에 쌓아놓고 그 위에 이엉으로 지붕을 만들어 덮은 후 매년 수리해서 다시 사용한다. 줄이 삭아서 더 이상 수리가 불가능하면 다시 만든다.

　청년들은 이때 거북놀이를 하는데, 짚을 엮어서 거북을 크게 만들어 속에 2~3명의 사람이 들어간다. 14일 아침에 거북을 만들어 고사반을 할 때 거북이 따라다니고 15일 줄다리기를 할 때도 줄을 들고 마을을 돌 때 거북이 따라다니면서 장난을 친다. 줄다리기가 시작되면 거북 속에 있던 사람도 나와서 함께 줄을 당긴다.

같은 용인지역이지만 백암면 백봉2리 잣나무골에서는 추석날 거북놀이를 한다. 추석날 낮에 거북을 만들어 밤에 논다. 수수깡으로 머리를 만들고 몸통도 수수깡으로 이엉처럼 엮어서 만든 후 그 속에 2~3명의 사람이 들어간다. 큰 거북과 함께 한 사람이 들어가는 새끼 거북도 만든다. 거북 속에 한 사람이 들어가서 막대기를 들고 각 가정을 돌면서 막대기로 집 봉당 등을 치면서 떡 내놓으라고 한다. 한 사람이 들어간 거북은 서서 양푼을 들고 주인이 주는 떡을 담아 가지고 다닌다. 이렇게 얻은 떡은 참여한 사람들이 모여 국을 끓여서 같이 먹는다. 지금도 노인들은 거북놀이를 재현할 수 있을 정도로 생생히 기억하고 있다. 거북놀이는 6·25전쟁 이후에는 하지 않았다. 수수농사를 짓지 않은 후로는 수수가 없어서 거북을 만들 수 없었기 때문이다. 거북놀이를 놀고 난 후에 남녀 편을 갈라 줄다리기를 한다.

| 지역 | 시기 | 내용 |
|------|------|------|
| 의왕 | 정월 14일 | |
| 평택 팽성읍 | 정월 14일, 추석 | 마을 집을 다니며 오곡밥과 나물을 훔쳐 일 년에 두 차례 한다. |

평택지역에서는 정월 14일과 음력 8월 추석에 두 차례 마을 청년들이 거북놀이를 한다고 하는데, 추석에만 거북놀이를 하였다는 이야기도 있어 추석에서 정월로 시기를 옮긴 데 따른 착오가 아닌가 여겨진다.

거북놀이는 경기지역에서는 대표적인 추석 놀이의 하나지만 충남지역에서는 그렇지 않다. 충남지역에서는 천안, 아산, 예산, 당진, 그리고 청양 등지에서 거북놀이를 놀았다. 그런데 그 시점을 보면 천안, 아산, 예산, 그리고 경기도와 가까운 당진군 송악면에서는 경기지역과 마찬가지로 8월 추석에 놀았고, 당진읍 아래에 위치한 순성면과 청양군 정산면에서는 대보름날에 놀았다. 즉 같은 놀이라도 시기적으로 차이를 보이는데, 이는 남쪽으로 갈수록 추석 때 올벼 수확량이 적어 이러한 놀이 자체가 성립되지 않기 때문이다.

한편 충청북도 음성군 원남면 덕정리에서는 정초와 추석에 두 차례 거북놀이를 하였다. 방식은 같은데, 집에 들어가서 얻어오는 음식이 정초에는 오곡밥과 묵은 나물, 그리고 떡이지만, 추석에는 주로 떡과 술이다.

| 지역 | 시기 | 내용 |
| --- | --- | --- |
| 예산 | 추석 | 넉넉한 집만 찾아. 술과 음식 |
| 당진 | 추석 | 추석 차례 음식 |
| 당진 | 정월 14일 | 보름밥 |
| 진천 | 정월 14일 밤 | 아이들, 청년들. 오곡밥과 떡 |
| 천안 | 추석 | 15세 이상 되는 청년들 |

천안군 병산면 읍내인 병천리에는 아우내장이 선다. 읍내에서는 수수깡이 귀해서 거북을 놀리지 않았으나, 장을 조금 벗어난 병천3리에서는 논밭이 많아 수수를 재배하였으므로 추석날 저녁에 마을의 청년들이 거북을 만들어 데리고 다니며 놀렸다. 15세 이상 되는 청년들이 주로 놀았다.

수수잎으로 거북 등을 만들고, 함께 다니는 7~8명은 그것으로 옷을 만들어 입는다. 두 사람이 서로 등을 맞대고 앉아 멍석에 수수잎을 꽂아서 만든 거북 등을 그 위에 덮고, 수수잎으로 만든 꼬리와 머리를 쥐고 흔든다. 수수잎으로 뾰족하게 하여 모자를 만들어 쓰고, 팔에도 수수잎을 엮어서 걸치고, 허리에도 수수잎으로 만든 치마를 입는다.

거북이 올 것 같으면 미리 먹을 것을 준비해두고 거북을 맞이한다. 거북을 앞세운 청년들이 소쿠리를 들고 들어서면서 먼저 "거북아 거북아 놀아라."라고 외친다. 거북이 마당을 한 바퀴 돌고 정지하면 다시 "동해바다에서 여기까지 왔는데, 거북이 배가 고프니 먹을 것을 주세요."라고 한다. 그러면 주인이 마련해둔 상을 내온다. 떡을 푸짐하게 차려서 내주면 거북이 펄쩍펄쩍 뛰면서 좋아한다. 구경 나온 마을 사람들도 함께 부잣집 마당에서 송편을 나누어 먹는다. 이렇게 각 가정을 돌면서 논 후 거북과 수수잎 옷은 벗어서 태우기도 하고 소의 여물로 주기도 한다. 1980년대부터 청년들이 줄어들면서 중단되었다.

천안군 수신면 해정리 엄정말에서는 대보름날 저녁에 마을의 20세가량 청년들이 수수잎으로 거북을 만들어 데리고 다니며 놀았다. 거북은 한 사람이 들어가 놀리며, 거북과 함께 다니는 남자들은 치마저고리를 입고 여장女裝을 한다. 거북을 앞세우고 여장남자들이 그 뒤를 따르면서 춤을 춘다. 거북은 각 가정을 모두 도는데, 마당에 도착하면 주인이 떡을 상에 받쳐서 내온다. 그 떡을 먹으면서 다시 한바탕 놀고 다음 집으로 옮겨간다. 1970년대부터 특수작물을 재배하기 시작하여 일손이 없고 젊은이들도 외지로 나가 놀 사람이 없어지면서 거북놀이는 소멸하였다.

천안군 직산면 군동리 구억말에서는 추석날 수수잎을 따다 엮어 거북을 만든다. 멍석을 뒤집어쓰고 멍석 위에 수수잎을 엮어 거북 등처럼 보이도록 장식한다. 머리는 길쭉한 바구니에 눈과 입을 붙여 만들고, 꼬리는 수수잎으로 만든다. 멍석 속에 두 사람이 들어가 엉덩이를 대고 엎드려서 각기 머리와 꼬리를 쥐고 흔든다. 거북이 완성되면 거북을 이끌고 마을 우물에 들러 샘굿을 한다. 그런 후 술이라도 낼 수 있는 집을 돌면서 음식을 얻어먹는다. 문 옆에 서서 "천석 거북이 들어갑니다. 만석 거북이 들어갑니다. 문을 열면 만복이 들어오고 땅을 쓸면 황금이 쏟아져 나오니 대문을 활짝 열어주소서."라고 외치면 주인이 문을 활짝 열어준다. 대문 안으로 들어선 거북은 장광, 조왕, 샘 등을 돌면서 한바탕 굿을 한다. 그런 후 거북이 갑자기 푹 쓰러진다. 사람들이 관심을 보이면 거북은 배가 고프다는 시늉을 하면서 꼼짝도 하지 않는다. 이때 거북을 이끌고 간 사람이 "거북이 멀리서 오다 보니 배가 고파 저러니 밥 좀 주세요."라고 한다. 그러면 주인이 알아서 음식상을 내면서 "먹을 것은 많이 있으니 배불리 드시고 우리집 복이나 많이 빌어주십시오."라고 한다. 음식을 나누어 먹으면 한바탕 풍장을 울리고 다음 집을 향해 출발한다. 거북이 먼저 대문을 나서면 그 뒤에 풍장패가 뒤따르면서 "거북아 거북아 놀아라, 백석 거북아 놀아라, 천석 거북아 놀아라."라고 합창을 한다.

## 2) 줄다리기

줄다리기는 거의 전국에서 행해졌다. 시기는 대보름날에 가장 많이 하였다. 줄다리기를 하기 위해서는 우선 줄의 재료인 짚을 모아야 하는데, 대부분의 마을에서는 줄다리기 전에 지신밟기를 하여 짚을 모은다. 짚을 가구별로 각출하는 곳도 있다. 면 단위 규모로 행사가 클 때는 줄을 만드는 데만 일주일이 걸린다.

줄다리기는 지역마다 행사시기가 달랐다. 충청남도 당진군의 기지시機池市 줄다리기는 윤년이 드는 해 음력 3월 초순경에 열린다. 제주도에서는 추석이 되면 남녀가 함께 모여 노래하고 춤추며 편을 둘로 갈라 줄다리기를 한다. 단오 행사로서 하는 지역도 꽤 많은데 주로 이북지방이다. 그러나 대보름날에 하는 경우가 가장 많은데, 특히 이남지방에서 그러하다. 그래서 연초의 행사로서 한 해의 풍년을 기원하는 의미를 담는다.

줄의 재료는 짚이다. 그러나 영남지방에서와 같이 칡으로 동아줄을 만들어 줄다리기를 하는 곳도 있다. 참여하는 지역의 범위에 따라 그 규모도 다르다. 각 마을의 두레패를 중심으로 여러 마을의 주민이 한 곳에 모여 참여함으로써 지역적인 결합관계를 보여주는 광역 단위의 줄다리기도 있고, 한마을의 주민만이 참여하여 촌락 공동체 내부의 단합을 도모하는 마을 단위의 줄다리기도 있다. 또 이 두 가지가 단계적으로 연결되면서 규모가 커지는 곳도 있다. 줄다리기가 갖는 의미는 단순한 놀이에 머무는 것이 아니라 전통시대 민중의 교류 범주와 이를 통한 사회조직의 일면을 보여주는 것이다.

줄다리기가 끝난 다음 줄을 처리하는 방법도 지역마다 다르다. 이듬해에 다시 쓰기 위해 창고에 보관하는 곳, 줄을 태우고 그 재는 필요한 사람이 가져다 쓸 수 있게 하는 곳, 줄을 잘라 주민 모두에게 나누어주는 곳, 여름에 제방용으로 쓰기 위해 천변에 놓아두는 곳, 개천물에 흘려보내는 곳, 당산나무에 감아두는 곳 등 다양하다.

강원도 춘천지방에는 수레싸움[車戰]이 있었다. 외바퀴수레를 만들어 동리별로 편을 나누어 이것을 앞으로 밀고 나가면서 서로 싸우는 것으로, 승패의 결과로 그 해의 일을 점치는데 패하여 쫓기는 편이 흉하다. 경기도 가평지방에도 이러한 풍속이 있었다.

쇠머리대기 역시 대보름날에 놀던 놀이다. 현재는 경상남도 창녕군 소속의 1개 면인 영산현 일대에서 행해지던 것으로, 한자로 '木牛戰(목우전)', '木牛戲(목우희)' 등으로 표기한다. 현 내 성내리와 교리가 동부, 성 밖의 서리와 동리가 서부로 편을 가른다. 각 편에서 선출된 장군들이 나무소 위로 올라가 양편의 쇠머리가 부딪칠 때 상대편을 내려 앉히는 나무소싸움 또는 쇠머리대기로 승부를 가린다.

충청남도 당진군 송악면 기지시리는 고기와 가죽을 얻기 위해 소의 사육이 활발해지면서 서울을 목적지로 하는 소의 유통량이 대폭 늘어난 19세기 중엽 이후 교통의 중심지로 성장한 곳이다. 즉 동쪽의 서산, 당진의 주민과 서쪽 및 남쪽의 아산, 예산 주민이 소를 몰고 아산만을 건널 목적으로 한진나루로 가기 전에 이곳에서 합쳐진다. 기지시는 1개의 리里 단위에 불과하지만 중심지답게 번창하여 일제강점기에는 한때 장이 위 장과 아래 장으로 나뉘어 10일에 4회(1, 6일과 3, 8일)나 열릴 정도였다. 기지시 줄다리기는 합덕에서 당진에 이르는 국도를 경계로 이 길을 이용하는 일대의 주민이 '물위'와 '물아래'로 편을 갈라 참여한 가운데 장터에서 행해졌다.

예산군 대술면에서는 정월 초닷새경에 풍장패가 마을을 돌며 짚을 걷었다. 짚은 농사 규모에 따라 형편껏 낸다. 부여 은산면에서도 정월 초부터 보름 이전까지 줄을 만들었다. 줄다리기 분포는 과거 매우 광범위하였고 규모도 컸으나 일제강점기를 거치면서 중단된 지역이 많았고, 해방 이후로는 복원되더라도 마을 단위로 행사 범위가 축소되는 경향을 보였다.

## 3) 그 밖의 세시놀이

정초부터 보름 사이에 농가에서 놀았던 놀이로 충남지역 사례를 중심으로 보면 다음과 같은 것들이 있다.

◎ 연날리기

아이들 놀이로 정초에 연을 만들어 날리다가 제액의 의미로 열나흗날 혹은 보름에 연줄을 끊어 날려 보낸다.

◎ 쥐불놀이

이것도 열나흗날 하는 지역과 보름에 하는 지역으로 나뉜다. 아이들이 깡통에 불씨를 담아 돌리거나 짚으로 횃대를 만들어 돌리면서 쥐불을 놓는다.

◎ 윷놀이

보름날은 종일 마을 사람들이 모여서 윷놀이를 한다. 보통 남과 여로 편을 나누어서 논다.

◎ 널뛰기

정초부터 대보름날까지 부녀자들이 쉴 틈이 생기면 주로 하는 놀이의 하나가 널뛰기다. 널뛰기는 보름까지만 하고 이후로는 흉년이 든다고 널을 치우는 금기 관행이 전국적으로 널리 분포되어 있다. 그러나 충남지역에서는 청양군에서만 이러한 사례가 있었고, 그 외에는 보름을 전후한 시기의 여자놀이로 알려져 있다. 그리고 대보름날에 특히 널뛰기를 많이 한다고 하였다.

◎ 갈쟁이놀이

태안군 태안읍에서 하는 놀이로 '갈쟁이' 놀이가 있다. 갈쟁이는 여자들이 두 패로 나뉜 다음 금을 그어 경계를 짓고 서로 밀거나 당겨 상대방을 금 밖으로 밀쳐내서 승부를 짓는 놀이다.

◎ 강강술래

대보름날 부녀자들이 밝은 달밤에 모여서 손에 손을 잡고 강강술래 하면서 빙빙 돈다. 마당이 넓은 집이나 밝은 달이 비추는 곳에서 주로 논다. 강강술래는 추석놀이로 알려져 있으나 충남지역에서는 오히려 대보름날에 하는 곳이 많고 초파일이나 추석 때 하는 곳도 있다. 부녀자들이 한가한 때를 고려하면 추석보다는 대보름날에 이 놀이를 하는 곳이 많은 이유를 알 수 있다.

◉ 춘향아씨 놀리기, 꼬대각시놀이

정초에, 또는 보름경이 되어 한가해지면 주로 10대의 처녀들이나 새색시들이 모여서 춘향아씨 놀리기를 하는데, 한 사람을 술래로 뽑아 두 손을 모으고 앉아 있도록 한 다음 옆에서 "춘향아, 춘향아, 나이는 16세, 생일은 초파일, 우리와 함께 놀아보자." 라는 내용을 주문처럼 반복하여 외우면 신이 실렸다고 하면서 모은 손을 벌리고 일어나 춤을 추는 신 내림 놀이다. 세시놀이라기보다는 주로 농한기 때 볼 수 있던 놀이다. 경기지역이나 경북지역에도 이와 동일한 사례들이 있는 것을 보면 전국적인 현상의 하나로 여겨진다.

춘향아씨 놀리기는 충남지역에서 천안, 아산, 홍성, 보령, 서천, 청양, 부여, 공주 등 전역에 걸쳐 분포되어 있다. 반면 이와 유사한 놀이인 꼬대각시놀이는 예산, 당진, 태안, 홍성, 부여 등에 나타나는데 전자만큼 널리 분포되어 있지 않다. 홍성과 부여는 두 가지가 모두 행해졌던 지역이다. 전국에 퍼져 있는 춘향아씨 놀리기보다는 충남지역을 중심으로 전북지역까지 퍼져 있는 꼬대각시놀이를 충남지역의 특징적인 세시놀이로 보아야 할 것이다.

춘향아씨 놀리기와 마찬가지로 꼬대각시놀이도 정월에 처녀들이 모여서 노는 놀이다. 꼬대각시는 조실부모하여 어렵게 살다가 고자를 남편으로 맞이한 한 많은 색시라고 한다. 꼬대각시의 슬픈 인생을 노래하는 도중 도토리나무 가지를 두 손에 쥐고 있던 술래에게 신 내림 현상이 일어나면 문을 열고 밖으로 밀어 정신을 차리게 한다. 전라북도 김제지역에서는 외우는 주문 내용이 춘향아씨 놀리기와 차이가 없어 원래는 같은 놀이인데 명칭을 달리 불렀던 것으로 보인다.

# 3. 신앙과 세시의례

## 1) 도교적道教的 세시의례

도교는 이미 조선 초에 국가 중심의 의식儀式으로서 지니는 위치를 상실하였으며, 정치적·사회적 중요성도 잃었다. 특히 하늘에 제사를 지내는 재초齋醮의식은 유교적 이념과 이에 따른 정치적 질서에 맞지 않아 유신儒臣들에 의해 거부되었다.

건국 초에 태조는 원단圓壇을 한강 서쪽에 설치하고 천신에게 제사하였으며 강화의 마니산에도 단을 설치하여 천신에게 제사를 지냈다. 그리고 영성단靈星壇과 노인성단老人星壇을 서울 남교南郊, 즉 청파역 부근에 두었다.

단壇에서의 제사는 태종 때 중단되었다. 고려시대 이래 도교의 신에 대한 초제醮祭를 관장하던 소격전昭格殿은 1466년(세조 12)에 그 규모를 축소하여 소격서昭格署로 개칭되었고, 1518년(중종 13)에 삼사三司에서 이를 파하도록 청하고 부제학 조광조가 상소로써 간하여 혁파되었다가 1525년(중종 20) 복구되었는데, 결국 임진왜란 후에 완전히 폐지되었다. 강화의 마니산단은 1639년(인조 17)에 이를 수치修治하였다고 한 것으로 미루어 임진왜란 이후에도 폐지되지는 않았던 것 같다.

경상도 선산읍에서 서쪽으로 5리 되는 곳에 있는 죽장사竹杖寺(현재 이름은 서황사) 옆 제성단祭星壇은 고려 때 남극노인성南極老人星이 이곳에 나타났다고 하여 매년 춘추중기일春秋中氣日을 정하여 분향하고 제사를 지냈던 곳으로 조선에 들어와서 제사는 폐지되고 석단石壇만 남았다. 제성단은 함흥에서 남쪽으로 40리 떨어진 남포에도 있다. 태조가 등극한 후 태백성太白星에게 제사 지내기 위해 창설하여 매년 단오 때 어의御衣와 안마鞍馬로 치제하였다.

충청도 문의면 구룡산九龍山 마루에 노인성전老人星殿 터가 있다. 노인성제老人星祭는 수명장수를 기원하기 위해 노인성에게 드리는 도교적 제례다.

노인성이란 남극성, 수성壽星, 수노인壽老人, 남극노인 등으로 불리는 별로 도교에서는 남두南斗라고 부른다. 고려 때는 도교식 초제로 제사를 지내다가 조선에 들어와서 교사郊社의 제례, 즉 성신星辰에 대한 제사의 하나로 지내게 되면서 그 성격이 바뀌었다.

공식적인 국가행사로서의 도교의식은 조선후기에는 찾아볼 수 없게 되었다. 그러다가 대한제국기에 이르러 원구단圜丘壇이 건립되고(광무光武 원년元年, 1897) 오성五星과 이십팔수二十八宿를 종향從享하였으며 성단星壇은 폐하였다. 그러나 민간에서는 여전히 신앙의 한 형태로 남아 있었고, 특히 임진왜란 후에는 관제신앙의 유입으로 관왕묘가 설립되는 등 새로운 도교신앙이 형성되었다.

조선후기에는 도교의 한 변태라고 할 수 있는 삼제군三帝君에 대한 신앙이 유행하였다. 삼제란 관성제군(촉한蜀漢의 관우關羽), 문창제군(또는 자동梓潼제군, 진晉의 장아張亞), 부우제군(당唐의 여순양呂純陽)의 삼성三聖을 말한다. 이 세 사람은 신선이 되어 천궁天宮으로 올라가 제군의 자리에 앉아서 하계인간의 선악을 감시하여 화복을 내리는 존재로 받아들여졌는데, 그중 관성제군을 지상지존으로 섬겨 삼계복마대성관성제군三界伏魔大聖關聖帝君으로 불렀다. 문창제군은 과거科擧의 사부신司部神으로서 사록직공거진군司祿職貢擧眞君으로 불렀으며, 부우제군은 모든 소원을 성취케 하는 사생육도四生六道라 하였다.

한편 조선에서는 1597년(선조 30)에 명明나라 도독 진린陳璘이 전라도 강진현 고금도에 관왕묘를 창건하였다(탄보묘誕報廟). 1684년(숙종 10)에 이를 고쳐 수리하고 그 곁에 따로 사당을 세워 진린을 주향하고 충무공 이순신을 배향하였다. 같은 해에 경상도 성주목에 명나라 장수 모국기茅國器가 관왕묘를 창건하였는데, 여기에는 소상塑像이 있다.

1598년(선조 31)에는 경상도 안동부安東府에 명나라 진정영도사眞定營都司 설호신薛虎神이 관왕묘를 창건하여 석상石像을 봉안하였다. 1599년(선조

32)에는 명나라 도독 유정劉綎이 전라도 남원부 서문 밖에 관왕묘를 창건하였는데, 1716년(숙종 42)에 중국 제도를 모방하여 다시 세웠다. 또 1599년에는 관왕묘를 숭례문 밖에 창건하였고(남묘南廟), 1602년(선조 35)에는 동대문 밖에 창건하였다(동묘東廟). 이때 유성룡이 그 본말을 적고 허균이 왕명을 받들어 현령비문顯靈碑文을 지었다.

1691년(숙종 17)에는 송나라 태조가 능에 거둥하여 관우를 역알歷謁한 고사를 인용하여 숙종이 동묘에 역림하였다. 또 1711년(숙종 37)에 각 도에 명하여 제식祭式을 선무사宣武祠의 예에 따라 정하게 하고 매년 경칩과 상강에 향축을 보내어 본도本道에서 제를 지내게 하였다. 선무사는 도성문 태평관 서쪽에 있던 것으로 명나라 병부상서 양호楊鎬를 3월과 9월 중정일中丁日에 제향하였다. 1727년(영조 3)에는 영조가 관왕묘에 가서 의례를 행하였다.

관왕묘에서는 관우의 생일인 5월 13일에 대제를 연다. 국제國制에 따라 매년 봄 경칩과 가을 상강에 행사行祀하였는데, 장신將臣으로 제관을 삼았다. 도시의 남녀들도 이곳에 와서 기도하여 향화香火가 일 년 내내 그치지 않았다고 한다. 또 시전의 상인들은 관성제군을 신봉하여 재신財神으로 삼고 그 소상을 종로 보신각 옆에 모셨다. 시월상달에는 상가에서 남묘南廟에 고사하여 재운을 빌었다. 1883년(고종 20)에는 고종의 명에 의해 관왕묘를 송동宋洞에 세우고 제반 절차는 동과 남에 있는 관왕묘의 예에 따랐다. 이것이 북묘北廟다. 이후 전주에도 관왕묘가 세워졌다.

중국에는 관우를 가장 신봉하는 선음즐교善陰騭敎가 생겨났는데, 음즐이란 하늘이 은밀히 인간의 행위를 보고 화복을 내린다는 뜻이다. 우리나라에서는 이와 관련된 신앙으로 '수경신守庚申' 또는 '경신수야庚申守夜'가 있다. 이것은 인체 안에 있는 삼시충三尸蟲이 몸을 빠져나가 천제에게 악행을 고한다는 경신일에 밤을 새는 풍습으로, 60일에 한 번씩 하였다. 궁중에서도 행해졌으나 영조 때에 와서 폐지되었고 민간에는 널리 퍼져 오랫동안 행해졌다.

민간에 퍼진 도교신앙은 매달 그믐밤에 하늘에 올라가 사람들의 죄상을 아뢴다는 조왕신竈王神, 즉 부뚜막신에 대한 신앙과도 연결되어 있다. 조왕신에 대한 제사는 집집마다 교년交年, 즉 12월 24일에 지냈던 것 같다.

『산림경제山林經濟』「선택조選擇條」에는 이사移徙하기에 태세일太歲日·본명일本命日·역마일驛馬日이 좋고, 신황정명방身皇定命方·왕망일往亡日·복단일伏斷日·월염일月厭日··건일建日·파일破日·평일平日·수일收日이 안 좋으며, 또 축월·인월에는 축일·인일을 꺼린다고 하였다. 이것은 역서曆書에 실린 살煞을 피하기 위한 것이다.

직성直星에 대한 제사는 조선전기에는 소격전에서 했다고 하는데 민간에서는 직성길흉直星吉凶에 따라 도액度厄하는 법이라 하여 정월 14일에 이를 행하였다. 이것은 다음 날, 즉 상원일에 본명초례本命醮禮를 올리는 뜻에서 나온 것이다. 직성이란 인간의 연령에 따라 그의 운명을 맡아본다는 별이다. 직성기양直星祈禳에 대해서는 유득공의 『경도잡지』에 나오는데, "정월 열나흘 밤에 짚을 묶어 허수아비를 만드는데 이를 처용處容이라 한다. 수직성水直星을 만난 사람은 밥을 종이에 싸서 밤중에 우물 속에 넣고 비는 풍속이 있다. 민속에서 가장 꺼리는 것은 처용직성이다."라고 하였다.

세화歲畫라고 할 수 있는 십장생十長生 그림이나 문배門排 그림, 천중절天中節의 적부赤符 등은 다 고려시대 이래로 전해 내려온 도교의 풍속이다. 유득공의 『경도잡지』에 수성壽星, 선녀仙女, 일직신장日直神將 등을 그린 것을 세화라고 하였다. 김매순의 『열양세시기』에 벽에 붙인다고 한 닭, 호랑이 그림도 이에 해당한다. 적부는 관상감에서 천중절, 즉 단오에 주사朱砂로 쓴 붉은 부적으로, 이것을 찍어서 임금에게 바치면 대궐 안의 문중방에 붙여 살을 없애고 상서로운 일이 있기를 기원하였다. 사대부집에도 붙였다고 한다.

## 2) 불교 의례

불교 역시 지배층의 탄압으로 주변화되었으며 미륵신앙과 같은 민간화 경향이 민의 성장과 더불어 나타났다. 이 중 세시와 관련된 것으로 예수재豫修齋가 있는데, 이는 생전에 부처를 위하고 공을 닦는다는 뜻으로 윤년閏年에 지내는 재다. 무속도 마찬가지다.

제석신帝釋神은 불속의 삼불제석과 관련된 신으로, 각 절에서는 제석일除夕日, 즉 섣달그믐 밤에 신도들이 각자 재미齋米를 들고 와 이 신에게 빈다. 성주신은 집안신의 중심이 되어 대들보에 위치하고 집안의 평안과 무병을 비는 대상이다. 주로 시월상달이나 정월에 무당을 불러 안택굿을 하는 등의 고사를 지낸다.

성호 이익李瀷은 『성호사설星湖僿說』 권11 「인사문人事門」에서 상원연등上元燃燈에 대해 다음과 같이 해설하였다.

"대보름날 밤에 등불을 밝히는 것은 불교에서 전해진 풍속인 듯하다. 서역西域 마갈타국에서는 대보름날 승려僧侶와 속인俗人들이 구름같이 모여서 불사리가 방광放光하는 것을 구경하였고, 『열반경涅盤經』에는 '사리 항아리를 금상金牀 위에 놓아두고 천인天人이 꽃을 뿌리며 음악을 연주하면서 성을 돌았는데 한 발자국마다 등불을 밝혀서 12리에 연달았다.'라고 하였다. 한漢나라 이후로 중국의 풍속이 되어 드디어 폐해지지 않은 것이다. 우리나라에서는 반드시 초파일에 등불을 밝혀 중국의 풍습과는 다르나, 이것 또한 불교의 풍속이다. 혹은 '석가釋迦가 이날 그 어머니의 오른편 겨드랑이에서 나왔다.' 하고, 혹은 '석가가 이날 밤중에 성을 넘어 설산雪山에 들어가서 도를 닦았다.' 하고, 혹은 '설산에 들어가서 6년 동안 음식을 폐하고 도를 닦았는데 이날에 이르러 도를 이루었다.' 하여, 세 가지 말이 각각 다르다. 『고승전高僧傳』에는 '이날 다섯 가지 빛깔의 향수를 부처의 이마에 뿌리는데, 이를 욕불浴佛이라 한다.' 하였고, 연등이란 명목은 없다. 고려 공민왕 15년에 신돈辛旽이 초파일 그의 집에서 성대하게 등불을 밝히자 송도松都 사람들이 다투어 이를 본받았으며, 가난한 자들은 비럭질을 해서까지 이것을 마련했다고 하였으니, 이를 본받았다고 한 것으로 옛 풍속이 아님을 알 수 있다. 이는 반드시 이 일로 인해 풍습이 되어 다시 고쳐지지 않은 것이리라."

## 3) 점풍, 제액, 주술, 금기

정월은 한 해를 시작하는 때로 농민들에게는 그 해의 농사 작황이 어떠할지 걱정도 되고 기대도 되는 시점이다. 그래서 다양한 점풍占豊 방식이 이때 나타난다. 겨울로 들어서는 11월경이면 고드름점, 눈점 등 여러 방식으로 흉풍을 점치고, 봄이 되면 당산나무잎점 등을 친다.

콩불이는 정월 열나흗날 저녁에 치는 점이다. 『동국세시기』에서는 이것을 달불이[月滋]라고 하여 황해도와 평안도 풍속으로 소개하였다. 콩 12개에다 각각 열두 달을 표시하여 수수깡 속에다 넣고 묶어 우물 속에 빠뜨린 다음 이튿날인 보름날 새벽에 그것을 꺼내 보아 콩이 물에 불어 있는 정도에 따라 해당하는 달에 홍수 피해가 있을지 가뭄 피해가 있을지를 점쳐 보는 방식이다. 충청도의 경우 내륙지역에서 행해졌고 내포지역이나 서해안지역에서는 잘 보이지 않는다.

보리뿌리점은 주로 입춘을 맞아 치는 점이다. 책력을 보아 입춘이 오는 시時를 확인한 다음 보리를 뽑아서 햇살에 비추어보면 하얗게 보리뿌리가 보이는데, 보리뿌리가 견실하게 많이 나와 있으면 그 해에는 보리농사가 잘되고 보리뿌리가 몇 개밖에 나와 있지 않으면 잘되지 않는다고 한다.

정월 초에는 이 밖에도 엄나무 매달기, 복조리 사서 매달기, 간수병 매달기, 복엿 먹기, 세 가지 봄나물 뜯어다 국 끓여 먹기, 보리뿌리로 떡 쪄 먹기 등을 행하였다. 액막이로는 횡수橫數막이, 삼재三災풀이, 노두독(또는 징검다리) 놓기 등을 하였다. 또 정월에는 초하룻날 남의 집에 가지 않기, 문 바르지 않기 등의 금기도 널리 분포되어 있다. 축일표日, 즉 소날에 일을 하면 조상에게 좋지 않다고 하여 하루 쉬는 곳도 있다.

대보름날 저녁 달맞이 때 달무리 상태를 보아 점을 치는 달점은 전국적인 풍속이다. 대보름날에는 또 아침 일찍 밥과 나물을 키에 골고루 담아서 소에게 준 다음 소가 무엇을 먼저 먹는가에 따라 점을 치는데, 밥을 먼저 먹으면 풍년이 들고 나물을 먼저 먹으면 흉년이 든다고 한다. 이러한 점풍은 전국 어디서나 볼 수 있지만 지역마다 방식이 조금씩 다르고 그 시기도 보름이 아니라 보름 전날이거나 섣달그믐인 경우 등 지역에 따라 다르다.

또 정월에는 한 해를 예방하는 다양한 술책, 특히 제액술除厄術을 볼 수 있다.

충청남도 서산시 음암면, 해미면과 태안군 근흥면 등지에서는 '디디지방아찧기'를 하는데, '두더지방아찧기'와 내용이 같다. 보름날 새벽에 "노래기도 생기지 말고, 구더기도 오지 말고, 뱀도 들어오지 마라."라고 하면서 절굿공이로 집안 곳곳을 찧고 다니며 해충이나 뱀 등이 집안으로 못 들어오게 예방하는 행위를 말한다. 『경도잡지』와 이를 인용한 『동국세시기』에 나오는 향랑각시에 관한 기사도 이러한 풍속의 하나다.

충북지역에서는 14일에, 전라도에서는 2월 초하루에 콩볶기를 하면서, 경남지역에서는 대보름날 아침이나 2월 초하루에 노래기 퇴치를 위한 주술행위를 한다. 초가가 없어지면서 노래기와 함께 이 풍속도 사라졌다고 한다.

아이에게 나쁜 운수가 들었다면 이를 없애기 위해 열나흗날에 종이를 버선모양으로 오려 지붕에 꽂아두는데, 천안, 당진, 홍성, 연기 등 충청남도 여러 지역에서 행해졌던 정월 풍속이다. 종이버선을 막대기에 끼워 지붕 꼭대기에 꽂은 다음 동서남북 사방에 대고 절을 하면서 아이의 나쁜 운을 막아주기를 기원한다. 버선은 그대로 두면 저절로 없어진다고 한다. 연기군 서면에서는 달이 뜨는 시각에 산에 올라 달을 보며 건강을 빌고 꽂았던 종이버선을 빼서 태운다고 한다.

열나흗날에 신수가 나쁜 식구가 있을 때 행하는 거리제는 기호지방 대부분 지역에서 볼 수 있다. 안주인 혼자서 이를 행하기도 하지만 축원할 보살 또는 무당을 부르기도 한다. 삼색실과, 포, 술, 청수 등을 마련하여 달이 뜰 무렵에 세 갈래 길에 나가서 거리제를 지낸다. 바닥에 짚을 열십자로 놓고 그 위에 고사떡(팥떡)과 오곡밥, 나물, 그리고 짚신 세 켤레를 올린다. 거리제는 안주인이 제물을 직접 차려놓고 큰절을 한 번 하는 것으로 끝나지만 간혹 안주인이 무당처럼 직접 놋대야를 엎어놓고 두드리면서 소원을 빌기도 한다. 아직도 볼 수 있는 풍속이다. 거리제를 지낼 때 제웅을 버리거나 '홍수맥이', 즉 횡수막이와 삼재막이를 함께하기도 한다.

"보름은 나가서 쇠라."라는 말이 있듯이, 열나흗날에는 다른 집에 가서 밤을 보내기도 한다. 또 열나흗날은 밤에 잠을 자지 않고 뜬눈으로 밤을 지새운다. 대개 보름보다는 오히려 그 전날에 행하는 관행들이 다양하고 많다.

대보름날 아침밥을 먹기 전에 방안에서 밤이나 잣 등 건과류를 입에 넣고 '딱' 소리를 내면서 깬다. 이렇게 하면 소리에 놀라 잡귀가 도망가고, 일 년 내내 부스럼도 나지 않는다고 한다. 아침밥을 먹으면서 집에서 담근 귀밝이술을 마신다. 귀밝이술을 마셔야 귀가 밝아진다고 한다. 더위팔기, 널뛰기, 달맞이 등과 함께 이러한 풍속은 전국 어디서나 볼 수 있다.

대보름날 집을 방문하는 손님의 키가 크면 좋다고 하여 키 작은 사람의 출입을 삼가는 사례도 많이 나타난다. 손님으로 여자의 출입을 금기시하는 것도 매우 널리 퍼진 대보름 풍속이다. 대보름날 아침에 보리밥을 되도록 일찍 먹으면 좋다는 곳도 있다.

대보름날 저녁이 되면 각 가정에서는 '허새비', 즉 짚으로 허수아비를 하나씩 만들어 그 안에 돈을 조금 넣어두었다가 아이들이 각 가정을 돌아다니며 달라고 하면 내어준다. 아이들은 허새비를 모아 마을 앞 세 갈래 길에서 그 안을 열어 돈을 꺼낸 다음 허새비는 불사른다. 이렇게 하면 그 집의 한 해 액운이 모두 소멸된다고 믿는다. 정월 열나흗날의 거리제나 횡수막이와 유사하나 주체가 어른이 아니라 아이들인 점이 다르다. 충청남도 아산시 도고면에서는 이를 '허숭애비 버리기' 또는 '제웅치기'라고 한다. 충청남도 서산시 부석면에서는 이것을 특정한 날에 하는 것이 아니라 홍역을 앓는 사람이 있을 때 한다.

보름저녁 행사로서 달집태우기는 주로 산지山地에서 쉽게 찾을 수 있다. 충청남도 천안지역에서는 대보름날 저녁에 마당에 미리 짚을 여러 단 가져다툰 다음 보름달이 떠오르면 짚단에 불을 붙여 휘휘 돌리면서 "망월이요."
라고 외친다. 간혹 '달맞이'라 하여 짚단을 묶어 들고 산 위로 올라가기도
한다.

그 밖에도 대보름날의 액땜과 금기 관행에는 다음과 같은 것들이 있다.

● 얼개미에 밥 얻어먹기

대보름날 식전에 얼개미, 즉 체를 들고 이 집 저 집을 돌면서 나물과 밥을 얻
은 다음 이것을 연자방앗간에 앉아 먹으면 버짐이 없어진다고 한다. 충청남
도 천안과 아산 등지에 분포되어 있다.

● 까치밥 두기

정월의 풍속으로 까치밥이라고 하여 까마귀나 까치 등 날짐승을 위해 밥이
나 떡을 나무 위에 조금씩 놓아두는데, 날짐승이 그것을 먹으면 액을 가져
간 것으로 여긴다고 한다.

● 묵은 김치 먹지 않기

대보름날에는 묵은 김치를 먹지 않는다고 한다. 묵은 김치를 먹으면 '살쐐
기'가 난다고 하여 삼간다.


2월 초하루의 콩볶기 관행은 앞서 언급하였지만 해충을 방지하고 바람이
불지 않게 하여 풍년이 들도록 비는 제액을 겸한 술수 행위다.

삼월 삼짇날에는 계절의 변화로 새롭게 나타나는 여러 자연현상을 통해
그 해 농사에 대한 흉풍을 점친다. 특히 충청남도 보령과 부여에서는 정자
나무 잎을 보고 흉풍을 점친다. 아산과 연기에서는 느티나무 잎을 보고 점
을 치며, 예산이나 천안에서도 꼭 삼짇날이 아니어도 이러한 풍속이 있다.
서천, 홍성 등에서는 당산나무 잎을 보고 점을 친 사례가 있다. 홍성군 은하
면 장곡리, 서천군 기산면과 서면, 공주시 사곡면 등지에서는 마을에 있는
둥구나무(느티나무) 잎이 피는 모습을 보고 한 해의 풍흉을 예측했다고 하는
데, 잎이 위에서부터 차례대로 내리 피면 그 해에 풍년이 들고, 아래서부터

위로 올라가며 피면 흉년이 든다고 한다. 전자의 경우에는 윗논부터 모내기를 하는데, 윗논의 물이 가득할 정도로 비가 많이 와서 그 해 풍년이 든다는 것이고, 아랫논부터 모내기를 한다는 것은 그 반대의 경우가 되는 것이다.

영등신 또는 영등할머니와 관련한 신앙과 관행들은 주로 경북지역을 중심으로 동해안과 중부 내륙 등지에 분포되어 있다. 충남지역에서는 이를 '이월할머니'라고 하여 청양, 부여, 연기, 금산 등 주로 내륙 산간지역에서 볼 수 있는 반면 서해안이나 서부지역에서는 알려진 바가 별로 없다.

2월 초하룻날 아침에 비가 오면 영등할머니 또는 이월할머니가 며느리를 데리고 내려오고, 바람이 불면 딸을 데리고 온다고 여겼다. 이날 비가 오면 그 해에 풍년이 들지만 바람이 불면 흉년을 맞게 된다고 한다. 영등할머니 또는 이월할머니를 잘못 위하면 동티가 나므로 정성껏 위한다고 하는데, 그 중 하나가 밥을 지어 할머니에게 올리는 것이다. 제물이 마련되면 부엌의 살강, 즉 그릇을 얹어놓기 위해 만든 선반 아래에 짚을 가지런히 깔고 마련한 제물을 진설한다. 밥은 큰 양푼에 담아 식구 수대로 숟가락을 꽂아놓는다. 치성을 마친 후에는 이웃집 사람들을 불러 함께 먹는다.

5월 단오 아침에 상추에 내린 이슬을 받아 거기에 분가루를 개어 얼굴에 바르면 더위를 먹지 않는다고 한다.

6월은 액달 또는 '썩은 달'이라 하여 농사일 외에는 아무 일도 하지 않는다. 특히 솜을 만지거나 이불빨래를 하면 좋지 않다고 한다. 만약 이러한 일을 하면 집안에 우환이 잦다고 하여 삼간다. 그 외에 혼인도 하지 않으며, 이장移葬도 하지 않고, 수의壽衣도 만들지 않는다. 충청남도 천안 직산에서는 참외밭에 생리 중인 여자가 들어가면 참외의 머리 부분이 갈라지므로 못 들어가게 한다고 한다.

칠석날에는 해 뜨기 전에 논에 나가지 않는 것이 거의 충남 전 지역에 퍼져 있다. 이날은 칠성할머니가 논과 밭의 곡식을 마련해주는 날이므로 집안에서 근신한다는 것이다. 칠성신이 내려와 각 논마다 한 해의 소출을 잡으므로 방해가 될까봐 바깥출입을 삼간다는 의미다. 또 이날은 머슴명절이므로 일꾼을 배려하는 뜻도 있는 것 같다.

충청남도 홍성군 서부면에서는 추석을 쇠고 난 후 며느리가 친정나들이를 가는데, 아이를 데리고 갈 경우 외가에서 병을 앓지 말라고 아이가 입은 옷의 뒷고대에 고추를 바늘로 꽂은 다음 숯검정을 이마에 찍은 상태로 엎고 간다고 한다.

9월에는 문에 창호지 바르는 일을 하지 않는다는 지역도 많다. 이러한 지역에서는 8월 보름 이전에, 또는 10월에 문을 발랐다고 한다.

11월 동지에 보리뿌리점을 치는 곳도 있다. 겨울로 들어서는 11월 이후에는 고드름점, 눈점 등 여러 방식으로 내년 농사의 흉풍을 점친다. 고드름이 처마에 많이 달리면 풍년이 들고 적게 달리면 흉년이 든다고 하는데, 고드름이 많을수록 그만큼 날씨가 추워 땅속의 벌레가 죽기 때문이다.

동짓달에 천둥이 울리면 임금의 용상龍床이 내려앉는다는 속담이 있다. 눈이 와야 하는 계절에 비를 알리는 천둥이 울리는 것을 왕이 바뀔 정도로 불길한 일의 전조로 여겼다. 동짓달에는 메주를 쑤지 않는 지역이 많다. 혹 동짓달에 쑨 메주로 담은 장은 제사 때 쓰지 않는다고 한다. 충남지역에서 메주는 주로 10월 중에 쑨다.

섣달그믐에 꾼 돈을 갚는 관행이 있다. 주인이 달라고 하지 않아도 빚을 진 사람이 자진해서 갚는다고 하는데, 하루가 지나면 곧 일 년이 지나게 되기 때문이라고도 하고 해를 넘겨 빚을 지고 있으면 이듬해에도 빚을 지게 된다는 속설 때문이라고도 한다.

## 4. 세시관련 속담과 설화

### 1) 세시 속담

세시에 관한 속담에도 전국적인 것이 있는가 하면 지역색을 나타내는 것도 있다. 다음은 전국적으로 통용될 수 있는 속담이다.

● **겨울에 눈이 많이 오면 풍년 든다.**

겨울에 눈이 많이 오면 보리, 밀 등 밭작물이 추위로 인한 피해를 받지 않을 뿐만 아니라, 초봄에 눈이 녹아서 토양의 수분이 적당하게 유지되어 고사 피해를 막을 수 있어 맥류의 풍작을 기대할 수 있다. 또 겨울철 강우량과 여름철 강우량은 대체로 상관관계가 있어 겨울에 눈이 많이 오면 모내기 시기인 양력 6월에도 비가 적당히 와서 적기에 이앙을 할 수 있는 등 풍년이 들 수 있는 좋은 조짐이라는 데서 생긴 말이다.

● **처마 끝에 고드름이 많이 달리면 이듬해 풍년 든다.**

겨울철에 고드름이 많이 또 크게 달린다는 것은 눈이 많이 왔기 때문이므로 위의 속담과 같은 내용이며, 둘 다 전국적으로 통용될 수 있는 속담이다.

● **제비가 집을 거칠게 지으면 풍년 든다.**

제비는 기후에 민감한 동물로서 제비집이 거칠다는 것은 양력 4월경에 토양에 수분이 많다는 뜻으로 물이 충분함을 말하며, 봄철에 물이 충분하면 파종작업이 순조롭게 진행되어 풍년이 예상된다.

● **봄에 제비가 일찍 날아오면 풍년 든다.**

제비는 철새로서 생활하기 편리한 곳을 찾아 이동하므로 봄에 제비가 일찍 날아오는 것은 기온이 따뜻해져 생활하는 데 알맞기 때문이다. 봄이 일찍 오면 기온이 높아 파종 등 농사가 일찍 이루어지고 보리 생육이 빨라 작황이 좋아진다.

● **우수, 경칩엔 대동강 물도 풀린다.**

우수는 양력 2월 18일, 경칩은 양력 3월 5일경으로 이때는 겨울이 지나고 해빙기에 접어드는 시기라는 말로 보리밭 관리를 하고 새해 농사준비를 서둘러야 한다는 뜻이다.

　다음은 농사력으로 볼 때 전국적이라고 할 수 없는 속담들이다. 앞서의 대우치기처럼 속담 속에는 지역 사정이 들어 있다.

● 유두에 소 타지 말고 8월에 소 타라.

농사가 잘된 집에서는 명절에 머슴 등 일꾼을 소에 태워 마을을 돌게 하고 마을 사람들이 그들을 축하해주는 민속이 있다. 유두는 음력 6월 보름인데 벼농사 중간 작황만 보고 풍년이라고 자만할 것이 아니라 끝까지 관리를 잘해서 풍년농사임이 확실해진 뒤에 잔치를 벌여도 늦지 않음을 이르는 말이다. 농사력으로 모내기가 끝나고 김매기가 본격적으로 시작되기 바로 전에 유두를 만나면 머슴들에게 이날 하루 쉬게 하는 지역은 경상도와 전라도 등 주로 남부지역으로 중부지역에서는 보기 힘들다.

● 유두날에 곡수 점 치지 마라.

유두날, 즉 음력 6월 15일경이면 벼의 분얼이 아직 끝나지 않았다. 따라서 유수가 형성되기 전까지는 벼의 작황을 보고 성급하게 풍흉을 판단하지 말라는 뜻으로, 이 역시 남부지방에 해당하는 속담이다.

● 오뉴월 하루 놀면 동지섣달 열흘 굶는다.

남부지역에서 들을 수 있는 속담이다. 농사는 시기를 놓치지 말고 제때 행해야 하는데, 음력 5~6월은 특히 파종과 이앙이 이어지는 시기이므로 이 시기를 놓치면 가을에 수확할 것이 적어서 겨울철에 굶게 된다는 뜻이다. 중부지역에서는 오월 단오 즈음을 삼그루판이라고 하여 가장 바쁜 시기로 생각한다.

● 백중날은 논두렁 보러 안 나간다.

전남지역의 속담이다. 백중은 음력 7월 15일로 양력으로는 8월 중하순에 해당하여 농사일이 거의 마무리된 시기다. 그래서 백중날은 농사일을 잠시

중단하고 일꾼들에게 닭, 개 등을 잡아서 잘 먹이는 풍속이 있었다. 중부지방에도 백중날 머슴을 대접하는 풍속은 있지만 앞서 칠석 즈음에 농사일이 끝나기 때문에 이와 같은 속담은 어울리지 않는다.

● 백로가 지나서는 논에 가볼 필요 없다.

백로, 즉 양력 9월 8일경에는 이삭이 거의 결정되므로 논에 가볼 필요가 없다는 뜻인바, 이 속담도 남부지방의 농사력에 해당한다.


곡우穀雨는 씻나락, 즉 볍씨와 관련이 깊다. 곡우의 우, 즉 비는 씨앗을 뿌리라고 내리는 비로 여겨 다음과 같은 속담들이 생겼다.

● 곡우에 비 내리면 그 해 농사는 풍년이다.

● 곡우에 가물면 땅이 석 자가 마른다.


곡우 물을 마신다고 하는 것은 자작나무나 박달나무 등에 상처를 내 흐르는 물을 마신다는 뜻이다. 남쪽바다에서 겨울을 보낸 조기가 이때쯤 충청도 서해안 격렬비열도 부근에 이르는데, 이때 잡은 조기를 곡우사리라고 한다. 사리라는 말이 뒤에 붙으면 새끼 또는 조기를 뜻하는 수도 있다.

● 전어사리[錢魚--]: 전어의 새끼

● 잔사리: 멸치 새끼의 방언(함경남도)

● 연어사리[鰱魚--]: 연어의 새끼

● 곡우사리[穀雨--]: 곡우살조기

● 그믐사리: 매달 음력 그믐 즈음에 잡히는 조기. 젓을 담그는 데 쓴다.


## 2) 손돌 설화의 전국적인 확산과 변형

매년 음력 10월 20일경에 몹시 춥고 심하게 바람이 부는 날이 있다. 이날은 뱃사공 손돌이 죽은 날이라고 한다. 손돌孫乭은 고려시대 강화도와 김포를 가르는 염하鹽河의 뱃사공으로 알려져 있다. 몽고군의 침입으로 임금이 강화도로 피신 갈 때 배를 몰았는데 임금이 보기에 자꾸만 위험한 곳으로 배를 모는 것 같아 그를 의심하여 죽였다. 그러나 손돌은 죽기 전 표주박을 물에 띄우며 그것을 따라가라고 말하였는데 과연 그대로 하여 강화도에 무사히 닿았다. 임금이 자신의 잘못을 깨닫고 그를 제사하게 되었다고 하며, 지금도 덕포진 앞바다를 '손돌목'이라고 한다.

민속에서는 지역에 따라 이에 대한 다양한 변형이 나타난다. 또 선돌바람, 선돌맹이, 선돌맥이, 손돌배기 등 손돌을 부르는 이름이 다양하다. 다음은 그러한 변형의 예다.

◉ 10월 스무날은 손돌이 죽은 날이라고 하여 이날 집고사를 지내도 무방하다.(경기도 동두천)

◉ 음력 10월 20일에 손돌추위가 오면 선늙은이, 중늙은이 얼어 죽는다고 한다.(경기도 수원)

◉ 10월 20일은 '손돌(손돌맹)추위'라고 하는데, 이날 추우면 겨울 내내 날씨가 좋고 이날 춥지 않으면 겨울 내내 바람이 불고 몹시 춥다.(경기도 안성)

◉ 이날 추우면 겨우내 춥고, 이날 따뜻하면 겨우내 따뜻하다고 여긴다.(충청북도 영동)

◉ 이날 추위는 빌려서도 한다.(충청남도 천안)

◉ 10월 스무날은 손돌맹이가 죽은 날로 이날 날씨를 보고 그 해의 겨울 날씨를 점친다. 이날 비가 오면 그 해는 그다지 춥지 않으며, 바람이 불고 추우면 그 해는 몹시 추울 것이라고 예견한다.(충청남도 공주)

◉ 어떤 사람의 아버지 제사가 10월 20일인데 "고놈 죽은 날은 추워."라고 말하였다가 웃음을 샀다는 이야기가 전한다.(경상북도 영양)

◉ 이날이 오기 전에 김장을 다 담근다.(경상북도 달성)

◉ 손돌추위(고놈 죽은 날) — 음력 11월 20일경(경기도 하남, 가평)

◉ 10월 20일은 손돌이 강가에서 얼어 죽은 날이다.(경기도 가평)

◉ 나그네 선돌이(충청남도 홍성)

◉ 장돌뱅이 손돌맹이(충청남도 금산)
◉ 이날의 추위는 누구인지는 모르지만 '그놈이 죽어서 오는 추위'라고 한다.(충청남도 천안)
◉ "10월 보름 추위는 꾸어서라도 한다."라고 한다. 보름경이 되면 매서운 추위가 있는데 이 추위를 '손돌맹이추위(손돌 추위)'라고 한다.(전라북도 진안)
◉ 이날 날씨가 추운 것은 손돌배기의 성격이 나빠서 그렇다고 한다.(경상북도 영덕)

손돌은 손돌추위라고 하여 기상이변의 원인을 표현하는 말이기도 하다. 즉 이날 추운 것은 손돌의 원혼冤魂이 바람을 일으키기 때문이라는 등, 손돌맹이의 혼이 떠돌기 때문이라는 등(충청북도 충주)의 설명이다. 그러나 이러한 이야기들은 추위가 심하지 않은 전라남도, 경상남도 해안가에서는 전하지 않는다.

강원도나 충청북도에서도 손돌을 알고 있지만 지역이 강화라든지, 손돌이 뱃사공이라든지 하는 설화와는 무관하다. 그저 대개는 '고놈 죽은 날'이라고 부른다. 이날 추위가 오는 것은 '손돌이 얼어 죽은 날'이기 때문으로, 나그네이던 손돌이 걸어서 다니다가 길에서 얼어 죽었다고 전한다. 손돌추위를 두고 '그놈 죽은 날'이라고도 표현한다.

'손돌맹이' 추위에 대해 충청남도에서는 다음과 같이 말한다.

◉ 그놈 얼어 죽은 날이다.(연기)
◉ 스무날은 몹시 춥다. "이날 추위는 빌려서도 한다."라는 속언이 있을 정도로 반드시 추위가 온다. 이날의 추위는 누구인지는 모르지만 '그놈이 죽어서 오는 추위'라고 한다.(천안)
◉ 손돌맹이 아들이 자신의 아버지가 돌아가신 날의 추위를 표현하기 위해 아버지의 이름을 언급할 수 없으므로 그저 '그놈 죽은 날'이라고 했다고

한다. 그 후로 다른 사람들도 스무날을 '그놈 죽은 날'이라 한다.(천안)

● 손돌이추위를 보고 겨울채비를 하는데, 아주 추우면 겨울옷을 두껍게 짓고, 덜 추우면 다소 얇게 짓는다.(예산)

● 손돌이추위는 꾸어서라도 한다.(예산)

● 손돌맹이는 추운 날 얼어 죽은 사람이다. 스무날 추위가 심하면 그 해 겨울이 춥다.(연기)


이에 대해 전라북도에서는 다음과 같이 말한다.

● 손씨 성을 가진 사공(沙工)인 손 사공이 이 추위에 얼어서 죽었다고 한다.(익산)

● 스무날이 추우면 "그놈 죽은 날이라서 춥다."라고 한다.(익산)

● 이날 날씨가 따뜻하면 그 해 겨울이 따뜻하고, 날씨가 추우면 그 해 겨울이 춥다.(전주)

● "10월 보름 추위는 꾸어서라도 한다."라고 한다. 보름경이 되면 매서운 추위가 있는데 이 추위를 '손돌맹이추위(손돌추위)'라고 한다.(진안)


경상북도의 경우는 다음과 같다.

● 10월 스무날에 날씨가 추우면 "뱃사공 얼어 죽었다."라고 말한다.(구미)

● 굉장히 지독한 뱃사공이 있었는데 10월 스무날 배를 타고 나갔다가 얼어 죽었다는 이야기가 전해진다. 이는 그만큼 첫 추위가 매섭다는 의미라고 한다.(군위)

● 손돌배기가 얼어 죽은 날(영덕)

● 어떤 사람이 10월 20일에 시제를 지내다가 추우니까 "고놈 죽은 날은 맨날 추워."라고 하여 손돌맹이를 '고놈'이라고 하였는데, 다른 사람들은 '고놈'을 조상으로 착각하여 웃었다고 한다.(영양)

● 손돌이추위(고놈 죽은 날). 고놈은 옛날 손 사공이라는 사람으로 원한에 맺

혀 죽었기 때문에 항상 춥다고 한다.(울릉)

함안은 경상남도지만 산간지역이어서 이에 대한 말이 있다.
◎ 10월 20일은 손돌이 죽은 날이기 때문에 그날은 유독 춥다고 한다.(함안)

## 3) 손돌목의 유래

손돌목이라는 지명의 유래에 대해서는 대략 세 가지 견해가 있다. 첫째는 설화에서처럼 손돌을 억울한 죽음을 당한 고려 뱃사공으로 보는 것이다. 둘째는 손을 손방巽方, 즉 동남향을 가리키는 방위로 보아 강화부 동남쪽에 돌부리가 있는 좁은 해협, 즉 돌목으로 보는 해석이다. 셋째는 손돌을 선돌, 즉 입석立石으로 여겨 바다 밑에 돌이 서 있는 좁은 해협으로 여기는 것이다. 손돌목이라는 지명은 조선후기 이전에는 등장하지 않기 때문에 설화에 근거한 첫 번째 해석을 역사적 사실로까지 발전시키는 데는 문제가 있어 보인다.
　김정호金正浩의 『대동지지大東地志』에는 손돌목에 대해 다음과 같이 나온다.

"손돌목은 돌다리가 굳세게 뻗쳐 있어서 물밑이 마치 문턱과 같이 되어 있는데, 중앙이 약간 오목하여 조수가 들고 날 때 수세가 심히 급하고 또 물밑의 돌부리가 마치 단애와 같아서 파도가 굽이쳐 흐르는 것이 여울과 같이 빠르다."

1779년(정조 3) 3월 8일에 구선복具善復이 순심사巡審使로 통진과 강화 일대의 형편을 상세히 살펴본 다음 복명復命하고 나서 별단別單을 올렸는데, 다음은 그중 하나다.

"덕진진德津鎭은 광성보의 남쪽 10리쯤 되는 곳에 위치하고 있는데, 섬들이 험하고 물이 휘돌아 가장 위험하다고 일컬어지고 있습니다. 이곳이 이른바 손돌목[孫乭項]인데 강면江面이 매우 좁아서 수세水勢가 방아 찧듯이 부딪치기 때문에 왕

래하는 선척들이 모두 두려워 꺼리고 있으니, 형승形勝이 믿을 만하고 외구外寇
가 침범하기 어렵습니다."

손돌목은 뱃길로는 매우 위험하지만 그만큼 외구 방어에는 유리한 곳이
라는 내용이다. 구선복의 별단에서 눈에 띄는 것은 손석기孫石磯다.

"또 갑진甲津에서 제물진濟物鎭으로 내려와서 남쪽으로 초지草芝에 이르러 손석
기孫石磯를 보았으며, 남쪽으로 영종도의 해구海口를 바라보고 서쪽으로 마니산
摩尼山의 밖을 살펴보았습니다. 대개 갑곶甲串에서 남쪽으로 흘러 덕진德津에 이
르기까지는 좌우의 산자락이 서로 교차되는 탓으로 물속의 돌이 더욱 거칠고 물
살도 매우 사나워 허옇게 파도치며 급하게 흐르는데, 그 아래에는 왕왕 헤아릴 수
없이 깊은 연못이 있어 물살이 수레바퀴 돌듯이 빙빙 돌고 있었습니다. 이것이 이
른바 손석기입니다. 신臣이 언덕 위에 서 있을 때 만조滿潮였고 바람이 잔잔하였
는데 해선海船들이 고기비늘처럼 죽 늘어서서 오고 있었습니다. 배들이 이곳에
도착해서는 기세를 가다듬어 키를 잡고 가운데를 따라 나아가다가 곧이어 또 키
를 옆으로 꺾어 꾸불꾸불 돌면서 급류와 바위를 피하고 나서는 또 키를 똑바로 잡
고 가운데를 따라 나아갔습니다. 이렇게 하기를 여러 차례 되풀이해야 하니 또한
어려운 일입니다. 만일 역풍逆風을 만나면 감히 지나가지 못합니다. 처음에는 순
풍順風을 탔다가도 바람이 갑자기 변하면 반드시 바위에 부딪쳐 부서져서 물에
빠지기 일쑤입니다. 물에 익숙한 주자舟子들도 오히려 이와 같은데 더구나 객선
客船이야 말할 것이 뭐 있겠습니까. 마니산 밖에 대해서는 토인土人의 말을 듣건
대, 바닷가의 개펄이 질퍽하여 허리까지 푹푹 빠지는데 넓이가 혹 수리數里가 되
는 곳도 있고 혹은 4, 5리가 되는 곳도 있어 혹시 배를 정박한다고 해도 언덕으로
오를 수가 없다고 하니, 이것이 이른바 육해陸海인 것입니다. 장자평丈者坪에서
황청포黃青浦에 이르기까지의 30, 40리 사이는 모두 이러하였으니 옛사람이 토
성土城을 쌓을 적에 월곶月串에서 시작하여 올라가 초지에서 중지한 것은 고견高
見이라고 일컬을 만합니다. 이곳의 험고險固함이 이와 같습니다."

손석기는 손돌목에서 물결이 바위에 부딪치는 모습을 표현한 것으로 이
것 역시 손돌목에서 비롯된 말이다. 이렇듯 손돌목은 널리 알려진 지명이지

만 이는 조선후기의 일이고 그 이전에는 어느 문헌에도 그 이름이 등장하지 않는다. 손돌목이라는 지명 대신 그와 관련된 지점으로 가장 오래되고 또 유력한 근거를 가진 것이 서긍徐兢이 쓴 『고려도경高麗圖經』의 기사에 나오는 급수문急水門이다.

"합굴룡사蛤窟龍祠는 급수문急水門의 위쪽 공지에 있다. 작은 집이 두어 칸 있는데 그 가운데에 신상神像이 있다. 뱃길로는 물이 얕아 접근할 수 없고, 뱃사공들이 작은 배로 맞아다가 제사할 뿐이다.
　이날 미각未刻에 급수문急水門에 도달하였는데, 그 문은 바다에 있는 섬은 아니지만 완전하기가 무협巫峽의 강로 같았다. 산이 둘러싸고 굴곡을 이루면서 앞뒤로 서로 이어졌는데, 그 양쪽 사이가 물길이다. 수세水勢가 산협에 묶여 놀란 파도가 해안을 치고 구르는 돌이 벼랑을 뚫는데, 요란하기가 우레와 같아 천균千鈞의 쇠뇌와 바람을 쫓아가는 말이라 해도 그 물살의 급한 것을 설명하기에는 부족하다. 이곳에 이르러서는 이미 돛을 펼쳐서는 안 되고 다만 노를 써서 밀물을 따라 전진할 뿐이다."

그러나 위의 기사만으로는 급수문이 곧 손돌목이라고 단정할 수 없다.
　이에 대해 연경재研經齋 성해응成海應(1760~1839)은 『연경재전집研經齋全集』에 다음과 같이 기술하였다.

"급수문急水門은 강화부 동남쪽 25리에 있다. 물이 광성을 거쳐 바다로 흘러가는데 물가의 돌들이 이를 벌리듯 하여 물결이 서로 부딪치며 소용돌이가 친다. 이곳을 손돌목이라고 칭한다. 그 험한 지형은 널리 이름이 나 있다. 서긍의 『고려도경』에 말하기를 '제물사濟物寺를 지나면 급수문에 도달하는데, 그 문은 바다에 있는 섬은 아니지만 완전하기가 무협巫峽의 강로와 같다.' (急水門在朝鮮江華府東南二十五里。廣城關下流入于海。磯石齟齬。瀧湍激厲。稱孫石項。以天險名國中。徐兢高麗圖經日。過濟物寺。到急水門。其門不類海島。完如巫峽江路。)"

중국에서 배를 타고 황해를 거쳐 고려로 오는 항로는 크게 세 가지가 있다. 고려 인종 원년(1123)에 송宋나라의 사신 서긍은 북송北宋의 수도인 변경汴京, 즉 현 카이펑開封을 출발해 명주明州, 즉 닝보寧波에서 바다를 따라 북상한 뒤, 정해定海에서 황해를 횡단하였다. 서긍 일행은 정해를 출발한 지 9일 만에 고려의 흑산도에 이르러 다시 서해안을 따라 북상하여 인천 연안을 지나 예성강 하구의 벽란도碧瀾渡에 도착한 후 육로를 이용해 송도松都로 들어왔다.

그러므로 제물사가 있는 자연도紫燕島는 지금의 영종도이고, 서긍이 본 급수문은 곧 손돌목인 것이다. 같은 기사가 1780년대 후반에 나온 윤행임尹行恁(1762~1801)의 『석재고碩齋稿』(권19)에도 전사傳寫되어 나온다.

극원屐園 이만수李晩秀(1752~1820)의 『극원유고屐園遺稿』(권12)에는 손돌바람을 시제로 쓴 시 한 편이 나온다.

| 孫石風 | 손돌바람 |
| --- | --- |
| 孫石孤魂浪拍空 | 손돌의 외로운 혼이 물결 되어 허공을 치네. |
| 年年十月起蓬蓬 | 해마다 시월이 되면 어김없이 부는 거센 바람. |
| 誰知海外浮家子 | 누가 알리요 바다 밖에서 떠도는 자 있어 |
| 噓送遼陽萬里風 | 멀리 요양까지 보내는 만리풍을 불어댈 줄을. |

김매순의 『열양세시기』와 홍석모의 『동국세시기』에도 각기 손돌목에 대한 전설이 소개되어 있다.

"강화 부근 바다 가운데에 암초가 있는데, 이것을 손돌목孫石項이라고 한다. 방언에 산수가 험하고 좁은 곳이 '목[項]'이 된다고 말한다. 전해 내려오는 이야기에 고려 때 손돌이라는 뱃사공이 10월 20일에 이곳에서 억울하게 죽어서 그의 이름을 붙였다고 한다. 지금도 이날이 되면 바람이 많이 불고 매섭게 추워 뱃사람들은 조심하고 삼가며 집에 있는 사람도 털옷을 준비하고 근신한다."(『열양세시기』시월 이십일)

"이달 20일에는 해마다 큰바람이 불고 추운데 그것을 손돌바람[孫石風]이라고 한다. 고려의 왕이 바닷길로 강화도에 갈 때 뱃사공 손돌[孫石]이 배를 저어 가다가 어떤 험한 구석으로 몰고 가자 왕이 그의 행위를 의심하여 노해서 명령을 내려 그의 목을 베어 죽였고, 잠시 후에 위험에서 벗어난 일이 있었다. 지금도 그곳을 손돌목[孫石項]이라고 한다. 손돌이 죽음을 당한 날이 바로 이날이므로 그의 원한에 찬 기운이 그렇게 하는 것이라고 한다."(『동국세시기』 시월)

이만수는 성해응이나 윤행임과 동시대의 학자다. 그런데도 그는 전설로 내려오는 손돌 설화를 시를 통해 표현하고 있다. 그러나 설사 그가 설화를 시제로 했다고 하더라도 그것을 사실로 받아들였는지는 별개의 문제다. 즉 대개의 성리학자들이 그렇듯이 조선후기 지식층들은 조선전기에는 없던 손돌목이라는 지명에 대해 설화적인 해석보다는 다른 방식의 해석을 내렸다. 이유원李裕元(1814~1888)의 『임하필기林下筆記』 권13 「문헌지장편文獻指掌編」 기사 내용은 바로 그러한 이들의 의식과 정서를 잘 나타낸다.

"서울의 용산강龍山江에서 서쪽으로 통진通津의 유도留島에 이르기까지 그 거리가 백 리이며, 유도에서 남쪽으로 가면 갑곶진甲串津을 지나서 손돌목[孫石項]에 이르게 되는데 이 손돌목이 바로 강화부江華府의 손방巽方에 있기 때문에 일명 손석항巽石項이라고도 한다. 강화는 그 산맥이 손돌목에서 포구浦口 속으로 들어가는데 그 물밑은 석각石角이 울퉁불퉁하고 파도가 소용돌이쳐서 뱃길이 지극히 험하다."

이유원은 손돌목의 손을 남동 방향을 나타내는 손巽, 즉 손방巽方으로 보았다. 울돌목이 그렇듯이 '목 항項' 자가 붙은 곳은 해협海峽, 즉 바닷길이 좁아지는 지형을 말하므로 손돌목은 강화부에서 동남쪽 방향에 있는 석각, 즉 돌부리가 있는 좁은 해협이란 뜻이 된다.

돌부리에 대해서는 『만기요람萬機要覽』 「재용편財用編」 2에 나온 다음의 기사를 참조한다.

"조로漕路가 험난하기로는 안흥安興의 관장항冠丈項, 강화의 손돌목[孫石項]이 있는데 모두 돌부리가 준험하고 물결이 빠르고 굳세기 때문에 여기를 지나는 배는 취재臭載될 염려가 많으며, 경강京江에는 근년부터 초서草嶼가 많이 생겨서 모래가 막히고 물이 얕아지므로 큰 배가 통할 수 없게 되기 때문에 운항하는 자가 이 세 곳에 도착하면 반드시 조수潮水가 성성盛하기를 기다려서 물이 차오른 것이 두껍게 된 뒤에 비로소 배를 운행한다."

손돌목은 바다 밑에 돌부리가 서 있는 위험한 좁은 해협임에는 틀림없다. 또 고려 때에는 그 위에 뱃사람들이 제사를 지내던 곳인 합굴룡사가 있었다고 하므로 손돌 설화가 생길 만한 여건을 갖춘 것임에도 틀림없다. 하지만 조선후기 학자들이 그러하였듯이 설화는 설화일 뿐이지 이를 역사적 사실로 받아들일 수는 없을 것 같다.

# 농 업 세 시 의 변 화 와 지 속

## 1. 변화와 지속의 모습들

### 1) 세시의 중심이 된 머슴

한말의 신분제 폐지와 일제강점기 초기의 변화된 상황을 잘 나타내는 시대 용어의 하나가 머슴이다. 근대 농촌의 세시풍속은 머슴에 의한, 머슴을 위한 세시풍속이라고 해도 과언이 아니다.

머슴은 신분제 폐지 이후, 특히 일제강점기에 들어와 종전의 노비를 대신하게 된 경제적 계약관계의 남성 농업노동 일꾼을 통칭하는 말이다. 머슴 중에는 종전에 종의 신분으로 맺었던 주인과의 종속관계를 유지한 채 주인 집에 사는 경우도 있지만, 일 년 단위로 경제적인 계약관계를 맺는 고공雇工 들이 대부분이다.

다른 지역에서 장거리 이동을 한 머슴도 있고 주인과 한마을 출신인 머슴도 있다. 그 밖에도 다양한 지역적 편차가 있어 가까운 마을 출신, 같은 지역 출신들도 있다. 이들은 주인과 일 년간 계약관계를 맺고 계약기간 동안은 가족과 떨어져 주로 주인집 행랑채에 거주하게 된다. 이들이 같은 주인과 계약을 되풀이하더라도 종전의 종과 같은 종속관계로 되돌아가는 것은 아니나 그와 유사한 관계로 발전하기도 한다. 또 다른 지역 출신인 경우 고향을 떠나 가족 모두가 주인 마을에 정착하기도 하는데, 지역적으로는 경기도와 강원도에서 이러한 현상을 흔히 볼 수 있다.

옛 속담에 "주인은 음식으로 머슴을 후리고, 머슴은 일을 가지고 주인을 후린다."라고 하였는데, 일제강점기 이후 농가의 세시풍속 중에는 바로 이러한 역학관계의 산물인 것들이 많다. 경남지역에서는 이를 '머슴 대접'이라고 하였는데, 일제강점기 이전의 전통적인 신분질서 속에서는 통용되기 어려운 표현이다.

## 2) 머슴 들이기

주인이 머슴과 일 년 계약을 맺는 것을 '머슴 들이기'라고 한다. 물론 그 시기나 방식 등은 지역에 따라 다르다. 좀생이별을 보고 머슴을 둘지 결정한다는 곳도 있다. 전라북도 군산에 그러한 풍속이 있는데, 음력 2월 초엿샛날 밤에 달 옆에 있는 좀생이별이 달과 멀리 떨어져서 따라가면 물이 적어 흉년일 것으로 판단하여 머슴을 두지 않고, 가깝게 붙어 따라가면 물이 많아 풍년일 것이라 여겨 머슴을 둔다는 것이다.

충청남도 당진에서는 정월 중에 손이 없는 날을 잡아 머슴을 들이는데, 인동일은 동토가 난다 하여 피한다. 천안, 예산 등에서는 머슴을 들일 경우 대보름날 안에 미리 들인다. 머슴 입장에서는 일 년간 살 집에서 보름을 쇠게 된다. 대개의 지역에서는 음력 2월 안에 머슴을 들인다. 2월 중순이나 말경부터는 본격적인 농사일이 시작되기 때문이다. 정월에 머슴을 들이는 이유는 나무를 해주는 일꾼이 필요하기 때문이다. 새경은 받지 않고 밥만 먹고 나무를 해주는 머슴을 들이기도 한다. 머슴을 들이기 전에 일 년 새경을 결정해야 하는데, 이를 '새경 친다'라고 한다.

전라남도 지역에서는 주로 보름 전날이나 보름 당일에 새경을 결정한다. 화순지역에서는 보름날에 결정하고 고흥지역에서는 그 전날 머슴이 거름을 얼마나 많이 져다 날랐나를 보고 정한다고 한다. 머슴에게는 새경 이외에 철마다 옷을 해 입힌다. 계절옷은 '봄살이', '여름살이', '겨울살이'라고 부른다. 겨울살이는 머슴이 농사일을 마치고 나가는 겨울에 입혀 보내는 옷이고, 가을에는 봄과 다를 것이 없어 따로 '가을살이'란 말을 하지 않는다.

그 시기에는 어느 정도 차이가 있지만 어느 지역이든 설을 쇠고 나면 정월 중으로 곧 한 해 농사일을 맡길 머슴을 들이게 된다. 대개 한 명에 그치지만 농사가 많으면 상머슴부터 소꼴만 베는 '깔머슴(꼴머슴)'까지 함께 들인다. 전라북도 장수지역에서는 머슴이 들어오면 밥과 고기를 마련하여 대접하는데, 이를 '된밥'이라고 부른다. 그래서 남의 머슴으로 들어가는 것을 "된밥 먹으러 간다."라고 한다. 된밥을 먹고 나면 일 년 내내 고된 일만 남게 된다.

보름을 쇠고 난 후 그 해에 일할 머슴을 들이는 지역은 다음과 같은 보름 이전의 행사는 없었을 것이다.

강원도 횡성에서는 정월 14일을 '일꾼의 날'이라 하여 밥을 많이 먹고 일을 많이 하라는 의미로 일꾼들에게 오곡밥을 아홉 그릇 먹고 나무를 아홉 짐 져오게 한다. 이북에는 정월 14일에 '등심한다'고 하여 명태를 쪄서 먹는 풍속이 있다. 머슴이 등에 힘을 받아야 일을 잘한다는 뜻이라고 한다.

충청남도 서천은 예외적인 경우로 정월 14일에는 무슨 일이든 일곱 번 행동하는 풍속이 있는데, 특히 머슴은 주인집에 반드시 두엄 일곱 짐을 해놓아야 한다. 먹는 것도 물론 일곱 번이다.

이러한 풍속에 대해 지역에 따라 여러 가지 해석이 있다. 먹을 것이 넉넉하지 않아 늘 굶주린 생활을 하므로 명절을 맞아 곯은 배를 채울 기회를 준다는 해석이 있는가 하면 먹을 것은 실컷 주되 일꾼의 능력을 보는 것이라는 해석도 있다. 후자의 경우는 머슴과의 계약 이전에 일하는 것을 보고 판단하려는 의도에서 비롯되었다는 것이다. 오곡밥 나누어 먹기는 주인이 예비 머슴들이나 일꾼들에게 좋은 인상을 심어주기 위한 것이라는 해석도 있다. 14일에 오곡밥을 지어 이웃사람과 함께 먹으면 "농사철에 일꾼을 얻기가 쉽다."라는 말이 있다.

정월 14일을 '여름날'이라고 하고 15일을 '가을날'이라고 하는 곳도 있다. 여름날은 열심히 일하는 날이라고 하여 '머슴날'이라고도 하는데, 밥도 아홉 그릇을 먹고 나무도 아홉 짐을 한다. 여름날에는 열심히 일하고 가을날에는 논다고 한다.

대보름날과 관련된 머슴의 풍속을 그 해의 흉풍과 관련짓는 경우도 있다. 경상남도 김해에서는 '백가반百家飯'이라고 하여 대보름날에 머슴들이 여러 집의 밥을 얻어먹으면 그 해 풍년이 든다고 한다. 반면 이웃지역인 사천에서는 큰 머슴들이 보름날 새벽에 일찍 일어나서 주인집 논에 거름을 져다가 부어놓으면 그 해 농사가 잘된다고 하여 머슴들이 정성껏 임하는데, 주인집 농사가 잘되어야 자신들도 새경을 잘 받을 수 있기 때문이라고 한다. 둘 다 흉풍을 점친다고 하였지만, 전자는 아홉 그릇 먹는 데, 즉 먹는 것에 강조점을 둔 반면 후자는 아홉 짐을 하는 데, 즉 일하는 것에 방점을 두었다. 또 대개의 지역에서 대보름날이면 볏가릿대 세우기를 하는데, 농사를 많이 짓고 따라서 머슴도 많이 부리는 부잣집에서는 마당에 긴 장대를 세우고 새끼줄로 사방을 버티게 한 다음 맨 위에 벼 이삭을 달아둔다.

경상남도 서부지역 일대에는 '고마이날'이 있다. 보름을 쇤 다음 날, 즉 열엿새를 이르는 말이다. 정월 초하루부터 보름까지 반달을 놀고먹었으니 이제는 '그만'이라는 뜻을 담고 있다고 한다. 그러나 굳이 이날을 만든 것은 노는 날이 다 지나 아쉬우므로 하루만 더 놀자는 의미다. 이를 또 남녀로 나누어 열엿샛날은 '암고마이날'이라 하고 그다음 날은 '숫고마이날'이라고 구분해 부른다고 한다. 물론 이때는 일을 하지 않고 쉬는데, 머슴들은 새끼를 꼬아놓는 등 일 년 농사를 서서히 준비한다. 경기도 파주지역에서는 정월 16일을 귀신날이라고 하여 머슴들이 이를 핑계로 하루 더 논다고 한다.

위와 같이 정월에 머슴과 관련된 풍속이 있는 지역 말고는 음력 2월 초하루나 그보다 이틀 전쯤에 머슴을 들이는 지역이 많다. 그래서 음력 2월 초하루를 머슴날이라고 하여 대부분의 지역에서 머슴을 위한 행사를 연다. 행사 때 머슴이 밥을 많이 먹으면 일을 잘할 것이라 여겨 반긴다고 하는데, 행사 속에 숨어 있는 주인의 의도를 엿볼 수 있는 대목이다.

### 3) 음력 2월 초하루 머슴날

음력 2월 초하루를 강원도나 경상도 산간지역에서처럼 영등할머니가 지상으로 내려오는 풍신風神날이라고 하는 지역도 있고 '하래 들은 날'이라고 부르는 곳도 있다. 하래란 바람신이 아래로 내려온다는 '下來'의 뜻인 것 같기도 하나, 이와 유사하게 '하리아드랫날'이라고 할 때는 본래의 의미와는 너무 달라지는 것 같다. 이날 비가 내리면 '비영등'이 내린다고 하고, 바람이 불면 '바람영등'이 내린다고 한다.

경상북도 여러 지역에서는 이날 영등제를 지낸다. 제를 지내기 위해 벼를 말리는데, 이때 새가 와서 그 나락을 먹으면 죽는다고 한다. 그만큼 영등할머니가 영험하다고 믿는 것이다. 영등제는 안주인이 주관한다. 이날 점심때 밥을 지어 부엌에서 바로 영등제를 지낸다. 할머니 몫으로 밥 한 그릇을 떠 식구 수대로 숟가락을 꽂아놓고 빈 다음 소지燒紙를 올린다. 소지를 올릴 때는 집안에서 부리는 머슴뿐만 아니라 소, 개 등 집안에 있는 가축들의 소지까지 올려준다.

대보름날에 세워두었던 볏가릿대를 허물고 달아둔 벼 이삭으로 '나이떡'을 해먹는 것도 널리 분포되어 있는 풍속이다. 이를 더 풀어 충청남도 아산 지역에서는 음력 2월 초하루를 '노적가리를 터는 머슴날'이라고도 한다. 노적가리를 털어서 나온 곡식으로 나이떡을 빚어 먹기 때문이다. 나이떡으로는 주로 송편이나 인절미를 해먹는다.

전라남도 무안군 해제면 광산리 발산마을에서는 이날 '상두회의'가 있었다고 한다. 음력 2월 초하루에 일꾼들이 모여서 상두를 조직하고 그 해의 일을 결정하는 모임이다. 마을에서는 이 회의를 통해 품삯을 결정하고 머슴을 들이게 되면 이날 계약에 들어간다. 물론 이날은 일꾼들의 명절이라고 해서 일하지 않고 쉰다. 강원도 인제지역에서는 이날을 농민의 날이라 하여 집집마다 미리 만들어놓은 짚신, 삼태기, 소쿠리, 멍석 등을 마을의 가장 큰 어른인 대방네 집에 모아놓고 품평을 한다. 이 중 가장 잘 만든 사람에게는 대방이 상을 준다. 그런 다음 풍물을 치고 옥수수, 시루떡을 먹고 술을 마시며 하루 종일 즐겁게 논다고 한다.

음력 2월 초하루가 지나면 대보름날 때와는 달리 노는 날을 하루 더 연장하기 힘들다. 그래서 이날을 '마지막 노는 날'이라고 부르기도 한다. 이날 '썩은 새끼줄로 목매기 하는' 풍속은 거의 전국적으로 퍼져 있지만 특히 전라도와 경상도 등 남부지역에서 많이 볼 수 있다. 머슴들은 이제 다 놀아 앞으로는 힘든 일만 남았다고 하면서 썩은 새끼줄을 가지고 뒷산에 올라가 목매달아 죽는 시늉을 한다. 물론 장난에 불과하지만 이들의 심정을 잘 나타낸다. 경상북도 김천, 경상남도 산청, 함양 등지에서는 이를 '헌 새끼 꼬기'라고 한다. 경상남도 함안지역에서는 이날을 일꾼들이 마지막으로 노는 날이라고 하여 주인이 깨끗이 추린 짚에 밥과 반찬을 담아 곳간에 두고 실컷 나누어 먹게 한다. 이 밥을 '섬밥'이라고 한다.

"머슴들이 담장을 잡고 운다."거나 "2월 영등밥을 먹으면 머슴이 울타리 붙잡고 운다.", "머슴은 삽자루 끝을 잡고, 하녀는 물레를 잡고 운다."라는 등의 속담도 이를 나타낸다. 지게, 문짝, 문고리, 사립문, 삽자루 등 붙잡는 대상만 다를 뿐 내용은 같다.

머슴들이 이날 먹는 밥을 '섬밥', '영등밥'이라고도 하지만 '2월밥'이란 말이 가장 흔하고, 주로 경상지역에서 들을 수 있다. "2월밥을 먹고 나면 머슴들이 썩은 새끼에 목매달아 죽는다.", "남의 집에 사는 머슴은 2월 초하룻날 2월밥을 먹으면 썩은 새끼로 목매달러 간다." 등의 속담이 있다. 2월밥은 '농사밥'이라고도 하며, 되도록 잡곡밥을 피하고 흰밥을 준다.

경기, 충청 지역에서는 음력 2월 초하루를 '머슴날', '하드렛날'이라고 하면서도 이날부터 본격적으로 농사일을 시작하는 곳이 많다. 즉 초하룻날 머슴과 마을 사람들은 소를 부리고 전답이 많은 지주 집에 모여서 일 년간 소나 기타 농구를 사용할 때 필요한 줄을 꼬는데, 이를 '주대 드린다'고 한다. 지주 집에서는 술과 음식을 내어 대접하며, 풍장도 울려 잔치 분위기를 낸다. 드린 줄은 나무에 걸고 양쪽 끝에 큰 돌멩이를 매달아서 충분히 늘어나도록 한다.

강원도는 음력 2월 초하룻날에 새경을 정하는 지역이 많다. 새경 액수가 정해지면 주인집에서는 머슴에게 새 옷을 해주고 독상을 차려주기도 한다. 본격적으로 머슴들에게 일을 시키기 시작하는 날이므로 좋은 음식과 술을 대접한다.

지역에 따라서는 음력 2월 초하루부터 초닷새까지 머슴날로 정해 노는 곳도 있고, 음력 2월 초하루부터 초아흐렛날까지 놀고 나서 농사일을 시작하는 곳도 있다. 초아흐렛날은 '물방수날'이라고 하는데, 무방수, 즉 어떠한 일을 해도 탈이 없는 손 없는 날이어서 이때까지 노는 것 같다. 그러나 이날 이후로는 본격적인 농사일에 들어간다.

음력 2월 초하루를 머슴날로 보내는 풍속은 거의 전국적으로 분포되어 있다. 그러나 호미씻이 등 김매기를 마친 후 갖는 세시행사 때까지 머슴을 위한 휴식과 놀이는 지역마다 조금씩 다르고, 아예 별도로 정해진 날이 없는 지역도 많다. 농사를 마감하면서 갖는 세시행사도 농사주기에 따라 지역마다 그 시기와 방법이 조금씩 다르다.

## 4) 음력 3월, 4월 머슴날

삼월 삼짇날 또는 한식날에 머슴을 쉬게 하는 지역이 있다. 주로 경상남도에서 이러한 관행을 볼 수 있다. 사천지역에서는 삼월 삼짇날을 명절로 삼아 일을 하지 않고 하루 쉬므로 머슴들도 이날은 하루 논다고 한다. 양산, 진주, 하동 등지에서는 삼월 삼짇날에 동년배끼리 명소에 가서 '회치'를 하는데, 머슴들도 이날 일을 하지 않고 산골짜기에 가서 논다고 한다. 회치란 술과 음식을 장만해서 하루를 즐겁게 보내는 모임을 말하는 방언인데, 호미씻이를 회치, 회초 등으로 부르는 것으로 보아 초연草宴 모임[會]을 이렇게 부르게 되었는지도 모르겠다.

사천지역에서는 대부분의 주민이 절에 가는 초파일에도 머슴들을 쉬게 한다고 한다. 그런데 전라북도 임실군 삼계면 두월리에서는 주민이 초파일에 절에 가지 않고 머슴들에게 술을 대접하고 풍물을 울리면서 하루를 즐겁게 논다. 전라북도 장수군에서도 초파일을 명절로 여겨 농군들, 특히 머슴들에게 휴가를 주어 냇가에 나가 천렵을 하면서 하루를 놀게 한다. 전라남도 구례지역에서는 이러한 초파일 행사를 '술멕이'라고 한다. 즉 초파일에 누룩과 쌀로 술을 빚고 밥을 해서 머슴들을 위로할 겸 마을잔치를 연다. 구례에서는 곡우날에도 머슴들에게 옷도 해주고 돈도 주어 하루를 놀게 한다. 이날 구례 화엄사에서는 곡우제가 열린다.


## 5) 음력 5월 머슴날

경상지역에서는 머슴들에게 간식거리로 주는 볶은 밀과 콩을 '꼰비기', '꼼비기' 또는 '꼼배기'라고 하는데, 뜻이 변해 머슴들을 대접하고 하루 쉬게 한다는 의미로도 통한다. 이 지역에서 '꼼비기 먹기'는 주로 농사력으로 모내기를 앞둔 시점에 하는데, 일부 지역에서는 양력 4월 중에 시작한다. 본격적인 '꼼비기 먹기'는 김매기를 끝낸 후인 백중 때 한다. 꼼비기를 주도하는 큰 머슴을 '상머슴' 또는 '좌상'이라고 부르는데, 마을의 일꾼들 중에서 나이가 가장 많은 자로 그의 결정에 따라 두레가 움직인다. 경상남도 김해지역에서는 모내기를 끝내고 '꼼배기놀이'를 한다. 마을 머슴들이 술과 명태 안주로 마을 공터에 모여 '회치'를 한다고 한다. 이때 어린 머슴이 성인 머슴인 장골로 등록하는 행사도 벌어진다. 성인 머슴이 되면 선배 머슴들에게 술과 안주로 답례한다.

## 6) 음력 6월 머슴날

앞서 언급된 바 있지만 '써레지침', '써레부심', '써레씻금', '써레지치' 등 지역에 따라 다양하게 부르는 써레씻이는 호미씻이처럼 써레 사용이 끝난 것을 기념하는 세시행사다. 즉 모내기가 끝나면 더 이상 써레를 쓸 일이 없기 때문에 그동안 애쓴 머슴 등 일꾼들의 노고를 위로하기 위한 것이다.

써레씻이는 호미씻이와 달리 지역적으로 널리 분포되어 있지 않다. 이 행사를 하는 지역을 보면 대개 두 가지 배경 중 적어도 하나를 갖추고 있다. 그 하나는 소가 귀하다는 점이다. 즉 논을 갈기 위해서는 남의 집 소와 써레를 빌려야 하고 이를 위해 차례를 기다려야 하는 농가가 많은 지역이다. 또 다른 하나는 수리시설이 잘되어 있어 김매기에 대한 부담이 비교적 적다는 점이다. 이러한 지역에서는 김매기에 들어가기 전에 이미 힘든 농사일을 끝냈기 때문에 호미씻이 때와 같은 해방감을 느낄 수 있다. 그러므로 마지막 써레질을 기다렸다가 주로 농사가 많은 부잣집에 모여 머슴과 일꾼들을 위해 술과 떡, 그리고 고기 등 안주를 대접하는 잔치를 벌일 수 있는 것이다.

전국적으로 써레씻이가 행해지는 곳을 조사한 바에 따르면 예상대로 대개는 소가 귀한 남부 평야지역에서 나타난다. 전라남도에서는 곡성, 장성, 무안, 여수, 구례, 강진에서, 경상남도에서는 고성 등에서 이러한 행사를 하는 마을이 있었다. 경기도 김포에서도 이러한 사례가 있는데, 이곳도 소가 귀한데다가 수리시설이 안정되어 김매기가 쉬워지면서 생긴 듯하다. 그러나 경기도의 다른 지역에서도 이러한 사례가 있는지 확인되지 않아 이것이 김포에서 자생한 것인지, 아니면 모내기 때만 남부지방에서 올라오는 계절 일꾼들이 퍼뜨린 것인지 알 수 없다.

유두는 쇠퇴해가던 세시행사지만 지역에 따라서는 머슴을 위한 날로 지켜져왔다. 이날도 여러 이름으로 부르는데, '머슴들 술 먹는 날', '농군들 쉬는 날', '머슴 소 태우는 날' 등으로 부른다. 농사력으로 모내기가 끝나고 김매기가 본격적으로 시작되기 바로 전에 유두를 만나면 머슴들에게 이날 하루 쉬게 하는 것이다.

유두 때 용제 또는 용신제를 행하는 곳도 있다. 경상북도 상주지역에서는 유두가 되면 천방이 터지는 것을 막고 곡식이 잘되게 해달라고 떡이나 국수를 만들어 논이나 천방에 놓고 제사를 지낸다. 이것을 용제 또는 유두제라고 한다. 머슴을 둔 집에서는 머슴을 보내 제를 지내게 한다. 경상남도 사천이나 통영에서는 유두 용신제를 머슴들이 지낸다. 머슴들은 이날 하루 쉬는데, 저녁에 간단하게 제를 지내는 것으로 하루를 마친다. 제 지내는 방식은 우선 각자 주인집 논에 가서 대를 세우고 우장을 깔고 그 위에 제물을 진설한다. 제물로 밀떡, 과일, 청수 등을 준비한 다음 그 앞에서 절을 한 번 하고 술을 한 잔 부어놓는 것으로 제를 마친다. 제물의 일부는 떼어서 물꼬 앞에 놓고 온다. 용의 도움으로 올해도 수해를 입지 않고 농사가 잘되게 해달라고 비는 것이다.

유두 제사는 논과 밭에서 각기 지내는데 특히 논에서 지낼 때 '논고사'라고 한다. 경상북도 김천에서도 고사는 머슴이 지낸다. 머슴은 저녁때가 되면 삼대에 떡을 꿰어 논으로 가져가 물꼬에 잘 꽂은 다음 농사가 잘되게 해달라고 빈다. 형편에 따라 쌀떡이나 밀을 갈아 만든 밀떡을 한다. 물꼬에 둔 떡은 치우지 않고 그대로 놓아두는데, 그러면 아이들이 지나가면서 빼 먹는다.

유두 장원례는 이때쯤 벼가 많이 자라는 지역에서 벌이는 행사로 사례는 많지 않다. 농사를 가장 잘한 머슴을 뽑아 소에 태우고 베를 상으로 준다. 장원을 한 머슴을 둔 집에서는 머슴과 마을 사람들에게 술대접을 하고 닭죽을 쑤어준다.

음력 명절은 농사력과는 잘 맞지 않는다. 경상남도 고성지역처럼 용신제를 소서小暑 후 첫 진일辰日에 논에 가서 지내는 지역도 있다. 양력 7월 중순경으로 나락이 익어가는 때이므로 농사 마무리가 잘되게 해달라고 기원하는 세시행사라 할 수 있다. 제사는 머슴이 지내지만 제물은 집주인이 직접 장만한다. 부잣집은 쌀떡을 하지만 가난한 집은 밀떡을 준비한다. 머슴은 논에 우장을 펴고 그 위에 제물을 진설한 다음 벼 이삭이 잘 익어 빨리 고개를 숙이게 해달라고 기원한다.

여름철에 농사일을 하다 지쳐 당산나무 그늘에서 잠시 쉬는 틈을 타 모여 있던 장정과 머슴들은 들돌을 들며 누가 힘이 센지를 겨루는데, 이를 '들돌들기'라고 한다. 이때 어린 머슴이 들돌을 어깨 위로 넘기면 힘을 인정하여 어른 새경을 준다고 한다.

또 지역에 따라서는 초벌매기가 끝난 후 두벌매기에 들어가기 전에 '낟알이'라고 하는 일꾼들을 위한 잔치를 여는 곳도 있다. 경상남도 울주에서는 이를 '낟알이 먹기'라고 한다. 주인이 머슴에게 밀떡과 술을 주어 하루를 놀게 하는 것이다. 대개 음력 6월 그믐이나 7월 중에 한다.

복날은 농사꾼이 뜨거운 한여름을 쉬어갈 수 있는 좋은 기회다. 복날에 논에서 복제伏祭를 지내는 곳도 있고 용신제를 지내는 곳도 있다. 가장 보편적인 행사는 '복달임'이다. 대개는 개고기를 먹어 몸을 보하고 더위를 막는다. 그러나 개고기는 주인집에 큰 부담이 된다. 그래서 일꾼을 많이 둔 집에서는 일꾼들이 조금씩 추렴해서 도우며, 삼복 모두 놀지 못하고 그중 하루를 택해서 논다.

## 7) 음력 7월 머슴날

음력으로 7월에는 칠석과 백중이 들어 있는데, 이 중 하나를 '머슴명절', '머슴생일' 또는 '머슴날'이라고 하여 일꾼들의 노고에 주인이 보답하는 날로 삼는다. 힘든 일로 빈 골을 채운다는 뜻으로 '골맥이 한다'라고 하는 지역도 있다. 일꾼들은 칠석이나 백중 하루 전날에 소에게 먹일 풀을 미리 두 짐 해둔다. 장원례와 같은 행사를 이때 하는 곳도 많다. 머슴들 중에서 농사 일을 가장 잘한 머슴을 뽑아 얼굴을 까맣게 칠하고 소 등에 태우거나 사다리에 태워 마을을 돈다.

전라남도 구례에서는 칠석날 풀을 베어다 보릿거름을 만드는데, 이를 '보리푸리'라고 한다. 보리푸리를 한 후에는 닭을 잡아 수고한 머슴에게 닭죽을 쑤어주고 막걸리를 대접한다. 초파일 때처럼 이것도 '술멕이'라고 한다. 칠석날에는 해뜨기 전에 논에 나가지 않는 풍속이 있다. 이날은 칠성할머니가 곡식을 마련해주는 날이어서 집안에서 근신하는 것이라고 한다. 또 이날은 머슴명절이므로 머슴에게 편히 하루를 쉬라는 뜻도 담겨 있다.

'만들이'는 전남지역에 널리 퍼져 있는 세시풍속으로 대개 유두와 칠석 사이에 세 번째 논매기가 끝나면 행해진다. 순창, 광양, 고흥, 담양, 보성, 장성에서는 유두 때, 함평, 화순 등지에서는 칠석 때 한다. 본래 김매기 중 세 번째 김매기인 '만두레'를 '만들이'라고 하는데, 만두레에 이어 당일 오후에 바로 잔치가 벌어지므로 둘 다를 가리키는 뜻으로 쓰이게 된 것이다. 이날의 상황을 목포시 삼향동의 사례를 빌려 다음과 같이 그려낼 수 있다.

'만들이'를 하는 날은 마지막으로 김을 매는 날이기도 하다. 이날 일꾼들은 대충대충 일한다. 김매기가 거의 끝난 상황이므로 형식적으로 하는 것이다. 오전에 잠시 논을 매다가 오후에는 낮잠도 자고 닭을 잡아 닭죽을 쑤어 먹고 술을 마시며 논다. 그리고 저녁이 되면 이날 일한 논 주인의 집으로 들어간다. 이때 그 집 상머슴과 주인을 각각 소에 태워 앞장을 세우고 일꾼들은 풍물을 치며 분위기를 돋운다. 한편 상머슴에게는 모 세 포기를 뽑아 등에 지운 채 주인집에 들여보낸다. 모에 묻은 진흙 때문에 옷을 모두 버리게 되는데 그러면 주인집에서는 상머슴의 노고를 치하하고 새 옷을 선물로 내준다. 일꾼들은 주인집에서 대접하는 음식들을 푸짐히 얻어먹고 흥겹게 논다.

화순지역에서는 '만들이'가 끝나면 부잣집 머슴은 머리에 풀을 꽂아 장식을 하고 목둘레를 빨간색, 노란색, 파란색의 천으로 굴레를 짜서 단장한 소 위에 주인을 태워 집으로 들어간다. 이때 농군들이 양쪽에서 소를 잡는다. 또는 상머슴을 소에 태우고 '깽맥이'라고 하는 풍물을 치면서 농사를 가장 크게 짓는 집에 들어가면 그 집에서 술과 음식을 내놓는데 이를 먹으면서 하루를 잘 쉰다. 장성지역에서는 칠석 때 '만들이'를 한다.

나주지역에서는 위의 '만들이' 행사를 '상머슴 소 태우기'라고 부른다. 마지막 논매기가 끝나면 마을 사람들은 부잣집 머슴을 소에 태우고 논다. 세벌매기를 대충 끝내고 오후가 되면 상머슴은 머리에 수건을 두르고 등에는 삽을 메고 소를 타고 부잣집으로 들어간다. 부잣집에서는 술과 콩을 볶아 내오고 밤에는 닭죽을 쑤어 밤새도록 놀게 한다.

세벌매기를 마치고 나면 한 해의 농사는 거의 수확만 남겨둔 셈이다. 그래서 주인은 고생한 머슴을 챙기는 것이다. 이때는 대개 음력 7월 초경이 되는데, 여러 집에서 '만들이'를 벌이다 보면 마을잔치는 여러 날 계속된다.

세벌매기를 끝내는 날, 즉 '만들이'를 끝내고 머슴을 소에 태우는 만들이 행사를 하는 전라도에서처럼 경상도에서도 이와 거의 유사한 행사가 있다. 다른 점은 소 대신 사람들이 손을 벌려 '깽말'을 만들어 그 위에 제일 부잣집 상머슴을 태우는 것으로, 상머슴에게 삿갓을 씌우고 환칠을 해서 마을로 들어오는데, 이를 '깽말 타기' 또는 '꼼비기'라고 한다. 그러면 부잣집에서는 부침개와 여러 음식을 준비하여 머슴을 대접한다. 깽말 대신 걸채에 태워 어깨에 메고 노래를 하며 들어오기도 한다. 이를 '풋굿', '풋구', '풀꾸믹이(먹이)' 등으로도 부른다.

경상남도 양산, 창녕 등지에는 '낟알이 먹기'라는 것이 있다. 마지막 논매기를 마치면 대서大暑(양력 7월 23일경) 즈음이 되는데, 날을 잡아 일꾼들이 하루 내내 술을 마시고 놀다가 농사 장원을 한 머슴을 소에 태우고 그 머슴의 주인집으로 가서 또 한바탕 노는 것을 말한다. 들돌 들기로 힘자랑하는 것도 이때다.

농사주기는 양력을 따르는데 세시는 여전히 음력절기를 무시하지 않는다. 그중의 하나가 백중이다. 이날의 호미씻이는 중남부지역 어디서나 볼 수 있다. 경상도에서는 농사철에 '꼼비기' 또는 '꼼비기 먹기'를 여러 차례 하는데, 백중 때도 마찬가지다. 경상남도 함안에서는 백중 때 '괭이자루 타기'를 하는데 괭이자루를 타는 것만 다를 뿐 내용은 '꼼비기'와 같다. 세벌 매기에 이어 갖는 전라도의 '만들이'도 백중 때 날을 잡아 하는 곳도 있다. 장원례도 마찬가지다. 주인은 풍년이 들 것으로 판단되면 새경을 더 쳐주기도 하고, '들새경'이라고 하여 미리 주기도 한다.

백중은 여러 머슴날 중에서도 대표적인 날로, '백중 쉰다' 혹은 '머슴 쉬는 날이다'라고 한다. 이날은 머슴들의 발꿈치가 깨끗해지는 날이라 하여 백종白踵이라고도 풀이한다. 이 시기가 되면 한 해 농사가 얼추 마무리되므로 발뒤꿈치를 닦고 그 뒤로는 논에 들어가지 않기 때문이라는데, 민간에서 전해지는 어원 해석이다. 전라남도 구례에서는 백중을 앞서의 백종과 유사하게 백족白足이라고도 부르는데 백중 무렵 김매기가 완전히 끝나면 '술멕이'를 하였다. 전라북도 임실에서는 백중을 논밭에서 신神이 곡식의 수확을 정하는 날이라고 하여 백중에는 해가 뜨기 전에는 절대로 논밭에 나가지 않는다고 한다. 앞서 칠석의 경우도 유사한 해석이 있었는데 같은 맥락이다.

백중을 '일꾼명절', '머슴명절'이라고도 부르고 '술멕이'를 하는 '술멕이날'이라도 한다. 백중 때 농사를 가장 많이 짓는 집에서 장원례를 하는 지역도 있다. 백중 때 두레패에서 일한 만큼의 몫을 정산하는데, 이것을 '두레먹기'라고 한다.

백중은 일꾼들을 위한 날이므로 주인집에서는 술과 음식을 마련해 머슴을 대접하고 긴 적삼도 한 벌 지어준다. 백중 때 주는 옷을 '백중복'이라고 한다. 새경 일부를 포상으로 미리 주기도 하고, 최고의 머슴을 뽑아 '상머슴'이라 부르고 새경을 더 주기도 한다. 상머슴이 홀아비나 노총각이면 마을 어른들이 상의해서 처녀나 과부와 짝을 맺어주기도 한다.

　규모가 작고 머슴도 경작지도 많지 않은 마을에서는 백중 행사도 소박하다. 그래도 마을 일꾼들이 다 모여 개를 잡아서 하루를 노는 것은 마찬가지다. 또 머슴들끼리 '회치'를 하는데, 이때 주인집에서 술과 음식을 차려준다. 경상지역에서는 이를 '풋구 먹는다', '풋굿 먹는다'라고도 하는데, '꼼비기참'이라 하여 콩을 조금 섞어 볶은 밀이 나온다.

　'백중장은 머슴장'이란 말이 있다. 백중장은 백중을 맞아 주인에게서 새경의 일부를 받거나 포상금을 받은 머슴들의 구매력을 염두에 둔 장이다. 백중 때 머슴이 받는 옷을 '백중복'이라고 하듯이 이날 주인이 주는 돈은 '백중돈'이라고 한다. 행사는 대개 당일에 열리지만 다음 장날까지 5일간 지속하기도 한다. 비록 시골장이더라도 거래 규모가 크면 고정 상인들이 있기 마련인데, 이들이 주체가 되어 돈 쓸 준비가 된 머슴들을 끌어들이기 위해 전문 놀이패를 초청하기도 한다. 경기지방에는 수원장, 화성 조암장, 안성장, 안양장, 용인장, 용인 백암장 등이 백중장으로 유명하다. 충청도에는 음성 무극장, 진천장, 홍성 광천장, 보령 대천장, 부여 임천장, 청양 정산장과 미당장 등이 있다. 경기도 하남장에서는 음력 7월 보름 백중을 전후해서 4~5일간 난장이 열린다. 안성 죽산 백중장은 별도로 일주일간 난장을 벌인다. 그 아래 장호원장에서는 15일간 씨름대회를 연 적도 있다.

　백중 장터에는 어디나 개장국 장사가 유난히 많았다. 머슴은 온종일 장터를 돌며 놀더라도 돌아올 때는 휴가와 휴가비를 준 주인에게 주기 위해 개장국과 떡을 조금씩이라도 사온다. 백중장에 가지 않고 고향으로 가는 머슴도 있다. 일하는 곳과 고향집이 멀리 떨어져 있지 않아야 가능한 일이다. 백중이라고 해서 모든 주인의 인심이 풍족한 것은 아니다. 백중장 출입을 위해 미리 멍석을 만드는 머슴도 있다. 백중이 가까워지면서 남의 집 사는 사람이나 머슴들이 주인에게 멍석을 만들어주면 백중날 집주인으로부터 '백중돈'이 나오기 때문이다. 주인이 멍석제작을 머슴의 의무로 여긴다면 이러한 지역에서는 멍석을 주고 '백중돈'을 받았다는 말은 없을 것이다. 어차피 백중 때 나가는 돈이므로 이렇게 이유를 달았는지도 모른다. 또 머슴들은 이날 하루를 놀기 위해 식전에 미리 소에게 먹일 꼴을 베어다 놓는다. 이는 대개 머슴 공급이 수요를 앞지르는 곳에서 나타나는 현상이다.

충청남도 연기군 일원에서는 마을에 따라 서로 다른 날을 정해서 백중잔치를 벌인다. 예를 들면, 서면 용암리에서는 청나리 솔티를 경계로 그 위쪽 마을은 칠석날에 백중 행사를 하고 아래쪽 마을은 음력 7월 열사흗날, 즉 백중 전날에 백중 행사를 한다.

'만들이' 또는 '술멕이' 행사도 칠석과 백중에 걸쳐 있는 지역이 많고 칠석과 백중 둘을 모두 챙겨 두 차례 '술멕이'를 하는 마을도 있다. 음력 7월 중에 세벌매기를 끝내고 말복이 지난 후 더위가 가시기 전에 날을 받아 '질 먹기'를 하는 곳도 있다. 집집마다 국수와 전 등 여러 음식을 준비하고, 일 꾼들을 위해서는 따로 큰상을 차린다. 강원도 동해 어느 지역에서는 이 행사를 마을 제당祭堂에서 하는데 바닷가에 나가 해수욕을 겸하기도 한다.

## 8) 음력 8월 이후 머슴날

머슴들이 맞이하는 다음 명절은 단연 추석이다. 우리나라는 시대가 내려올 수록 추석을 큰 명절로 여기게 되었는데 조선후기에 이르면 일반 백성은 물론 하인, 노비, 머슴, 그리고 걸인에 이르기까지 부모의 묘를 찾았다고 한다. 일제강점기 때는 추석이 되면 머슴들에게 옷이나 수건을 해주어 머슴의 노고를 위로하였다. 수건은 특히 부잣집에서만 줄 수 있는 물건으로 한때 머슴들이 받는 가장 큰 선물이었다.

머슴은 연초에 주인과 맺었던 일 년 계약이 끝나면 집으로 돌아간다. 대개는 동지까지고 가장 늦게는 섣달그믐까지 주인집에 머무는 경우도 있다.

강원도 춘천, 화천 등지에서는 머슴은 동지가 되면 계약한 농사기간이 끝나 주인집을 떠나는데, 그 전에 동지팥죽을 먹고 나무 아홉 짐을 한 후 새경을 받는다. 이곳의 머슴들은 음력 2월 초하루에 들어와서 동지까지 일을 한다. 전라남도에도 계약 마감날이 동지인 경우가 많지만 무안지역의 사례에서처럼 동지보다는 섣달그믐에 계약이 완료되는 경우도 있다. 다음 해에도 계속 일하기로 한 상태에서 마땅히 돌아갈 집이 없다면 주인집에서 설을 쉰다. 집에 돌아간 머슴도 정초 일주일 정도를 쉬었다가 주인집으로 와서 새로 일 년 계약을 맺는다.

동지보다 조금 빨리 계약이 끝나는 지역도 있다. 가을농사를 지어 첫 곡식이 나면 각 가정에서는 떡을 쪄서 집안을 위하는 행사를 하는데, 충청남도에서는 이것을 '가을배끼'라고 한다. 시월상달에 날을 잡아 지내는 안택고사와 같은 것인데, '가을시루한다'고도 한다. 시루떡은 무나 호박고지를 넣어 만든 팥떡이다. 머슴을 부리는 집에서는 이것을 '머슴떡'이라고 하여 한 말씩 쪄서 나누어 먹는다.

충청남도 당진지역에서는 음력 10월 중에 '가을배끼'를 하면 머슴과의 계약이 끝난다. 이날 큰 시루에는 시루떡을 하고 작은 시루에는 찹쌀과 팥을 넣은 '차시루떡'을 하여 큰 시루는 성주 앞에 청수 한 그릇과 함께 놓는다. 그런 다음 안주인이 그 앞에서 절을 하는데, 간혹은 대주, 즉 남자주인이 대신하기도 한다. 그런 후 떡을 잘라서 외양간, 뒤란(변소), 문, 멈방(머슴방) 등에 가져다 놓는다. 특히 멈(머슴)이 머무는 멈방의 것은 큰 그릇에 담는다. 일꾼이 일을 잘해야 수확량이 많아지므로 이때가 되면 머슴을 상전 모시듯 한다. 이듬해에 일 잘하는 일꾼이 혹여 다른 집으로 갈까 염려하여 성의를 다해 대접하는 것이라고 한다. 머슴은 가을배끼를 먹으면 자신의 집으로 돌아간다. 대개 음력 10월 그믐경이다.

그러나 대부분의 지역에서는 동지를 '머슴 새경 주는 날'로 안다. 이날 일 년간 일한 품값을 계산하고 머슴을 내보낸다. 머슴들도 머슴떡 또는 동지팥죽을 먹으면서 일 년간의 머슴생활을 정리한다. 머슴이 주인집을 떠나기 전에 나무 한 짐을 해놓는 지역도 있고, 주인집에서 새경과 함께 옷 한 벌을 해주는 지역도 있다. 집이 없어 오갈 곳이 없는 사람은 주인집에서 설을 쉰다.
이때는 섣달 중에 이듬해 새경 액수를 정한다.


## 2. 지역별 사례

여기서는 충청남북도, 경상남북도의 사례를 중심으로 소개한다.


### 1) 충청북도
#### (1) 영동지역
##### ◎ 음력 10월 등 머슴 새경 주기
일꾼에게 새경(1960년대 기준으로 벼 6~7섬)을 건네준다. 매곡면 수동리에
사는 안○○ 씨(70대 중반)의 회고다. "장정한테는 벼 6~7섬을 준 것 같고,
머슴한테 애들이 있으면 그 애들한테는 2~3섬을 줬어. 근데 그 돈을 받아
서 주막에 모여 앉아 투전판을 벌이기 일쑤였거든. 그렇게 며칠 안에 일년
새경 다 날리고 다시 또 남의 집 머슴살이로 들어가고 그게 악순환 되었어.
그걸 막아보려고 무진 돌아다녀도 어디서 언제 하였는지 잡지는 못하고 늘
결과만 알 수밖에 없었어. 그 사람들 참!"


#### (2) 음성지역
##### ◎ 나이떡 해먹기
음력 2월 1일은 머슴날이라고 하여 나이떡을 빚어 먹는다. 음력 2월은 쌀이
부족한 때지만 나이 수대로 꼭 송편을 빚어 먹는다. 송편의 소는 주로 팥, 참
깨 등이다.
##### ◎ 음력 7월 백중
음력 7월 백중은 머슴의 생일날이자 최고의 명절이다. 백중에는 집주인이

머슴에게 쌀 한 말 값을 주고 하루 쉬게 한다. 그러면 머슴들은 백중장인 무극장에 놀러 간다. 백중장은 여러 지역에서 상인과 놀이꾼이 모여들어 난장이 서는데, 이러한 난장이 매년 서지는 않는다. 머슴들은 백중 때 주인에게 용돈을 받기 위해서 백중 이전에 시간 나는 대로 멍석을 만든다. 그리고 백중날 아침에 주인에게 멍석을 바치고 용돈을 받는다.

### (3) 청원지역

#### ◉ 백중 호미씻기

소전리에서는 호미씻기를 일컬어 '머슴 휴가일'이라고 한다. 집집마다 마련한 음식, 그리고 흥겨운 풍장이 어우러져 한껏 즐기는 날이다. 예전에는 머슴에게 옷 한 벌과 새경 일부를 건네주었다고 한다. 머슴은 으레 장터 색시집 같은 데에 가서 회포를 풀었다고 한다.

## 2) 충청남도

### (1) 보령지역

#### ◉ 머슴옷

주인집에서는 머슴에게 일 년에 옷을 세 벌 해준다. 백중에는 '마포'를 해주고, 음력 8월 추석에는 광목으로 '중의 적삼'(아래위로 홑껍데기)을 해준다. 가을 추수 후에는 광목으로 '겹바지', '겹저고리'를 해준다. 한편 상일꾼에게는 새경으로 일 년에 쌀 12가마니를 주고, 그 밑의 일꾼은 7가마니를 준다. 일을 하는 능력에 따라 새경에 차이가 있다. 상일꾼 중에는 삯이 많아 오히려 주인보다 돈을 더 많이 버는 사람도 있었다.

## 3) 경상북도

### (1) 경산지역

#### ◉ 음력 7월 중 부잣집 김매주기

다음은 경산시 용성면 곡란리 영천永川 최씨崔氏 집성촌의 사례다.

　무더운 여름에 김매기를 세 번 끝내면 한 해의 농사가 얼추 마무리된다. 그러면 추수 이전에 약간의 휴식기간이 찾아오는데, 이때를 맞추어 지주 집에서는 마을 일꾼들에게 크게 잔치를 베풀어준다. 세 번째 김매기를 '만물맨다'고 하는데, 부잣집에서 어느 날에 만물을 맨다는 소문이 나면 마을 대부분의 일꾼이 모여든다. 이날은 품삯이 없는 대신 하루 종일 먹여주기 때문이다. 칠월이면 가난한 집에서는 식량이 모두 떨어져 보리밥은커녕 보리죽으로 연명할 수밖에 없다. 그런데 이날 하루만큼은 쌀밥에 푸짐한 반찬을 대접받으니 품삯은 필요 없이 그냥 일을 해주는 것이다. 부잣집에서 만물매는 날 아침에 그 집 일꾼이 산에 가서 마을을 향해 나발을 분다. 그러면 마을 일꾼 대부분은 그곳으로 간다. 일꾼들은 그 집 머슴들의 지휘에 따라 퇴비를 장만하고 논을 맨다. 오후에도 김매기를 하지만 사실상 하루 종일 얻어먹기만 할 뿐 일은 많이 하지 않는다. 논을 다 매고 끝날 때쯤이 되면 상머슴이 "에야 호호~"라고 선창을 한다. 그러면 일꾼들이 같은 노래를 따라 부르면서 바로 논을 밟아버린다. 이는 농사가 모두 끝났음을 알리는 소리며 장난으로 논을 밟는 것이다. 부잣집에서 여남은 평은 밟아봤자 아무 상관이 없기 때문이다. 일이 모두 마무리되면 신나게 풍물을 울리며 깃대를 세우고 부잣집으로 간다. 부잣집의 젖머슴이 이들을 이끌고 들어간다. 주인은 동하인洞下人, 즉 마을 소임이 이끄는 소를 타고 다니며 그들이 마무리 작업하는 것을 지켜보고 음식을 직접 나누어주기도 한다. 일이 마무리되면 그들과 함께 집으로 돌아가는데, 이때 주인이 일꾼들의 앞장을 설 때도 있고, 일꾼들 뒤를 따라 들어올 때도 있다. 마을 꼬마들이나 아낙들도 구경 나와서 일꾼들 뒤를 따른다. 부잣집에서는 이들에게도 음식과 술을 대접하고 하루 즐겁게 놀 수 있도록 해준다.

이 마을에는 몇 호의 지주 집이 있었으나 오직 이씨李氏 성을 가진 부자만이 해마다 이렇게 잔치를 베풀어주었다. 자기 집 일도 마무리 짓고 일꾼들이나 마을 사람들을 하루 대접하기 위해서였다고 한다.

## (2) 문경지역

### ◉ 풋굿(풀꾸믹이)

농번기가 끝난 것을 "일꾼이 멍석, 삼태기(삼태미) 다 맨들고 나면 놀린다."라고 말한다. 농번기가 끝나면 일꾼들은 한결 한가해져서 멍석을 만드는데, "멍석 띠 내면 풀꾸믹이를 먹는다."라고 하여 멍석을 만들고 나면 일꾼을 많이 둔 몇몇 부잣집에서 일꾼을 위해 풋굿을 한다. 이때 큰 일꾼에게는 특별히 한 자배기의 술을 만들어 대접하고, 작은 일꾼들에게는 반 말의 술을 만들어 대접한다. 풋굿은 엄밀히 말해 마을의 몇몇 큰 부잣집에서 일꾼을 위해 하루를 쉬게 하면서 음식과 술을 대접하는 날이지만, 일꾼 대부분이 부잣집의 땅을 소작하는 마을 사람이기 때문에 온 마을의 잔치가 된다. 풋굿을 하기 위해 부잣집에서는 며칠 전부터 탁주를 만드는 등 음식을 장만한다. 당일 아침에는 남자들을 중심으로 마을에 있는 세 군데의 우물을 쳐낸다. 이때 다른 마을처럼 길닦음은 하지 않으며, 장마가 지난 후 마을의 남자들이 날을 잡아서 몇몇 패로 나누어 나무를 하러 다니는 길을 보수한다. 한번 길을 닦을 때는 70~80명이 동원된다. 우물 치기가 끝나면 들로 나가 한바탕 노는데, 마을의 상머슴이 삿갓을 뒤집어쓴 채 소를 거꾸로 타고 들에서부터 풍장을 울리면서 마을로 들어온다. 마을에서 가장 많이 농사를 짓는 대농가의 마당으로 들어와 또 신나게 한바탕 논다. 부잣집에서는 하루를 신나게 놀 수 있도록 머슴에게 돈을 내주기도 하고, 설·추석·단오의 세 철 의복을 선물로 주기도 한다.

술과 함께 호박부꾸미 등 각종 전을 만들어 먹으면서 놀다가 분위기가 어느 정도 무르익으면 마을의 어른을 청하여 함께 놀고, 이렇게 한바탕 놀다보면 어느새 마을 사람들이 모여 마을잔치가 된다. 풋굿은 제초제가 마을에 상용화된 1975년 이후로는 하지 않는다.

### (3) 영주지역

◉ 백중 호미씻이

음력 7월 중에 농사를 일단락 짓고 마을 주민이 하루 날을 잡아 호미씻이를 한다. 호미씻이를 할 때는 집집마다 한 가지씩 음식을 준비해 아주 풍성하게 차린다. 이 음식들을 가지고 산신당 앞에 차려놓고 먹고 마시며 서로 힘든 농사에 고생한 것을 위로한다. 마을에서는 주인들이 직접 농사를 지었고 예전부터 머슴이 없었다고 한다.

### (4) 영천지역

◉ 아홉 번 행동하기(정월 15일)

보름에는 청어 아홉 마리 먹고, 남자들(머슴들)은 거름 아홉 짐을 지고, 여자는 삼 아홉 광주리 삼으라는 말이 있다. 그렇게 부지런해야 농사를 일찍 짓는다는 것이다.

◉ 생선 온마리 먹기(정월 15일)

보름에 농사밥을 지어서 머슴들에게 상을 차려줄 때는 청어와 같은 생선을 토막 내지 않고 온마리로 올려준다. 보름날은 일꾼들이 제일 잘 먹어야 하는 날이기 때문이다. 고령군에서는 보름에 머슴에게 밥을 줄 때 청어나 조기를 온마리 주어야지 잘라서 주면 농사철에 둑이 무너진다는 말이 있다.

◉ 2월밥 먹기

음력 2월 초하룻날 해먹는 밥을 2월밥이라고 하며, 2월밥을 먹으면 머슴은 그 집의 일 년 농사를 책임져야 한다.

◉ 물 떠오기

음력 2월 초하룻날 머슴에게 물을 떠오라고 하는데, 물을 뜰 때는 내리 뜨지 말고 치받아 뜨라고 한다. 영등할머니가 머무는 열흘 동안 매일 물을 새로 떠놓는다. 음력 2월 초하룻날 내려온 영등할머니는 2월 10일에 올라가고, 2월 20일에 마지막으로 올라간다고 한다. 그래서 영등을 음력 2월 1일, 10일, 20일 세 번 하는데, 2월 초하루를 제외한 날은 떡은 하지 않고 밥과 물만 놓는다. 그리고 대구도 큰 것 한 마리를 사다가 음력 2월 1일, 10일, 20일 세 번으로 나누어서 지져놓는다.

### ◎ 세벌매기

음력 7월 중에 세벌매기를 끝내고 내년에 퇴비로 쓸 풀까지 베어놓으면, 머슴을 부리는 집에서 술, 떡, 지짐, 국수 등 온갖 음식을 해서 머슴들에게 하루 놀게 해준다. 휴가를 보내지는 않고 하루만 쉬고 놀게 한다.


## (5) 군위지역

'7월 휘초'라 해서 논매기가 끝나면 각 가정에서는 농사짓느라 고생한 머슴들을 하루 동안 쉬게 하고 술과 음식을 대접한다.

봄에는 머슴들에게 봄 적삼 두 벌씩을 해주고 겨울에는 솜을 넣은 핫옷으로 바지저고리 두 벌씩을 해주는데, 이것은 일 년 동안 일해준 대가로 주인들이 해주어야 하는 계약조건이다. 마을에서 가장 일 잘하는 머슴을 '상머슴'이라고 하고, 그다음은 '중머슴', 그리고 일을 가장 못하는 머슴은 '꼴머슴'이라고 한다. 대개는 상머슴이 일을 도맡아 하며, 중머슴은 상머슴을 도와주고, 꼴머슴은 소에게 꼴이나 먹이는 머슴이다.


## (6) 봉화지역

### ◎ 복제伏祭

복날에는 소작농과 머슴이 논에서 복제를 지낸다. 복제는 나뭇가지에 흰 종이를 끼워 논바닥에 꽂아두고 농사 잘되게 해달라고 비는 개인적인 풍농의례다. 소작농과 머슴이 논 주인집의 복제를 지내면 주인집에서는 음식을 푸짐하게 가져와서 이들을 대접하기 때문에 하루 잘 얻어먹으려고 복제를 지낸다고도 한다.

◉ 백중 풋구

음력 7월 15일이 되면 마을 사람들은 각기 형편대로 음식을 마련하여 마당이 넓은 집에 모여 풍물을 치고 술을 마시며 놀고, 오후 무렵이면 마을 골목길을 청소한다. 또 농사일이 어느 정도 끝날 무렵인 풋구날 머슴을 둔 집안에서는 상머슴에게 의복을 해주기도 한다. 잘해주는 집에서는 봄과 가을에 각각 의복 한 벌씩을 마련해주기도 하지만, 대부분은 한 벌 정도를 머슴에게 해준다. 이날 새경을 주기도 한다.

두벌매기가 끝나고 백중 무렵이 되면 풋구를 먹는다. 마을 사람들이 집집마다 감자나 옥수수 등 먹을 것을 준비해 한 집에 모여 먹는데, 술을 마시거나 전을 부쳐 먹기도 한다. 일꾼들에게는 닭을 잡아서 끓여주고, 옷을 새로 해준다.

일 년 농사가 끝나는 음력 10월 초순경에 새경을 지급한다. 머슴을 두고 농사를 짓던 시절에는 머슴대접을 못해서 소문이 나쁘게 나면 이듬해에 머슴으로 오는 사람이 없어 농사를 지을 수 없기 때문에 머슴을 잘 대접했다고 한다.

## (7) 예천지역

◉ 유두 용제

유두 용제는 낮에 지내는데, 대개 머슴을 시키지 않고 주인이 지낸다.

◉ 복날 용제

복날에 용제를 지낼 때는 커다란 나무를 논 한가운데 꽂아놓고 이 나뭇가지에 떡을 꽂은 후 "금년에 농사가 잘되게 해주십사."라고 기원을 한다. 복날 용제는 주로 농사일을 직접 하는 머슴이 지낸다.

## (8) 의성지역

### ⊙ 머슴 우는 날

음력 2월은 '머슴들이 밭을 보면서 웃다 가래 잡고 우는 달'이라고 한다. 정월 초하루부터 보름을 지나 18일까지 새해를 맞이하여 한바탕 논다. 이는 음력 2월까지 이어져 영등할머니가 내려오는 음력 2월 초하룻날까지 음식을 만들어 먹고 지역에 따라서는 2월 3일까지 논다. 그 후로는 본격적인 농사일이 시작된다. 그래서 음력 2월 초까지 놀면서 "남자들은 웃다 가래 붙들고 울고, 여자들은 정지에 솥뚜껑 붙들고 운다."라고 한다. 이젠 명절이 다 지나가고 일만 남았으니 섭섭하다고 하여 생겨난 말이다.

### ⊙ 휘초 또는 회초

의성군 사곡면의 한 마을에서는 음력 7월까지 논매기가 한창이다. 논매기를 세 번 하는데 이를 '세불논매기'라고 한다. 첫 번째 논매기는 '아시논'이라 하며 호미로 풀을 제거한다. 일주일 후 다시 두 번째 논매기를 하며, 이를 '두불논매기'라 한다. 약 열흘 후 세 번째 논매기인 '세불논매기'를 한다. 두불논매기와 세불논매기 때에는 호미를 사용하지 않고 손으로 직접 벼를 헤쳐가면서 풀을 뽑는다. 이를 '손으로 젓는다'라고 한다.

논매기가 끝나는 음력 7월 중순경에는 그동안 농사를 짓느라 애썼다는 의미에서 한바탕 크게 노는데, 이를 '휘초' 또는 '회초'라고 한다. 그리고 휘초하며 노는 것을 '휘초 논다'라고 한다.

이날의 중심은 마을에서 머슴을 사는 사람들이다. 그래서 이날을 '머슴 생일날'이라고도 한다. 휘초 하기 전, 머슴을 둔 집 주인들은 모여서 날짜를 잡는다. 이내 머슴들에게 이야기가 전해지면 머슴과 주인들이 날짜를 맞춘다. 날짜가 정해지면 머슴들은 이날 아침 논에 모여 '큰머슴'을 소에 거꾸로 태워 논둑을 한 바퀴 돈 후, 마을 뒤 '뙤펄'에 가서 신나게 논다. 뙤펄은 평평하고 장소가 넓어서 놀기에 좋다. 휘초날이 되면 주인들은 각기 음식을 장만하여 머슴들이 모여 있는 뙤펄로 음식을 나른다. 즉 이날은 주인이 머슴을 대접하는 것이다. 백편, 인절미, 쑥떡, 절편 등 갖가지 떡과 각종 전, 손국수, 밥, 돼지고기, 그리고 동동주를 장만하여 뫼펄로 간다. 여러 주인이 음식을 장만하여 오면 머슴들은 "우리 집 주인이 음식을 제일 많이 해왔다.", "아니다 우리 집 게 더 많다."라고 하며 신경전을 벌이기도 한다. 이는 주인이 음식을 많이 해온 만큼 자기 집 머슴이 일을 잘하기 때문에 그만큼의 대우를 한 것으로 인식하기 때문이다. 음식이 다 도착하면 이를 한데 모아놓고 먹는다. 이날 큰머슴에게 용돈을 주는 주인도 있다. 머슴들은 음식을 먹고 풍물을 울리며 신나게 노는데, 사흘 동안 놀기도 한다. 이 동안 주인들은 계속 음식을 장만하여 대접한다. 이렇다 보니 만든 음식으로 머슴뿐 아니라 마을 사람들의 잔치가 되기도 한다.

1960년대 말까지 공정리는 100호가 넘는 큰 마을이었다. 이 중 다른 고장에서 머슴을 살러 온 사람은 10여 명이었다. 머슴은 큰머슴과 젖머슴으로 나뉘는데, 큰머슴은 농사일을 잘하고 주위에서도 인정을 해주는 머슴이다. 반면 젖머슴은 16살 아래의 어리고 일이 숙련되지 않은 머슴으로, 꼴머슴과 같다. 큰머슴이 되어야 소를 부릴 수 있으며, 젖머슴은 심부름을 하거나 꼴을 베어오는 정도의 일을 하면서 큰머슴에게 일을 배운다. 젖머슴이 '후칭이(쟁기)'를 소에 연결하여 논을 갈고 썰 줄 알게 되면 큰머슴으로 인정을 받고 비로소 '큰머슴질'을 할 수 있다. 아무리 나이가 많고 몸집이 커도 써레질을 하지 못하면 '젖머슴질'밖에 하지 못한다. 젖머슴과는 달리 큰머슴에게는 휘초날 하복夏服 한 벌을 선물해주기도 한다. 머슴들의 새경은 딱히 정해진 것은 없으나 일 년 계약을 기준으로 한다. 그리고 일하는 것을 보아가며 새경을 늘려준다. 그러나 젖머슴은 먹고 자는 것으로 새경을 대신한다. 부득이한 경우가 아니면 머슴과 주인의 관계는 일 년이 지난 후에도 다시 계약을 하는 경우가 많다. 특별히 일을 잘하는 머슴이거나 정평이 나 있는 머슴에게는 새경을 더욱 많이 쳐서 대우한다. 머슴들은 음지 밑에 자리한 당시 마을의 부자로 통했던 오십석꾼 집 초당방에 모여서 생활하다시피 하였다. 이 집을 '큰머슴집'이라고 불렀는데, 머슴들은 초당방에 모여 새끼를 꼬거나 신을 삼고 소쿠리 등 짚세공품을 만들었다. 보통 삼동(음력 10월부터 정월까지)에 일 년 동안 신을 짚신을 만들어놓아야 겨울 동안 할 일을 해놓은 것으로 보았다. 휘초는 농기계가 도입되기 시작하는 1960년대 후반에서 1970년대 중반 사이에 사라졌는데, 이때부터 점차 머슴이라는 것이 사라지고 임노동 형태로 바뀌었다.

◉ **머슴날 또는 하루걸이**

음력 2월 초하루는 머슴들이 하루 동안 노는 날이다. "2월 초하루에 하루걸이 걸린다."라는 말이 있는데, 이는 곧 농사철이 시작되기 전에 마지막으로 음력 2월 초하루에 하루 동안 논다는 의미다. 가령 음력 2월 초하루임에도 불구하고 머슴에게 일을 시키는 주인이 있으면 머슴은 "하루걸이 걸린다."라고 하면서 놀았다고 한다.

◉ **썩은 새끼로 목매기**

음력 2월 초하루가 되면 머슴들은 "집안에 있는 울타리 붙잡고 울고, 울타리 썩은 새끼에 목 매단다."라는 말이 있다. 정월 한 달 동안은 잘 놀았으나, 음력 2월 초하루가 지나고 나면 농사일이 시작되기 때문에 마지막 노는 날을 맞아 슬퍼한다는 것이다.

◉ **용제**

유둣날이 되면 농사가 잘되라는 의미에서 용제를 지낸다. 용제는 머슴들이 주도하는데, 논 한복판에 버드나무를 꽂아두고 흰 종이를 여기에 붙여놓는다. 논둑에는 떡을 구워서 차려놓고 제를 지낸다. 절을 하고 난 다음에는 음복을 하는데, 버드나무는 논에 그대로 둔다. 논가를 지나가는 사람은 이 논에서 용제를 지냈는지를 버드나무 작대기를 보고 알 수 있다.

◉ **음력 7월 중 풋굿**

음력 7월 20일경 세벌매기가 끝나면 한 해 동안 수고한 머슴들을 위해 3~4일간 놀려주면서 마을 공동으로 논다. 이를 '풋굿(풋구)'이라고 일컫는다.

머슴은 '상머슴'과 상머슴의 보조역할을 하는 '곁머슴'으로 나눈다. 곁머슴은 꼴 베는 일 등 비교적 손쉬운 일을 맡기 때문에 '꼴머슴'이라고도 한다. 풋구날은 머슴들의 휴가라고도 할 수 있는데, 특히 상머슴은 이날 대접을 잘 받는다. 주인집에서 음식을 마련하고 간혹 속옷을 만들어주거나 돈을 내어주기도 한다. 풋구날에는 찹쌀가루를 빻아 솥뚜껑을 엎어서 찹쌀노치(차노치)를 만들어 상머슴에게 준다. 찹쌀노치는 풋구날 빠지지 않는 음식으로, 밤새도록 구울 정도로 많은 양을 준비한다. 이외에 수수떡을 만들거나 호박을 채 썰어서 볶고, 술과 감주를 준비한다. 머슴을 둔 주인집마다 성의껏 마련해온 음식들을 한데 모아놓고 논다. 풋구를 먹는 첫날에는 주인집에서 마련한 음식을 모아놓고 마을 사람들 모두 모여서 한바탕 놀고, 다음 날부터는 며칠간 머슴들이 일손을 놓고 휴가를 즐긴다.

## (9) 청도지역

### ◉ 물방수날

음력 2월 초아흐레는 '물방수날'이라고 하는데, 이날 떡을 빚어 먹는다. 이날 이후부터는 본격적으로 농사일이 시작되기 때문에, 머슴은 울타리를 잡고 울고 아낙네들은 살강을 잡고 운다고 한다. 정월부터 그때까지 먹고 놀다가 이날 이후부터 일을 해야 하기 때문이다.

### ◉ 상머슴 위하기

양력으로 8월 초순에 세벌매기가 끝나면 상머슴이 부잣집 소를 거꾸로 타고 삿갓을 뒤집어쓰고 부잣집 안으로 들어가서 대접을 받는다.

### ◉ 세벌논매기

더운 여름의 김매기 작업은 마을의 일꾼들이 모두 모여서 일을 하는 것이 훨씬 효율적이다. 그래서 일꾼들은 이 집 저 집 같이 다니면서 공동 노동으로 농사를 짓는다. 각 논마다 보통 세 번을 매는데 마지막으로 모든 일이 끝나면 그 집 상머슴을 논에 처박는다. 그러면 그 집이 농사에 장원한다는 말이 있어서 그 집 상머슴은 아무런 항변도 하지 못한 채 논에 넘어지는 수밖에 없다. 일꾼들은 상머슴을 소에 태운다. 상머슴은 수수개비로 온몸을 치장하고 소를 거꾸로 탄 채 일꾼들 앞장을 선다. 한여름이라 쇠파리가 자꾸 덤비기 때문에 상머슴은 손에 수수를 쥐고 파리를 훑으면서 간다. 일꾼들은 나발을 불고 "오호 상사디야."를 외치며 춤을 추면서 그 집으로 향한다. 그 집에서는 온마리로 고기를 쪄내고, 볶은 콩을 안주로 삼아 술 한 동이를 내서 일꾼들을 대접한다. 어느 집이나 세벌 매는 날은 이와 같은 행위를 반복하였기 때문에 일꾼들에게 세벌 매는 날은 곧 잔칫날과 다름없다. 이 밖에도 주인집에서는 삼베옷을 만들어서 일꾼들에게 선물로 나누어주기도 한다.

## 4) 경상남도

### (1) 거제지역

#### ◉ 영등맞이

이 지역에서는 영등할머니를 '영동할만네', '제석할매' 등으로 부른다. 부엌의 선반 앞이나 장독간에 대나무 윗부분을 갈라 정화수 그릇을 놓을 수 있게 하여 세운다. 이것을 '물대'라고 하고, 여기에 오색의 헝겊을 달아놓는다. 영등할머니는 음력 2월 1일에 내려왔다가 9일, 19일에 올라간다고 한다. 이 기간 동안 아침마다 정화수를 올리며, 영등할머니가 내려오는 날인 음력 2월 1일은 제물을 차리고 제를 올린다. 제물로 밥·나물·떡·생선·건어 등을 차리는데, 원래 영등할머니가 욕심이 많다 하여 큰 그릇에 가득 담고 숟가락을 꽂아둔다. 제를 지낼 때는 소지를 사르고 집안과 농사가 잘되게 해달라고 빈다. 영등할머니가 하늘에서 딸을 데리고 오면 바람만 살랑살랑 불고, 며느리와 함께 오면 비가 내린다고 한다.

#### ◉ 볏가릿대 쓰러뜨리기

음력 2월 초하룻날 마당에 세워 두었던 볏가릿대(육구뱅이)를 철거한다. 이

때 그 속에 두었던 곡식으로 떡을 만들어 머슴에게 주는데 이를 '머슴차지'라고 한다.

## (2) 사천지역

### ◉ 이월할머니 위하기

이월할머니는 음력 2월 1일에 내려왔다가 9일과 19일에 각각 올라가는 신령이다. 그래서 음력 2월이 되면 각 가정에서는 이월할머니에게 두 번 고사를 지낸다. 할머니가 내려올 때에는 바람이 세다. 이때는 딸을 동반하여 내려오는 것이라고 하고, 만약 비가 내리면 며느리를 데리고 오는 것이라고 한다.

대나무를 조왕 앞에 세워놓고 이월할머니를 위한다. 대에는 오색비단을 걸어두며, 그 앞에 짚으로 만든 끄래미(일종의 바구니)에 약밥을 담아서 놓고 10일간 치성을 드린다. 약밥은 10일 정도 두어도 상하지 않는다. 안주인이 이월할머께 비손을 하면서 집안의 평안과 무고를 빈다. 그러고 나서 식구 수대로 소지를 올려주는데, 만약 머슴이 있으면 머슴의 것도 함께 올린다. 11일이 지나면 약밥은 끄래미 채로 땅에 묻는다.

### ◉ 두레 먹기와 진사턱 내기

모내기가 끝나고 나서 25일이나 30일이 경과하면 김매기가 시작된다. 마을의 머슴들이 한데 모여 같이 논을 매거나 나무 해오기, 풀베기 등을 하였다. 특히 논매기는 더운 여름날씨에 하기 매우 힘든 일이므로 두레를 해서 같이 하였다. 보통 논매기는 세 번 하지만 실제로는 대여섯 번을 해야 하기 때문이다.

한편 두레를 시작하기 전에는 그 해 새로 가입하려는 총각이 '진사턱'을 낸다. '진사턱'은 진사進社를 기념하여 한 턱 내는 뜻인 것 같다. 이때 사社는 농사農社, 즉 두레의 한자말이다. 이 지역에서는 이를 명사화하여 사용한다. 일꾼들은 '진사턱'을 크게 얻어먹고 일을 시작하는데, '진사' 한 명당 술 한 말과 안주를 제공해야 하므로 한 해에 진사가 6~7명이면 술이 6~7

말이 되어 푸짐하게 먹을 수 있다고 한다.

당산나무에서 일꾼들이 모두 모여 잔치를 벌인 후에 다시 진사를 소에 태워서 진사턱을 낸 집 앞으로 향한다. 그러면 그 집에서는 다시 술과 음식을 내어 선배들을 대접한다. 진사는 이제 막 일을 배워야 하기 때문에 일이 서투를 뿐만 아니라 일꾼들 따라다니기 바쁘고, 어른들이 데리고 다니면서 일을 가르쳐줘야 하기 때문에 진사턱을 크게 낸다. 진사턱 외에도 일하는 중에 몇 차례 술대접을 더 하기도 한다.

진사턱을 내는 날은 마을의 모든 일꾼이 즐겁게 놀 뿐만 아니라 어느 집부터 논을 맬 것인지 큰머슴들끼리 상의하기도 한다. 마을잔치가 끝나면 그 이튿날은 쉬고 사흗날부터 일을 시작한다. 일하는 중에 두레끼리 만나면 씨름도 하고 술 한잔씩 걸치기도 하는 등 휴식시간을 보낸다. 논매기가 모두 끝나면 주인에게 승낙을 받아서 하루 종일 노는데, 이때 주인이 술을 내거나 돈을 걷어서 잔치에 보태준다. 이는 그동안의 노고를 위로해주는 뜻이다.

# 부록

## 1. 세시기 및 세시관련 자료 목록과 해제

### 1) 세시기류

앞서 우리나라 3대 세시기에 대해 언급한 바 있다. 세시기를 제목으로 하는 저술 중에는 앞에서 언급한 것 외에도 추재秋齋 조수삼趙秀三(1762~1849)의 『세시기歲時記』, 소유小游 권용정權用正(1801~?)의 『한양세시기漢陽歲時記』와 『세시잡영歲時襍詠』 등이 있다.

중국에서도 세시기를 일 년 중 계절에 따른 사물이나 행사 등을 열기列記한 책으로 인식하고 있다. 대표적인 세시기로는 종름宗懍의 『형초세시기荊楚歲時記』, 두공섬杜公瞻의 『형초세시기荊楚歲時記』가 있고 이작李綽의 『진중세시기秦中歲時記』, 진원정陳元靚이 찬한 『세시광기歲時廣記』 등이 있다. 이 중 조선의 선비들은 종름의 『형초세시기』를 가장 많이 참고하였다.

1911년에 조선광문회朝鮮光文會에서 합편合編하여 발간한 세시기 3종은 홍석모洪錫謨의 『동국세시기東國歲時記』, 김매순金邁淳의 『열양세시기洌陽歲時記』 및 유득공柳得恭의 『경도잡지京都雜志』다. 『동국세시기』의 원사본原寫本은 홍승경洪承敬의 기증본寄贈本이고, 『열양세시기』는 박은식朴殷植의 기증본, 그리고 『경도잡지』는 광문회본 장본藏本이다. 합본이 발간된 이후로 이 3종의 책이 가장 많이 인용되는 대표적인 세시기가 되었다.

## 2) 문집류

조선의 수많은 문집 속에는 세시에 관한 기록들이 거의 예외 없이 실려 있다. 이러한 문집을 남긴 사람 중에서 가장 독보적인 존재는 동악東岳 이안눌李安訥(1571~1637)이다.

이안눌은 19세기 『세시기』 출간 이전에 가장 풍부한 세시기록을 남긴 문인으로 평가되어야 할 것이다. 그는 명문 덕수 이씨로 증조부가 용재 이행이며, 율곡 이이, 택당 이식, 그리고 이순신 등 쟁쟁한 인물들이 그와 가까운 일가들이다.

이안눌은 60세가 넘은 말년까지 줄곧 외직으로 전국을 다니다시피 한 경력을 가지고 있다. 게다가 세시에 관한 풍부한 지식을 바탕으로 고향에 대한 그리움을 절기마다 표현하고 있어서 그의 문집 『동악집東岳集』에는 『동국세시기』 등 조선후기에 작성된 세시기에 비견할 만한 내용이 들어 있다. 게다가 세시를 담은 시를 자신이 재직하였던 지방별로 분류하고 일반인들이 잘 모를 세시용어에 대해서는 친절한 세주細註를 달고 있어서 자료적 가치는 더욱 높다.

허균許筠의 『성소부부고惺所覆瓿藁』에 대해서는 본문에서 언급한 바 있다. 여기서는 그의 다른 기록과 함께 다른 문인의 세시관련 기록들을 소개한다.

◉『성소부부고』에 나오는 세시관련 기록

- 대령산신찬大嶺山神贊 병서并序: (서문) 계묘년(1603) 여름에 명주溟州(현 강릉)에 있을 때였다. 고을 사람들이 5월 초하룻날에 대령신을 맞이한다고 하기에 그 연유를 수리首吏에게 물으니, 수리가 대답하기를, "대령신이란 바로 신라 대장군 김유신金庾信입니다." (후략)
- 1601년 8월 13일(임신) 진남헌에 나아가 방백과 함께 장대놀이, 줄타기,

높이뛰기 등 여러 가지 재주와 놀음을 보았다(壬申 就嶺南軒 同方伯 看陳雜
戱。長竿·走繩·跳床 諸伎悉奏。).

- 1601년 9월 7일(을미) 삼례에서 점심을 먹고 전주로 들어올 때 판관이 기
  악과 잡희를 내어 반 마장부터 맞이하였다. 북소리 피리소리로 천지가 시
  끄럽고, 만 가지 무용으로 길이 막혔다. 바다 귀신춤인 천오, 학춤인 상학,
  쌍간, 희환, 탈춤 등. 구경꾼들로 성곽이 넘쳤다(乙未 午飯于參禮 入州。判官
  出妓樂·雜戱于半程以迓。鼓吹喧天 萬舞塞途。天吳·翔鶴·雙竿·戱丸·大面鬼
  臉。觀者溢郭。).

◉ 권필權韠(1569~1612)의 『석주집石洲集』에 나오는 세시관련 기록

- 한강변 세시풍속에 관한 기록: 「남포어등南浦漁燈」이란 시에서 한강 하류
  에서 고기잡이하는 배를 보며 잡은 고기들이 공물로 모두 한양으로 바쳐
  질 것이라는 점을 표현하고 있다.

## 3) 유서類書

『청장관전서靑莊館全書』의 저자 이덕무李德懋(1741~1793)는 정종定宗의 별
자 무림군茂林君 이선생李善生의 10대손인 이성호李聖浩의 아들로, 종실이었
으나 서출이어서 출사出仕에 제약을 받았다. 1779년 정조가 재사才士 중에
서 규장각 검서관을 뽑을 때, 유득공, 박제가, 서이수와 함께 선발됨으로써
사검서관四檢書官이라 불렸다. 이후 14년간 규장각에 봉직하면서 수많은 서
책을 교정·감인하고 저술하였다. 그중 간본인 『아정유고雅亭遺稿』와 사본
인 『청장관전서靑莊館全書』가 남아 있다. 『청장관전서』 본집은 67권 31책으
로, 권7~8에는 「예기억禮記臆」이 실려 있다. 『예기禮記』 46편에 대해 권7
에는 곡례曲禮부터 악기樂記까지, 권8에는 잡기雜記부터 상복사제喪服四制
까지 각 장마다 주소注疏를 검토하고 비판한 연구서로 월령에 대한 논의가
여기에 들어 있다.

『오주연문장전산고五洲衍文長箋散稿』는 오주五洲 이규경李圭景(1788~ ?)

이 지은 백과사전적인 책으로 조선뿐 아니라 중국 등 주변 나라의 고금사물古今事物, 즉 천문, 역법 등에서부터 복식, 유희, 양조釀造 및 외래 물종에 이르기까지 망라하여 고정考訂·변증辨證한 것으로 항목은 1,400여 개이며 60권에 달한다. 육당六堂 최남선崔南善이 가지고 있던 필사筆寫한 단일 원고본原稿本이 전란 중에 소실燒失되고, 현재는 최남선이 소장할 당시 원본을 베껴놓은 것만이 서울대학교 규장각奎章閣 도서로 남아 있다. 이규경은 서울 출생으로 자는 백규伯揆, 호는 오주五洲, 본관은 전주다.『청장관전서』,『사소절士小節』,『기년아람紀年兒覽』,『앙엽기盎葉記』,『송사보전宋史補傳』,『명유민전明遺民傳』 등을 지은 이덕무의 손자로 가학에다 당대에 유행하였던 청조淸朝의 실학 등을 배경으로 방대한 저서를 남길 수 있었다.

『임원경제지林園經濟志』의 저자 서유구徐有榘는 1764년에 명문 달성 서씨 집안에서 태어나 1845년까지 살았다. 자는 준평準平, 호는 풍석楓石이다. 대제학을 지낸 서명익徐命翼의 손자이고 현령을 지낸 서철수徐澈修의 아들인데, 생부生父는 명익의 동생 서명응徐命膺의 아들로서 백부伯父인 명익의 뒤를 이은 서호수徐浩修다. 만년에『산림경제山林經濟』를 토대로『임원경제지』를 지었다. 정조 22년(1798)은 임금이 백성에게 농서農書를 구한다는 윤음綸音(구농서윤음求農書綸音)이 내려진 해로 이때 서유구는 35세의 나이로 전라도 순창에서 군수를 지내면서 농촌의 실상을 겪었다. 그 후로는 주로 성균관成均館 대사성大司成을 지내면서 학문에 전력하였다. 그의 저서로는『임원경제지』 외에『금화경독기金華耕讀記』,『금화지비집金華知非集』,『행포지杏蒲志』,『난호어목지蘭湖漁牧志』,『경솔지鵙蟀志』,『옹치지饔饎志』,『누판고鏤板考』,『풍석전집楓石全集』 등이 있다.

『임원경제지』는 간인刊印된 바 없는 후사본後寫本으로 113권 53책으로 구성되어 있으며, 그 내용이 16개 부문으로 되어 있어 '임원십육지林園十六志'라고도 한다. 그러나 이를 완질로 소장하고 있는 곳은 없으며, 서울대학교 규장각에는 위선지魏鮮志 권1~2(1책)가 빠진 111권 52책이 있고, 고려대학교 도서관 신암문고薪菴文庫에는 유구의 아들 우보于輔가 교정한 것으로 7책인 관휴지灌畦志(1~4)가 빠진 109권 52책이 있다. 이 중 위선지(14~15책)는 기후 및 농작물과 관련된 점占에 대한 내용이다. 농사와 관련하여 천문기상을 관측하는 일, 천지일월天地日月 등의 기상관계를 점치는 내용, 파종·양잠·축목畜牧·어렵漁獵의 기일忌日 등에 대해 실었다. 세시풍속에 관한 사항은 「이운지怡雲志」 권8 절진상락節辰賞樂 절일조개節日條開에 있다.

## 4) 일제강점기 자료

『조선세시기朝鮮歲時記』의 저자 장지연張志淵(1864~1921)은 대한제국과 일제강점기 초기의 언론인이다. 본관은 인동仁同, 호는 위암韋庵, 숭양산인嵩陽山人이다. 「시일야 방성대곡」(1905)을 쓴 대한제국 때와는 달리 1914년부터 1918년까지 조선총독부의 기관지 구실을 한 「매일신보每日新報」에 고정 필진으로 참여해 친일親日 경향의 시와 산문을 발표하였다. 저서로는 『유교연원儒敎淵源』,『동국유사東國類史』,『대동시선大東詩選』,『농정전서農政全書』,『일사유사逸士遺事』,『위암문고韋庵文庫』,『대동기년大東紀年』 등이 있다.

『조선세시기』는 1917년에 나온 책으로 1책이며 1916년에 「매일신보」에 게재한 글의 필사본筆寫本이다. 고려대학교 도서관 신암문고에 있다. 『위암문고』에도 세시관련 기사가 많다. 『위암문고』 권7 외집 「만필漫筆」 송관한화松館閒話 십삼편十三篇이 그러하다. 여기에 실린 내용을 보면 다음과 같다.

清明賜火 / 挽河戲 / 挽索의 由來 / 寒食의 由來 / 介子推 / 禁火 / 秋千戲 / 乾粥 / 上巳

浴佛日 / 燃燈 / 呼旗 / 觀燈風俗 / 楡葉餠 / 水鼓 / 水缶

端午 / 薦新 / 採艾 / 端午扇 / 菖蒲湯 / 秋千戲 / 女兒節 / 角觝戲

流頭節 / 伏의 由來 / 三伏·三庚 / 개장 / 三伏비와 報恩색시

秋分 秋社 / 嘉俳名節 / 冬至日 / 赤豆粥 / 新曆頒布 / 獻襪 / 占歲豐

『해동죽지海東竹枝』는 우리나라의 풍속 전반을 600편에 이르는 칠언율시七言律詩로 읊은 것이다. 한시 작가로「제국신문帝國新聞」을 주재하였던 매하산인梅下山人 최영년崔永年(1856~1935)이 1921년경에 지은 것을 그 제자인 송순기宋淳夔가 1925년에 출간한 것이다. 상·중·하 3편으로 나누어 역대의 기문이사奇聞異事를 상편에, 속악유희俗樂遊戲, 명절풍속名節風俗, 음식명물飲食名物을 중편에, 누樓·대臺·정亭·각閣·당堂·전殿·묘廟, 사祠·원院·단壇 등을 하편에 실었다. 윤희구尹喜求의 서문과 정만조鄭萬朝의 제題가 있다.

『조선의 향토오락朝鮮の鄕土娛樂』(조선총독부, 1941년)도 보고서 형식이지만 지역별로 세시를 담고 있다. 이 책에서 소개하는 일제강점기 자료 중에 특기할 만한 것으로는 여성들의 산유山遊, 즉 산에 놀러가는 행사를 들 수 있다. 충청남도 부여에서는 추석 이틀 후인 음력 8월 17일에 유봉산 위에 모여서 유락하는데, 수천 명이 모이기 때문에 수많은 가설 음식점이 들어선다고 하였다. 이 행사에 참석하면 아들을 낳는다는 속설이 있어서 더욱 성황을 이룬다고 한다. 남자는 참가하지 않는다. 이것은 명절을 쇠느라 제대로 쉬지 못한 여성들을 배려한 행사라고 할 수 있다. 서천의 경우는 밀려든 인파 때문에 경찰관을 파견해서 보호하는 경우도 있다고 하였다. 주로 서남부 일대의 놀이로 여겨진다.

『조선상식朝鮮常識』(1948)은 최남선崔南善(1890~1957)의 저서로 5개 장 중에 첫 장에 항목별로 세시류歲時類를 담았다. 개별 항목은 다음과 같다.

歲拜(세배) / 餠湯(떡국) / 德談(덕담) / 歲饌(세찬) / 跳板(널뛰기) / 揚鳶(연날리기) / 愼日(설날) / 人日(인날) / 亥囊(해낭)·子囊(자낭) / 處容(제용) / 腫果(부럼) / 踏橋(다리밟기) / 二月初一日(2월 초하루) / 占晏(좀생이) / 寒食(한식) / 上巳(삼짇날) / 花柳(꽃놀이) / 觀燈(초파일) / 端午(단오) / 流頭(유두) / 引索(줄다리기) / 三伏(복날) / 七夕(칠석) / 百種(백중) / 秋夕(가위) / 九日(구일) / 冬至(동지) / 臘享(납향) / 除夕(제석)

단편적인 글로는 김윤경金允經과 송석하宋錫夏의 것을 들 수 있다. 김윤경은 『신동아』(1935년, 제49호)에 「연중구속年中舊俗」이란 제목으로 이전의 세시기류를 참고하여 없어진 풍속과 아직 남아 있는 풍속들을 소개하였다. 이듬해에는 같은 잡지에 「단오端午의 유래由來」를 발표하였다.

송석하는 『신동아』(제50~58호)에 1935년 12월부터 1936년 8월까지 9회에 걸쳐 각 도의 민속을 소개하는 「조선朝鮮 각도各道 민속民俗 개관槪觀」이란 글을 실었다. 1935년 3월에는 『학등』(제14호)에 「조선朝鮮의 정월正月과 농업農業」이란 제목으로 줄다리기, 돌싸움, 화간禾竿 등 농사와 관련한 정월의 세시풍속을 다루었다.

## 2. 3대 세시기의 서지사항

### 1) 『경도잡지』의 서지사항

『경도잡지』는 『동국세시기』의 경우와 마찬가지로 1911년에 조선광문회에서 발간한 연활자본鉛活字本과 그 번역본이 주로 소개되고 있다. 광문회본 『경도잡지』는 『동국세시기』나 특히 『열양세시기』보다는 오자誤字와 탈자脫字가 적은 편이나 역시 엄밀한 교정이 필요하다. 원사본이라고 할 수 있는 책으로는 현재 연세대학교 도서관 소장본과 서울대학교 규장각 소장본이 있다.

- **저자**: 유득공(1748~1807)
- **간행연도**: 1800년 전후
- **소장처**: 서울대학교 규장각, 연세대학교 도서관
- **판본, 수량, 크기**: (규장각본) 필사본筆寫本, 2권 1책, 23.5cm×17cm

  (연세대본) 필사본, 2권 1책, 23.3cm×16.0cm

※ 본서의 정확한 집필연대는 알 수 없으나 본문 가운데 '장용영壯勇營'이 인용되어 있으므로 적어도 1792년 이후 그의 졸년인 1807년 사이에 저술된 것으로 추정된다.

■ 주요 내용

조선후기에 지은 세시풍속지로 완성 연대는 확실하지 않으나 내용으로 보아 정조 때 쓰인 것으로 판단된다. 광문회본에 같이 실려 있는 세시기인 『열양세시기』나 『동국세시기』보다 앞서 집필된 것이다. 이 책에는 18세기 말 서울 사람들의 의복, 식생활, 기물, 취미, 오락, 음악, 세시풍속 등 각종 생활상에 대한 다양한 정보가 수록되어 있다.

■ 책의 구성

—제1권 풍속風俗: 건복巾服, 주식酒食, 다연茶烟, 제택第宅, 마려馬驢, 기집器什, 문방文房, 화훼花卉, 발합鵓鴿, 유상遊賞, 성기聲技, 도희賭戱, 시포市舖, 시문詩文, 서화書畵, 혼의婚儀, 유가遊街, 가도呵導, 과과果瓜 등 주로 당시의 여러 문물제도를 19항목으로 나누어 약술하고 있다. 이 중 「과과조」는 맨 뒤에 적혀 있으나 제목 아래에 '당재다연하當在茶烟下'라 부기되어 있어 「다연조」 아래에 놓여야 할 것 같다. 제1권에는 당시 서울의 문물, 제도, 풍속 등에 관한 내용이 들어 있는데, 각각의 실상과 유래를 적고 그에 대한 비판을 덧붙였다. 「성기조」에서는 악기, 곡조, 악공, 연극 등에 대해 기록하였고, 「시문조」에서는 아동과 유생들이 보는 책의 종류와 순서, 「서화조」에는 당시에 유행한 송설체松雪體, 비백체飛白體 등의 서체와 관동팔경소병關東八景小屛, 곽분양행락도郭汾陽行樂圖 등에 대해 언급하였다.

—제2권 세시歲時: 원일元日, 해자사일亥子巳日, 인일人日, 입춘立春, 상원上元, 이월초일일二月初一日, 한식寒食, 중삼重三, 4월팔일四月八日, 단오端午, 유월십오일六月十五日, 복伏, 중원中元, 중추中秋, 중구重九, 시월오일十月午日, 동지冬至, 납평臘平, 제석除夕 등 한양漢陽의 세시를 19항목으로 분류하여 약술하고 있다. 정월부터 세밑까지 각 세시풍속의 내용을 기술하고, 그

것의 연원에 대해 여러 문헌을 인용하여 고증하였다. 또 각 세시에 행해지는 놀이 등을 적었다.

이 책에 인용된 중국 세시기 등 관련 문헌은 다음과 같다.

| | |
|---|---|
| 孟元老, 『東京夢華錄』 | 李詡, 『戒菴謾筆』 |
| 武珪, 『燕北雜錄』 | 張遠, 『隩志』 |
| 范石湖, 「上元吳下節物排體」 | 宗懍, 『荊楚歲時記』 |
| 徐光啓, 『農政全書』 | 周處, 『風土記』 |
| 蘇東坡, 「與吳君采書」 | 周煌, 『琉球國記略』 |
| 孫思邈, 『千金方』 | 『高麗史』 |
| 宋敏求, 『春明退朝錄』 | 『唐書』 「高麗傳」 |
| 沈榜, 『宛署雜記』 | 『東京雜記』 |
| 葉廷珪, 『海錄碎事』 | 『文獻備考』 |
| 溫革, 『碎瑣錄』 | 『本草』(본초강목) |
| 王錡, 『寓圃雜記』 | 『史記』 |
| 于奕正, 『帝京景物略』 | 『三國史』 |
| 陸啓浤, 『北京歲華記』 | 『說文』 |
| 陸放翁, 『歲首書事詩』 | 『續漢書』 「禮儀志」 |
| 李晬光, 『芝峯類說』 | |

◎ 위암 장지연의 『경도잡지』 서문序文

위암 장지연이 『경도잡지』 서문을 썼는데, 『위암문고韋庵文稿』(권4 내집)에 실려 있어 이를 소개한다.

# 京都雜誌序

古人云, 百里不同風, 千里不同俗, 蓋由其山川風土之區別與其政治敎化之
殊異, 而風俗之不同生焉, 因風俗之不同, 而愛憎之感念生焉, 若夫馬韓之露紒,
辰韓之歌瑟, 弁韓之潔服, 新羅之嘉俳, 高句麗之佃獵, 百濟之婚禮, 伽羅之琴
曲, 皆其風之俗大別, 而觀察乎是, 可以考政治之美惡, 可以驗風氣之文野, 邦
國之盛衰興亡, 亦於是乎繫焉, 三韓之古朴尙矣, 至若新羅之勤儉, 句麗之武勇,
百濟之文雅, 可以見習常之殊, 而其遺風餘俗, 閱數千載, 猶有遺存於至今, 蓋
風俗雖因政敎而變遷, 人情不能無風土之拘, 習慣之染, 則此所以生愛鄕之感
念, 有難以外誘遽變者也, 以故古代習俗, 雖荒陋不雅, 亦可以徵一部歷史之面
目, 愛國之士所爲興感於此, 而形於歌謠, 著於簡冊, 有不忍磨滅之者, 豈非是
歟, 古者太史采閭巷男女歌謠之作, 陳於樂府, 而列爲國風者, 亦爲此也, 我朝
自太祖以來, 列聖繼承, 敎化文明, 風謠俗尙, 從以丕變, 於是四海昇平, 八域仁
壽, 山陬海澨, 窮巷僻村, 歲時令節, 農夫樵丁, 鷄豚餠醪, 山皷野笛, 遨遊嬉戲,
謳歌歡樂, 而況乎京師處輦轂之地, 爲風俗之本, 其繁華文物, 又非鄕村之可比,
則方其盛時, 都人士女, 以遊嬉相尙, 凡山寺溪亭江樓林園, 賞花玩楓, 浴暑飮
雪, 歌管聲伎, 珍羞嘉殽, 極一時之盛, 而賁飾太平氣像, 今焉風潮震盪, 時異世
變, 人心世態, 日趨於外風之崇拜, 而風謠俗尙, 無復舊日之遺觀, 嗚呼, 此固時
勢之所使, 有非人力之可挽, 則吾祖國精神, 未始不由此而漸滅, 豈非有識之所
憂歎者歟, 不佞爲是之懼, 方述大韓風俗史一通, 而蒐輯未完, 適金止齋瑗根,
示不佞以其所譯柳冷齋 (得恭) 京都雜誌, 請弁卷首一言, 閱其稿, 蓋漢城之風
俗通, 而阻以歲時記者也, 不佞欣然若有契, 敢爲之識所懷, 而告之曰, 是書限
以京都, 雖若未廣, 因此而有以考我朝文物之盛, 使覽者亦足以感發祖國之觀
念, 其裨益後進, 豈淺淺乎哉, 此可以爲大韓風俗史之前茅, 願速印而廣佈之,
俾有志愛國之士, 或有同情而興感也夫.

## 2) 『열양세시기』의 서지사항

『열양세시기』는 조선 순조 때 김매순이 열양洌陽, 곧 한양漢陽의 연중행사를 기록한 책이다. 1책 필사본으로, 『대산초고臺山草藁』로 전해온 것을 1911년 조선광문회에서 『동국세시기』, 『경도잡지』와 합본하여 활자본으로 간행하였다. 책 끝에 저자의 발문跋文이 있고 윤직尹稷이 교열하였다고 적었다.

소장처별로 고려대학교 소장본, 연세대학교 소장본, 그리고 국립민속박물관본이 있는데, 광문회본은 고려대본을 모본으로 하였을 가능성이 높다. 왜냐하면 두 본 모두 빠진 부분이 많고 또 빠진 부분이 거의 일치하기 때문이다. 『열양세시기』는 특히 다른 두 세시기에 비해 그동안 빠진 부분에 대한 인식 없이 인용되어온 점을 감안하면 이를 새로 보완하는 작업의 의의가 매우 큼을 알 수 있다.


■**저자**: 김매순(1776~1840)

■**집필연도**: 1819년

■**소장처**: 연세대학교 도서관

■**판본, 수량, 크기**: 필사본, 10권 5책 중 7권, 13.8cm×16.9cm

■**주요 내용**

대산 김매순의 시문집詩文集으로는 그가 죽은 후 39년 만에 아들 나주 목사 선근善根 등이 편집하고 문인인 김상현金尙鉉 등이 정정訂定하여 1879년에 활인, 간행한 『대산집臺山集』이 있고 간행을 보지 못한 『대산초고』 10권이 있다. 전자는 서울대학교 규장각과 국립중앙도서관에 소장되어 있고, 후자는 연세대학교 도서관에 소장되어 있는데, 그중 권7의 내용이 『열양세시기』다. 대산이 초고를 작성한 때는 순조 19년, 즉 1819년이다.

■**책의 구성**

10권 5책은 옥당고사玉堂故事, 열양세시기洌陽歲時記, 궐여산필闕餘散筆(보

補), 식괴집識愧集, 희엽집喜巤集 및 기타 시문詩文으로 구성되어 있다. 불분권不分卷 4책의 내용은 보장報狀, 완문完文, 절목節目, 장계狀啓, 감결甘結, 전령傳令 등 대산이 외관外官에 나갔을 때 작성된 공안公案들이다. 『열양세시기』의 구성은 『경도잡지』나 『동국세시기』와 마찬가지로 월별로 하였고 맨앞에 병서幷序를 넣었다.

이 책은 다른 두 세시기에 비해 국내 학자의 문헌이 많이 소개되고 있으며, 특히 안동 김씨 집안 선조들의 문적을 적극 소개하고 있다. 이 책에 인용된 중국 세시기 등 관련 문헌은 다음과 같다.

| | |
|---|---|
| 金墳,「贏羌」 | 『東醫寶鑑』 |
| 金昌協 시 | 『樂府』 |
| 金昌翕,「新歲詩」 | 『名物』 |
| 唐韋巨,『食譜』 | 『白香山集』 |
| 申靖夏 시 | 『四民月令』 |
| 楊萬里,「上元」 시 | 『譯語類解』 |
| 呂榮公,『歲時(雜)記』 | 『禮記』 |
| 呂祖謙,「祭式」 | 『五禮儀』 |
| 兪漢雋,「元日雜詩」 | 『周禮』「夏官」 |
| 陸放翁,『歲首詩』 | 『周禮』「酏食」 |
| 陸放翁,『重五』 | 『天寶 遺事』 |
| 李秉淵 시 | 『漢志』 |
| 車天輅 시 | 『後漢書』「禮儀志」 |

## 3) 『동국세시기』의 서지사항

우리가 주로 접할 수 있는 『동국세시기』는 1911년에 조선광문회에서 발간한 연활자본으로 김매순의 『열양세시기』 및 유득공의 『경도잡지』와 합편한 것이다. 원사본은 1책으로 홍승경의 기증본인데, 기증자 홍승경은 저자 홍석모의 증손이다. 그런데 이 광문회본은 원사본과 비교할 때 적지 않은 오자와 탈자가 있다. 예를 들면 정월正月 원일조元日條의 "廣州俗 是日相慶 拜日月神"에서 '廣州'는 '慶州'의 오자이며, 같은 달 입춘조立春條의 "立春日宜春字于門"에서는 '春'과 '字' 사이에 '二'가 빠져 있다. 그 결과 입춘일에 '宜春' 두 자를 문에 붙인다고 해석되어야 할 것이 "봄(春)에 합당한(宜) 문자를 붙인다."라는 식으로 번역되고 또 그것을 아무 생각 없이 연구자들이 인용하고 있다. 원사본이라고 할 수 있는 책으로는 현재까지는 홍승경이 기증한 연세대학교 도서관 소장본이 유일하다.

- **저자**: 홍석모(1781~1857)
- **간행연도**: 1840년경 전후
- **소장처**: 연세대학교 도서관
- **판본, 수량, 크기**: 필사본, 1책(42장), 31cm×20.5cm
- **책의 구성과 내용**

매달의 풍속을 왕실, 양반, 서민의 순서를 지키며 기술하였고, 각 달의 끝부분에는 '월내月內'라고 하여 그 달의 특정한 날을 지정할 수 없는 세시 내용들을 담았다. 마지막에는 윤달의 풍속을 간략히 정리하여 실었다. 그리고 각 세시 내용마다 『형초세시기』 등 중국의 예를 들어 그 근원을 밝히려 하였다.

이 책에 인용된 중국 세시기 등 관련 문헌은 다음과 같다.

| | |
|---|---|
| 高承, 『事物記原』 | 武珪, 『燕北雜錄』 |
| 戴德, 『大戴禮』 | 范成大, 「賣癡獃」 |
| 董勛, 『問禮』 | 范成大, 「上元紀吳中節俳諧體」 |
| 杜甫 시 | 司馬光, 『日錄』 |
| 孟元老, 『東京夢華錄』 | 徐光啓, 『農政全書』 |

葉廷珪,『海錄碎事』

蘇東坡 시

蘇東坡,『仇池筆記』

孫思邈,『千金方』

宋敏求,『春明退潮錄』

沈榜,『宛署雜記』

呂希哲,『歲時雜記』

吳均,『西京雜記』

溫革,『碎瑣錄』

王錡,『寓圃雜記』

王定保,『摭言』

于奕正,『帝京景物略』

韋述,『西都雜記』

劉子翬 시

兪宗本,『種果疏』

劉向,『別錄』

陸啓浤,『北京歲華記』

陸放翁,『劍南詩稿』『歲首書事』

李匡呂 시

李睟光,『芝峯類說』

李安訥,「飲南宮績四馬酒」

李詡,『戒菴漫筆』

張耒 시

張遠,『隩志』

張平子,『西京賦』

鄭正則,『祠享儀』

宗懍,『荊楚歲時記』

周處,『風土記』

周煌,『琉球國記略』

陳淏,『花曆新栽』

崔寔,『農家諺』

崔寔,『月令』

『古今藝術圖』

『高麗史』

『唐書』「高麗傳」

『東京雜記』

『東國輿地勝覽』

『餠餌閒談』

『本草綱目』

『史記』

『說文』

『續漢書』「禮儀志」

『詩經』「豳風」

『詩經』「邶風」

『禮記』「月令」

『藝苑雌黃』

『雍洛靈異錄』

『應劭風俗通』

『周禮』

『摭遺』

『天寶遺事』

『抱朴子』

# 3. 율곡 이이의 절서책 원문

栗谷先生全書拾遺卷之五

雜著二

節序策

問。節序之於天人。大矣。三五以前。以何月爲歲首耶。亦有名節之可言耶。三代
以下。或以亥子丑寅。互相爲正。孰合於天時歟。以建寅朔日爲三元。望日爲上
元。亦何據耶。正月朔朝。百官朝賀。三公捧璧以進。在於何代。而後世其禮遂廢
者。何歟。上元之夕。觀燈街巷。士女聚鋪。金吾不禁。自何代而始耶。二月朔日。
爲中和之節。其民間俗尙。可得聞歟。祭社必擇戌日。或春或秋者。抑何歟。三月
上巳。祓除修禊。亦可得聞歟。寒食之日。必用百五者。抑何意耶。杏酪棗䬡鞦韆
之戲。孰始之歟。四月初八。佛氏生日。古無燃燈之事。國俗懸燈痛飮者。又何據
耶。五月重五。屈氏沈日。競渡之戲。昉於何代。而蘭湯角黍之設。何歟。六月食
鬱及蒮。伏至於三者。何歟。立秋之日。天子親帥公卿。迎秋於西郊者。抑何義
耶。世稱七夕。北斗佳人。將嬪于河鼓。此亦可信歟。七月望日爲中元。盂蘭盆供
之設。亦何所自耶。古人以中秋無月。爲一歲之恨。廣寒銀橋之說。亦果信然歟,
九九爲重陽。人所不堪逢者也。然於是日。茱囊菊酒。登高落帽者。何歟。十月乃
下元之節也。是月大飮烝。天子祈來年于天宗。此亦聞其義歟。仲冬之月。律應
黃鐘。至日閉關。使商旅不行者。亦何歟。歲終之月。祀以臘蜡。驅儺逐疫者。何
所取義歟。一氣流行。分爲四時。聖人在上。德合天地。歲熟人和。萬生咸若。是
以。節不違序。政不失時。伊欲使天人道合。春無凄風。夏無愆陽。秋無苦雨。冬
無伏陰。無災無沴。物遂其性。人樂其生。與天地四時。涵育於熙皞之中。永躋仁
壽之域。其道何由。

　對。一陰一陽。天道流行。元亨利貞。周而復始。四時之錯行。莫非自然之理
也。今執事先生。特擧節序之關於天理人道者。下詢承學。欲聞的確之論。愚雖

不敏。其敢默默。竊謂一元渾化。於穆不已。陽以生物而陰以成物者。天之理也。
則天之命。順乎陰陽。仰觀俯察。而默契造化者。人之道也。是故。聖人繼天立
極。定四時之序。分寒暑之節。律曆之書。名節之號所以作也。夫春有生物之功。
不自以爲春。而有聖人。然後有春之名。秋有成物之功。不自以爲秋。而有聖人。
然後有秋之名。節序不自知其爲節序。而有聖人。然後有節序之名。苟無聖人。
則天機之運。無與於人事矣。於是乎候陰陽而作息焉。曆日月而迎送焉。咸以自
然之道。順乎自然之理。聖人之制。不過如斯而已。及乎後世。聖王不作。邪說殄
行。其所謂名節者。或出於風俗之訛。其所以遊觀者。或出於人心之侈。其能盡
合於先王之敎耶。苟其所尙。合於義理。則雖非三代之制。猶之可也。如或不合
於義理。則不過爲惑世誣民之資耳。烏足取哉。請因明問而諄諄焉。曰若邃古。
鴻濛初判。天開於子。地闢於丑。人生於寅。故天皇氏之首出庶物也。歲起攝提。
攝提者。寅月也。降及虞典曰。月正元日。舜格于文祖。三代以上。皆以寅月稱正
月。則建寅亦爲虞正矣。上自天皇。下至虞舜。咸用寅正。則三五以前歲首之月。
從可知矣。但書契未造。人文未著。名節之有無。不可臆論也。夏禹代舜。不改正
朔。故夏正建寅爲人統。商改夏正而建丑爲地統。周改商正而建子爲天統。惟此
三統。皆可爲歲首。然時以作事。歲月自當以人爲紀。孔子曰。吾得夏時。又曰。
行夏之時。寅正之合於時者。斯可見矣。若秦用亥正。則徒知改朔之名。不顧三
統之義。苟如是則四時皆可迭爲歲首也。此豈理耶。寅月之正。旣合天時。則其
朔日爲歲之元。時之元。月之元也。三元之說。其不以此歟。春爲一年之始。而望
日則一月氣盈之際。故稱爲上元。秋之中元。冬之下元。各以節序立名。上元者。
生物之始也。中元者。收物之中也。下元者。藏物之終也。六十甲子。尙有三元。
則一歲亦有三元者。何足疑哉。元日朝賀。始於漢高。武帝改朔。乃用夏正。百官
大會。三公捧璧。祝以進之。則此禮雖不見於周制。亦不違於義理也。人君卽位。
旣正一世之始矣。元日受賀。又正一年之始者。不亦可乎。後世雖不聞捧璧之儀。
而猶有朝賀。則不可謂此禮遂廢也。上元燃燈。則漢之祠太一也。自昏至朝。遂
以成俗。其後人心日侈。鄴中之千影。東都之彩棚。其尤者也。始于漢武。極于唐

明。徒爲慢遊之具。悅目之玩。無足觀者。是日三陽已發。和氣流動。故唐太宗始命夜游。亦近於順乎天時也。但其習俗。競爲奢華。車馬騈闐。男女雜糅。而金吾不禁。則亦非善政也。二月中和之節。唐俗以靑囊盛百穀之種。進農書。示務本之意。此亦近理者也。今之俗尙。不必中理。則何足枚擧。以煩執事哉。社祭者。祀后土也。祭于春。所以祈農事也。祭于秋。所以報年豐也。詩不云乎。以我齊明。與我犧羊。以社以方者。春以祈社之辭也。以其騂黑。與其黍稷。以享以祀者。秋以報社之辭也。戊已屬土。而擇其五行德合之辰。故祭社必用戊日者。良以此也。三月上巳。祓除脩禊。則出自周禮。此亦先王因時立制也。巳者。祉也。祓除不祥而祈介祉也。禊者。潔也。盥洗水上而潔其身也。其後王化漸衰。淫佚之詩。始於溱洧。自魏以來。但用三日。不待上巳。尋春踏靑。縱酒迷色。蘭亭之緒。今不復承先王之制。反爲弊俗。可勝歎哉。寒食。所以悲子推也。而因爲節序。節有進退而氣候必應。故去冬至百五。或百四。或百六。卽有疾風甚雨則三日寒食。此之謂也。杏酪棗餹之設。則習俗之偶然耳。鞦韆之戲。則始於北狄。所以習輕趫也。自齊桓伐山戎。始傳中國。寖以成風。每於寒食。士女競習。以至明皇半仙之戲。終使君心日蕩。國事日紊。事不師古。乃效戎狄。何足道哉。四月八日。世稱瞿曇生日。西域有浴佛之齋。我國有燃燈之會。不過諂於非鬼而已。其後漸成弊俗。懸燈痛飮。瀾漫不收。彼呼旗之戲。尤可笑也。而前朝世主亦有臨視之者。豈不惑哉。一胡生日。於我何與。而乃爲名節耶。五月五日。屈沈汨羅。楚人哀之。投飯競渡。此則荊楚一隅之俗耳。不足爲今日道也。周制使人蓄蘭沐浴。此不過澡滌身心。以承天中之節也。楚詞所稱浴蘭湯者。亦以此也。若角黍之設。則出于習俗。豈必皆有義理哉。六月之食鬱及薁與七月之葵。八月之棗。則咸因時物。感其節換耳。四時相代。莫不相生。獨夏火克金。秋金畏火。故曰庚金之日。金氣必伏。蓋盛夏無金。盛秋無火。必待金火相交。然後乃可伏藏。夏秋之交。三遇庚日。則其爲三伏。不足怪也。立秋之日。盛德在金。天子親率羣臣。迎秋于西郊者。與立春之迎春于東郊。同一義也。一日之中。尙可寅賓寅餞。則而況天地換節。陰陽易位之際。豈可不修敬天之儀乎。此則出於古制。愚無間然者也。牛女之會。出於桂陽妖誕之說。成於柳州乞巧之文。張文潛又從而和之。
一人傳虛。萬口傳實。噫。彼星辰之耿耿者。氣之虛凝者也。安有男女之可議也。
其果孰知而孰言之耶。不可知而知。則謂之妄知。不可言而言。則謂之妄言。妄
知妄言。君子所不道也。七月中元。俗稱目連救母之日。盂蘭盆供。出於釋教。氓
俗蚩蚩。易惑難解。以至招魂山寺。比祖考於餓鬼。所可道也。言之長也。中秋之
月。氣肅天高。草堂之詩。人間月影清者。亦以近乎中秋而言耳。是故。古人以無
月爲恨。若明皇月宮之說。則無理甚矣。天之蒼蒼者。非正色。則安有銀橋之可
援耶。日月之昭昭者。氣之聚。則安有廣寒之可遊耶。申天師、羅公遠之妖術。適
足以重乎明皇之惑耳。及乎宋徽之於林靈素。同一覆轍也。夫復何言。九九重陽。
登高避厄。自費長房始。後世踵成風俗。茱囊。所以陰惡氣也。菊酒。所以制頹齡
也。噫。九九雖曰凶數矣。普天之下。豈皆有厄耶。死生有命。命乃在天。雖登泰
華。豈逃其命耶。若齊景牛山之淚。則多悲秋之思。杜牧翠微之句。則有曠達之
懷。但於其日。嘉肴旨酒。以速親舊。歌蟋蟀之詩。服無荒之戒。斯可也。何必若
龍山落帽。然後乃快於心耶。十月爲下元之節。天氣上騰。地氣下降。閉塞成冬。
歲功乃終。故是月烝祭者。以歲終告神也。大飲者。以歲終告人也。天子祈來年
于天宗者。旣善其終。又求善始也。元不生於元而生於貞。則此歲之終。爰祈來
年。不亦可乎。仲冬之月。律應黃鐘。黃鐘者。十二律之始管也。陽氣始生於剝盡
之後。故冬至之日。一陽初動。其氣甚微。必安靜而長養之。故閉關禁人。商旅不
行。此亦聖王順天道而扶陽抑陰之意也。十有二月。歲律已窮。祭于百神。其所
謂蜡者。所以祭先祖考也。其所謂蜡者。所以祭古聖賢也。悉享衆神。以報功者
也。驅儺逐疫。則周禮方相氏掌之。辟除邪氣。以迎新歲也。雖以孔子之聖。朝服
阼階。不聞非之。則愚何敢輕議哉。但後世之競爲奇形異狀。則恐不合於周制也。
執事所問節序之際。民間之俗。愚旣略陳矣。何者出於先王之制。何者出於風俗
之訛。何者出於人心之侈耶。愚以爲先王之制。不過使人觀天時之變。感物理之
遷。孜孜爲善。欽若昊天而已。豈若後世之或佞仙佛。或恣遊宴者哉。苟能遵先
王之制。以革風俗。以正人心。則唐堯之敬授人時。不越乎是矣。執事於篇終敎

之曰。伊欲使天人道合。其道何由。愚於此言。尤有感焉。愚聞聖人之道。法天而已。易曰。天行健。君子以。自强不息。天之所以能運二氣。能布四時。兩曜代明。萬物生遂者。不過一不息而已。人君苟能法天之不息。則政教自修。無爲而化矣。天之春也。藹然生意。涵育羣生。人君苟能法天之春。行不忍人之政。則仁覆天下矣。天之夏也。長養萬物。粲然極備。人君苟能法天之夏。推文明之化。則禮樂彬彬矣。天以秋冬。震其威武。栽成庶類。人君苟能法天之秋。用其義刑義殺。則刑期無刑。民協于中矣。法天之冬。節其動作。邁養時晦。則民生成遂而王道終矣。故曰聖人之道。法天而已。雨暘燠寒風者。天時之徵也。肅乂哲謀聖者。人事之修也。人事旣肅。則天必以時雨應之。人事旣乂。則天必以時暘應之。天之時燠。則若乎哲也。天之時寒。則若乎謀也。天之時風。則若乎聖也。苟如是則凄風不發於春。苦雨不作於秋。夏豈有愆陽。冬豈有伏陰哉。將見歲熟人和。萬類咸若。熙皞之俗。仁壽之域。夫豈遠哉。願執事勿以瞽言爲嘲笑。而上達天聰。使區區補天之志。得有所伸。則安知芻蕘之一得。亦有裨於堯舜之萬機耶。謹對。

# 4. 허균의 궁중 절서

허균의 『성소부부고』에는 궁중의 절서節序에 대한 고사가 기재되어 있다. 다음은 한국고전번역원의 번역을 전재하였다.

저녁이자 등롱이 전대에 비추니 / 當夕燈籠映殿臺
상서 맞이 다투어 자하배를 올리누나 / 延祥爭進紫霞杯
모든 방문 닫아라 사리를 감췄으니 / 諸房門閉藏絲履
한밤중에 여윈 귀신 들어올까 두려워서 / 恐有中宵瘠魅來

해일이 지나가고 자일이 어두워지니 / 亥日纔過子日曛

궁녀들은 대궐 앞에 구름처럼 늘어섰네 / 殿前宮女立如雲

밤새도록 짚불을 여러 원에 살라대니 / 連宵藁火燒諸苑

돼지주둥이 지져대고 쥐주둥이도 지져대네 / 猳喙熏來鼠喙熏


봄을 맞는 방자는 은화로 첩을 지어 / 延春榜子帖銀花

세 궁에 올리고서 좋은 날을 축하하네 / 持獻三宮其拜嘉

인승이랑 채번을 재단하여 이루어지자 / 人勝彩幡初剪出

자의를 시신 집에 나누어 보내누나 / 紫衣分送侍臣家


오색 구름 서린 끝에 아침 햇빛 찬란해라 / 朝暾晃朗矞雲端

인일이 맑고 밝아 양전이 즐겨하네 / 人日淸明兩殿歡

새벽부터 반궁에선 선비를 고교考校하니 / 拂曉泮宮方校士

중관을 친히 보내 황봉을 내리누나 / 黃封宣賜遣中官


초벽이 너울너울 이삭 줄기 얽혔는데 / 椒壁離離綴穗莖

요화로 엿 만들어 토우를 제사하네 / 土牛初祭蓼花餳

시녀들이 다투어 전 앞에 모여들어 / 殿前侍女爭來集

금년에는 곡일이 맑다고 축하하누나 / 共賀今年穀日晴


내주에선 모처럼 향반을 쪄내어 / 香飯初蒸出內廚

상원이라 대보름 뭇 까마귈 먹여주네 / 上元佳節飼群烏

전맹에 해 오르자 앞다투어 바라보니 / 殿甍日射人爭看

기왓골 여기저기 하얀 밥알 깔려 있네 / 鴛瓦離離白粒鋪


새벽종 갓 들려라 운려가 열리나니 / 曉鍾纔徹敞雲廬

오늘 아침 어느덧 이월이라 초하룰세 / 驚覺今晨二月初

취충을 없애자고 연례행사 시행하니 / 要除臭蟲行舊事

궁앞 뜰에 솔잎을 여기저기 깔았구려 / 亂鋪松葉殿前除


궁중이라 한식날 연기 아니 금하는데 / 寒食宮中不禁煙

상림원上林苑의 쑥잎은 새파랗게 우거졌네 / 上林艾葉欲芊綿

궁 사람 캐고 캐어 소매품에 가득 차니 / 宮人採摘盈懷袖

흰 가루로 전 만들어 어전에 올리누나 / 煎作霜糕薦御前


청명이라 개수는 병랑에 소속되니 / 淸明改燧屬兵郎

문당에게 전해주어 건장으로 들어가네 / 傳授門璫入建章

유화는 하 새롭고 괴화는 갓 고우니 / 楡火正新槐火嫩

세 전에 분산하고 여러 방에 미치누나 / 散分三殿及諸房


금중이라 삼월 삼짇날 좋은 철을 만나 하니 / 禁中佳節値三三

여러 전의 궁아들은 엷은 옷을 입어보네 / 諸殿宮娥試薄衫

상림원을 향해 가서 다투어 투초하니 / 爭向上林來鬪草

그중에도 맨 먼저 의남초宜男草를 취하누나 / 就中先取翠宜男


상도화緗桃花 비끼어라 벽도화碧桃花 중얼중얼 / 緗桃斜映碧桃開

백엽의 해당海棠에다 옥매도 끼었구려 / 百葉玫瑰間玉梅

푸른 등자凳子 붉은 분이 전폐에 널렸으니 / 靑凳紫盆羅殿陛

오늘은 상림에서 꽃을 진상해오네 / 上林今日進花來


한낮이자 회랑에선 죽렴을 걷었어라 / 日午回廊卷竹簾

푸른 뽕잎 따고 따서 광주리에 가득 찼네 / 靑靑桑葉摘盈籃

궁인들이 대궐 아래 앞을 다퉈 와 바치니 / 宮人殿下爭來獻

첫잠 잔 팔잠에게 밥을 주라 명하누나 / 命饋初眠八繭蠶

귀인이 처음으로 엷은 깁옷 떨쳐 입고 / 貴人初試薄羅衣
홍도화 꺾어든 채 전의 문에 기대었네 / 手折紅挑倚殿扉
해가 늦은 두청에 공사가 끝이 나니 / 日晚頭廳公事畢
성상께선 술을 따라 가는 봄을 전송하네 / 聖君斟酒送春歸

방거랑 닫는 말은 양대에 걸렸어라 / 紡車走馬掛涼臺
초파일 관등하러 양전이 납시었네 / 八日觀燈兩殿來
명년에 하느님이 복 내릴까 점을 치며 / 暗卜明年天降嘏
나인들은 다투어 옥충의 재를 보네 / 內人爭看玉蟲灰

돌 분의 맑은 물을 여관들이 끌고 나와 / 女官提出石盆湯
새벽같이 어전에서 꽃잎을 적셔주네 / 趁曉澆花御座傍
옥색의 여미향은 하마 벌써 눈 같으니 / 玉色醾醿香已雪
전의 서쪽 해돋이에 요황을 감상하네 / 殿西初日賞姚黃

천중이라 합문 앞에 상첩이 붙었는데 / 天中祥帖閣門前
창포주菖蒲酒 잔에 가득 애호도 달려 있네 / 蒲酒盈觴艾虎懸
몰래 어원을 향해 여반을 불러내어 / 偸向御園招女伴
푸른 괴수槐樹 그늘 속에 추천을 시험하네 / 綠槐陰裏試秋千

단옷날 대내에서 채선을 내리는데 / 綵扇端陽內賜時
은대와 경악에서 은혜 가장 많이 입네 / 銀臺經幄最恩私
바람 머금은 그 부채 봉안에다 백동白銅 고리 / 含風鳳眼銅環簋
관가가 아니고선 가질 수 없는 거지 / 不是官家不得持

삼복이라 궁중 단장 부환을 제거하고 / 三伏宮粧去副鬟

잠방이 차림 서합에 빙산을 첩지었네 / 衩衣西閤疊氷山

채운 수박 담근 오얏 더위 한창 식히는데 / 割苽沈李方蠲熱

궁감이 문득 와서 만반을 재촉하네 / 宮監俄來促晚班


맑은 물결 굽어 쏟아 홍루를 안고 도니 / 晴瀾曲瀉抱紅樓

보름날 틈을 타서 잔치 놀이 벌였어라 / 望日偸開作宴遊

얼음에다 채운 단병 한속寒粟이 일어난 듯 / 團餠侵氷寒起粟

유두건만 머리 감을 생각마저 포기되네 / 却抛雲鬈洗流頭


갈잎 빻고 고기 다져 만두를 만들어라 / 糝蘆泥肉製饅頭

참외와 과일들을 걸교루에 벌여놓았네 / 瓜果爭陳乞巧樓

밤이 들자 나인들이 다투어 손가락질하며 / 入夜內人爭指點

은하수 서쪽 가라 견우에게 절 드리네 / 絳河西畔拜牽牛


중원이라 좋은 철 난분을 차려놓고 / 中元佳節設蘭盆

만과는 주렁주렁 백종이 번성쿠나 / 蔓果紛披百種繁

동서에 조회 파하자 궁감은 물러가서 / 東序罷朝宮監去

상림원 깊은 곳에 죽은 넋을 제사하네 / 上林處深祭亡魂


호서에서 처음으로 진상해온 이른 벼는 / 湖西初進早稻來

은합에 소복소복 흰 쌀의 무더길레 / 銀盒離離白粒堆

침원에 걷어보내 오전을 지공하고 / 輟送寢園供午奠

내의는 아울러 자하배를 올리누나 / 內醫兼進紫霞杯


석 달 가을 달빛은 이 밤이 가장 좋아 / 三秋月色此宵多

지대라 뒷동산을 잠시나마 지나보네 / 苑後池臺得暫過

흠경각 앞에 오자 하늘은 물 같으니 / 欽敬閣前天似水

돌 난간 높은 데서 상아에게 절하누나 / 石欄高處拜嫦娥


날을 가려 원서당에 선비들을 고시考試하니 / 涓辰試士苑西堂

최고 소리 두둥둥 하마 벌써 석양일레 / 催鼓逢逢已夕陽

유삼이라 국영으로 남모르게 짝을 맺어 / 萸糝菊英偸結伴

통명전을 벗어나 중양놀이 짓는구려 / 通明殿外作重陽


동지冬至라 관대에서 한 양을 기다리니 / 至日觀臺候一陽

황패는 양전兩殿 뜰에 완항처럼 늘어섰네 / 兩庭璜佩立鵷行

용포자락 일찌감치 전 전에 다다르니 / 龍袍趁早臨前殿

선주에 재촉하여 팥죽을 올리게 하네 / 催進仙廚豆粥嘗


원내라 요림 속엔 들매화 모양 변코 / 苑內瑤林變野梅

대궐 뜰 궁기와는 한빛으로 하얗구나 / 殿墀宮瓦白皚皚

금천교 다리 위에 갖신 소리 모여드니 / 錦川橋上靴聲集

이는 다 오늘 아침 눈을 하례하자는 것 / 盡是今朝賀雪來


납일이라 재단에 눈이 한창 몰아치고 / 臘日齋壇雪驟來

육군은 들 밖으로 사냥 갔다 돌아오네 / 六軍郊外獵初廻

멧돼지랑 다람쥐가 낭옥에 가득 차니 / 豪猪蒼鼠堆廊屋

오는 해를 기다려서 두재를 낮게 하네 / 留待來年療痘災


구나 소리는 침문에 들려오고 / 驅儺聲徹寢門深

학춤이랑 계구는 금림에 들썩이네 / 鶴舞鷄毬鬧禁林

오색 처용 일제히 소매를 떨치면서 / 五色處容齊拂袖
기행으로 다투어 봉황음을 부르누나 / 妓行爭唱鳳凰吟

홍건의 가면으로 소 형상을 시능하며 / 紅巾假面着牛形
징 북 들썩이고 도열桃茢로 뜰을 쓰네 / 鑼鼓喧闐茢掃庭
수만 집이 한때에 귀신을 몰아내라 / 萬戶一時驅鬼出
천왕이랑 선녀를 문병에 붙인다오 / 天王仙女帖門屛

맑은 새벽 소대에 홍금을 하사하니 / 淸曉昭臺賜錦紅
고화는 차곡차곡 자리는 선명하네 / 誥花晴壓紫泥瀜
내인과 방외들은 다투어 와 하례하고 / 內人方外爭來賀
상식도 오늘 아침 상궁에게 절을 하였네 / 尙食今朝拜尙宮

# 참고문헌

— 경사류經史類 —

『예기禮記』

『고려사절요高麗史節要』

『고려사高麗史』

『고려도경高麗圖經』

『국조오례의國朝五禮儀』


— 문집류文集類 —

『사숙재집私淑齋集』(강희맹姜希孟)

『제봉집霽峰集』(고경명高敬命)

『태촌집泰村集』(고상안高尙顔)

『한양세시기漢陽歲時記』(권용정權用正)

『세시잡영歲時襍詠』(권용정權用正)

『석주집石洲集』(권필權韠)

『열양세시기洌陽歲時記』(김매순金邁淳)

『학호집鶴湖集』(김봉조金奉祖)

『청음집淸陰集』(김상헌金尙憲)

『학봉집鶴峰集』(김성일金誠一)

『식우집拭疣集』(김수온金守溫)

『매월당집梅月堂集』(김시습金時習)

『모재집慕齋集』(김안국金安國)

『학사집鶴沙集』(김응조金應祖)

『점필재집佔畢齋集』(김종직金宗直)

『노가재집老稼齋集』(김창업金昌業)

『경와집敬窩集』(김휴金烋)

『추강집秋江集』(남효온南孝溫)

『용담집龍潭集』(박이장朴而章)

『사가집四佳集』(서거정徐居正)

『임원경제지林園經濟志』(서유구徐有榘)

『진일재집眞逸齋集』(성간成侃)

『부사집浮査集』(성여신成汝信)

『연경재전집硏經齋全集』(성해응成海應)

『허백당집虛白堂集』(성현成俔)

『구봉집龜峯集』(송익필宋翼弼)

『낙전당집樂全堂集』(신익성申翊聖)

『상촌고象村稿』(신흠申欽)

『휴옹집休翁集』(심광세沈光世)

『경도잡지京都雜志』(유득공柳得恭)

『태재집泰齋集』(유방선柳方善)

『촌은집村隱集』(유희경劉希慶)

『석재고碩齋稿』(윤행임尹行恁)

『백헌집白軒集』(이경석李景奭)

『오주연문장전산고五洲衍文長箋散稿』(이규경李圭景)

『연려실기술燃藜室記述』(이긍익李肯翊)

『손곡시집蓀谷詩集』(이달李達)

『청장관전서靑莊館全書』(이덕무李德懋)

『극원유고屐園遺稿』(이만수李晩秀)

『묵재일기默齋日記』(이문건李文楗)

『경정집敬亭集』(이민성李民宬)

『목은고牧隱藁』(이색李穡)

『저헌집樗軒集』(이석형李石亨)

『지봉집芝峯集』(이수광李睟光)

『지봉유설芝峯類說』(이수광李睟光)

『벽오유고碧梧遺稿』(이시발李時發)

『택당집澤堂集』(이식李植)

『동악집東岳集』(이안눌李安訥)

『봉선잡의奉先雜儀』(이언적李彦迪)

『임하필기林下筆記』(이유원李裕元)

『율곡선생전서습유栗谷先生全書拾遺』(이이李珥)

『격몽요결擊蒙要訣』(이이李珥)

『성호사설星湖僿說』(이익李瀷)

『사류재집四留齋集』(이정암李廷馣)

『동경잡기東京雜記』(이채李埰)

『석천시집石川詩集』(임억령林億齡)

『주영편晝永編』(정동유鄭東愈)

『경세유표經世遺表』(정약용丁若鏞)

『수몽집守夢集』(정엽鄭曄)

『농가월령가農家月令歌』(정학유丁學游)

『기암집畸庵集』(정홍명鄭弘溟)

『추재집秋齋集』(조수삼趙秀三)

『현주집玄洲集』(조찬한趙纘韓)

『희암집希菴集』(채팽윤蔡彭胤)

『고죽유고孤竹遺稿』(최경창崔慶昌)

『간재집艮齋集』(최연崔演)

『송정집松亭集』(하수일河受一)

『성소부부고惺所覆瓿稿』(허균許筠)

『기언記言』(허목許穆)

『산림경제山林經濟』(홍만선洪萬選)

『동국세시기東國歲時記』(홍석모洪錫謨)

『유하집柳下集』(홍세태洪世泰)

『만기요람萬機要覽』


— 지지류地誌類 —

『여지도서輿地圖書』

『임영지臨瀛誌』

『상산록象山錄』

『대록지大麓誌』(안정복, 1779년)

『신정아주지新定牙州誌』(1819년)

『영광속수여지승람靈光續修輿地勝覽』(1871년)


— 일제강점기 이후 —

『조선의 향토오락朝鮮の鄕土娛樂』(조선총독부, 1941년)

『조선상식朝鮮常識』(최남선崔南善, 1948)

『충청남도 세시풍속』(2002년) 등 국립문화재연구소 발간 각도 『세시풍속』
보고서 9책

쌀 · 삶 · 문명 총서는 전북대학교 쌀 · 삶 · 문명 연구원이 기획 발간합니다.

# 한국의 농업세시

1판 1쇄 펴낸날 2012년 1월 25일

**지은이** | 정승모
**펴낸이** | 김시연

**펴낸곳** | (주)일조각
**등록** | 1953년 9월 3일 제300-1953-1호(구 : 제1-298호)
**주소** | 110-062 서울시 종로구 신문로2가 1-335
**전화** | 734-3545 / 733-8811(편집부)
733-5430 / 733-5431(영업부)
**팩스** | 735-9994(편집부) / 738-5857(영업부)
**이메일** | ilchokak@hanmail.net
**홈페이지** | www.ilchokak.co.kr

ISBN 978-89-337-0620-6 93380
값 20,000원

* 지은이와 협의하여 인지를 생략합니다.

* 이 도서의 국립중앙도서관 출판시도서목록(CIP)은
e-CIP홈페이지(http://www.nl.go.kr/ecip)와
국가자료공동목록시스템(http://www.nl.go.kr/kolisnet)에서
이용하실 수 있습니다.
(CIP제어번호: CIP2012000125)